# 新興国における人事労務管理と現地経営

ベトナム・インドネシア・インド・
バングラデシュ・ブラジルの労働事情と
日本企業7社のケーススタディ

古沢昌之・安室憲一・山口隆英［編著］
公益社団法人 国際経済労働研究所［監修］

東京　白桃書房　神田

# まえがき

　本書は，公益社団法人国際経済労働研究所が取り組んできた「新興国における人事労務管理」に関する研究・調査活動のエッセンスである。

　先進国市場が成熟化する中，新たな成長のフロンティアとしての新興国に対する関心が高まっている。こうした状況下，これからの企業経営においては，低廉・豊富な労働力や消費市場としてのポテンシャルといった新興国が有する活力を如何にして取り込むかが競争優位を左右するものと考えられる。しかしながら，昨今では新興国における人件費の高騰やストライキの増加が伝えられるなど人事労務管理面で留意すべき点も少なくない。また，新興国は文化や宗教・政治システム等において多様である。従って，今後の新興国での現地経営に際しては，各国の経済社会の特性や動向を的確に把握し，現地と共生する人事労務管理システム・労使関係を構築することが求められると言えよう。

　かような問題意識のもと，国際経済労働研究所では，2010年10月に「新興国経営研究会」を発足させた。同研究会は主要企業の労使幹部をメンバーとして定例会方式で開催され，本書の編者である古沢・安室・山口がコーディネータを務めた。毎回の例会では新興国の投資環境に関する専門家や各国での経営経験者等を講師に招き，新興国における人事労務管理と労使関係構築のポイントについてレクチャーを受けた。また，研究会終了後は講師を囲んでの交流会やミニパーティを実施し，忌憚のない意見交換・情報交換と参加者間のネットワーク作りにも注力した。本研究会が開催した例会数は19回に上る。また，2013年11月には活動の一環として「新興国労使関係調査団」を派遣し，ベトナムとインドネシアで日系進出企業を実地に訪問するとともに，両国の労働組合幹部らからも精力的にヒアリングを行った（本調査団には，古沢と山口がコーディネータとして随行した）。本紙面をお借りし，研究会にご出講を賜った方々，調査団をお受け入れ下さった日系企業・現地の労働組合，さらには研究会・調査団に熱心にご参画いただいた参加者各位に御礼申し上げる次第である。

さて，本書は第1部の「理論・実証研究編」と第2部の「事例研究編」の2つのパートから構成されている。第1部では序章でわが国企業の新興国戦略の現状と課題をグローバルな視点から論じた後，続く第1章〜第5章において，日本企業にとっての重要性が特に高いと考えられるベトナム，インドネシア，インド，バングラデシュ，さらにはブラジルの労使関係の特質や労働行政・労働法制，日系企業の人事労務管理上の課題等に関して理論と実証の両側面から考察している。一方，第2部（第6章〜第12章）は「新興国経営研究会」の例会記録で，第1部で取り上げた5ヶ国について日本企業の事例を7本収録している。各ケースは我々が研究会での講演をなるべく忠実に再現する形で執筆し，それを各講師にチェックいただいた上で完成させた。そのため，各事例は講演時点での状況をベースにしている（但し，為替レートについては読者の便宜を考え直近の数値とした。また，必要に応じ最新のデータを追記している箇所もある）。さらに，研究会での「質疑応答」も掲載し，参加者の問題意識や反応も含めて臨場感のある記述を心掛けた。加えて，今回本書で紹介させていただいたケースは，業種面での多様性（電機・自動車・医療器・食品・ゴム製品・物流・設計事務所）を担保すると同時に，講師陣も現地駐在経験者を中心に日本本社の経営トップや管理者も含めて多彩な顔ぶれとなるよう工夫し，当該問題に多角的な視点でアプローチすることを企図した。この他，第1部と第2部の間には新興国ビジネスに関連した概念として「BOP戦略」「リバース・イノベーション」「危機管理・安全対策」をピックアップし，各々に関わるコラムを挿入している。

　最後に，本書を国際経済労働研究所・前理事長の故前川朋久氏に捧げたい。前川氏は「新興国経営研究会」の主査，「新興国労使関係調査団」の団長を務めるなど，常に我々の研究・調査活動をリードしていただいた。本書がグローバル化時代の日本企業の人事労務管理や労使関係のあり方について常に心を砕いてこられた前川氏の期待に沿うものであることを願うばかりである。

編者<br>
古沢昌之・安室憲一・山口隆英

<参考>

・「新興国経営研究会」例会実績　　　　　※所属・役職は講演時のもの

<主査>
公益社団法人国際経済労働研究所理事長　前川　朋久
<コーディネータ>
大阪商業大学総合経営学部教授　安室　憲一
大阪商業大学総合経営学部教授　古沢　昌之
兵庫県立大学大学院経営研究科教授　山口　隆英

2010年10月18日（月）
テーマ　「インド世界を読み解くポイント―インドの人・文化・企業経営―」
講　師　鏑木　義博　氏（インド松下電器　元副社長）

2010年12月6日（月）
テーマ　「ベトナムにおける人事労務管理のポイント―ベトナム人の資質を活かすために―」
講　師　津田　正彦　氏（カネカ・ファーマ・ベトナム　元工場長）

2011年2月24日（木）
テーマ　「中国における労使関係の留意点―ストライキ問題の行方を考える―」
講　師　楊　楽陽　氏（株式会社華鐘コンサルティング取締役）

2011年4月19日（火）
テーマ　「ブラジルでの人事労務管理のポイント―ブラジル人の活力を如何に引き出すか（その〔人懐こい〕国民性をしっかり押さえて）―」
講　師　名取　力　氏（東洋紡ブラジル　元社長）

2011年6月1日（水）
テーマ　「ベトナムでの事業経営に関して―16年間の鉄鋼事業経営の経験から―」
講　師　緒方　健　氏（共英製鋼株式会社取締役・専務執行役員）

2011年8月4日（木）
テーマ　「インド事業，36年の実績を経て」
講　師　曽我　憲道　氏（新田ゼラチン株式会社代表取締役社長）

2012年1月26日（木）
テーマ 「インド投資規制，税制の概要」
講　師　高野　一弘　氏（税理士法人プライスウォーターハウス　シニアマネ
　　　　　　　　　　　　ジャー・公認会計士・税理士）

2012年2月21日（火）
テーマ 「ブラジル事業展開における日系人の活用について考える―日系人及び
　　　　日系企業への実態調査を踏まえて―」
講　師　古沢　昌之　氏（大阪商業大学総合経営学部教授）

2012年3月5日（月）
テーマ 「ブラジルにおける人事施策のポイント―ブラジルでの事業経営の経験
　　　　から―」
講　師　松田　雅信　氏（Panasonic do Brasil 元社長）

2012年4月20日（金）
テーマ 「インドにおける日産自動車の挑戦―チェンナイ工場立ち上げの実態―」
講　師　遠藤　哲平　氏（日産自動車株式会社生産管理部）

2012年5月11日（金）
テーマ 「中国駐在員の安全対策とメンタルヘルス対策」
講　師　古賀　賢次　氏（株式会社 MD．ネット顧問）

2012年6月29日（金）
テーマ 「チャイナ・プラス・ワンとしてのバングラデシュ―縫製業界の動向を
　　　　中心に―」
講　師　宮田　晃宏　氏（鴻池運輸株式会社国際物流関西支店営業部課長）

2012年9月28日（金）
テーマ 「インドネシアの経営環境―労務管理の視点から―」
講　師　小尾　吉弘　氏（丸紅株式会社開発建設事業部副事業部長（兼）海外
　　　　　　　　　　　　不動産開発室長）

2012年11月30日（金）
テーマ 「大国ブラジル，動き出したトヨタ―ブラジル駐在経験（2006-2010）
　　　　を踏まえて―」
講　師　長谷部　省三　氏（ブラジルトヨタ　元社長）

まえがき　v

2012年12月21日（金）
テーマ　「インドネシアの会社経営を振り返って」
講　師　早川　剛　氏（P.T. SEIWA INDONESIA 元社長）

2013年3月15日（金）
テーマ　「ベトナムでの人事労務管理」
講　師　井上　学　氏（姫建機材株式会社（ＣＢＳグループ）代表取締役）

2013年10月4日（金）
テーマ　「ベトナムにおける労使関係面での留意点―ストライキの急増と日系企業の課題―」
講　師　古沢　昌之　氏（大阪商業大学総合経営学部教授）

2013年10月18日（金）
テーマ　「インドネシアにおける労使関係面での留意点―インドネシア現地調査を踏まえて―」
講　師　山口　隆英　氏（兵庫県立大学大学院経営研究科教授）

2014年2月18日（火）
＜「新興国労使関係調査団」報告会＞
テーマ　「ベトナム進出日系企業における労使関係の現状と課題」
講　師　古沢　昌之　氏（大阪商業大学総合経営学部教授）

テーマ　「インドネシア進出日系企業における労使関係の現状と課題」
講　師　山口　隆英　氏（兵庫県立大学大学院経営研究科教授）

テーマ　「現地労働組合を巡る状況」
講　師　楳沢　弘樹　氏（パナソニックアプライアンス労働組合デバイス・エネルギー支部書記長）

テーマ　「現地日系進出企業における労使関係の現状と課題」
講　師　村上　哲朗　氏（イオンリテールワーカーズユニオン中央執行海外グループ議長）

・「新興国労使関係調査団」公式行事
＜団長＞
公益社団法人国際経済労働研究所理事長　前川　朋久

＜顧問＞
公益社団法人国際経済労働研究所所長　菊池　光造
日本エマージェンシーアシスタンス株式会社顧問　古賀　賢次
＜コーディネータ＞
大阪商業大学総合経営学部教授　古沢　昌之
兵庫県立大学大学院経営研究科教授　山口　隆英

【ベトナム】
2013年11月10日（日）
ロテコ工業団地社長・風間賢雄氏からのヒアリング

2013年11月11日（月）
Nitto Denko Vietnam 訪問
Kaneka Pharma Vietnam 訪問

2013年11月12日（火）
ホーチミン市労働総同盟（Ho Chi Minh City Federation of Labor）訪問

【インドネシア】
2013年11月13日（水）
PT. Panasonic Manufacturing Indonesia 副社長・Heru Santoso 氏からのヒアリング
PT. Puradelta Lestari 副社長・余根田紳次氏からのヒアリング

2013年11月14日（木）
PT. Muramoto Electronika Indonesia 訪問
PT. Bekasi Fajar Industrial Estate Tbk 副社長・小尾吉弘氏からのヒアリング
PT. Seiwa Indonesia 訪問

2013年11月15日（金）
インドネシア労働組合総連合（KSPI）訪問

※本研究・調査活動の一部に対して，科学研究費補助金（研究代表者：山口隆英「新興国市場開拓のための日本企業の組織能力に関する研究」，基盤研究（B），2010年4月～2015年3月）の交付を受けている。

# 目　次

まえがき

## 第 1 部　理論・実証研究編

### 序章　新興国に向き合う日本企業の新グローバル戦略 ─── 3
① はじめに ……………………………………………………………… 3
② 21 世紀の世界市場を俯瞰する
　　　──人口動態から見た世界の市場動向── ……………………… 7
③ 日本企業の「20 世紀の国際戦略」を解体・再構築する ………… 12
④ 新興国戦略とマネジメント・システム …………………………… 17
⑤ むすび ……………………………………………………………… 20
付表：「ベトナム・インドネシア・インド・バングラデシュ・ブラジル」の
　　　基礎データ …………………………………………………… 24

### 第 1 章　ベトナムの労使関係の特質
　　　──ストライキの増加と日系企業の課題── ─── 27
① はじめに …………………………………………………………… 27
② 現代ベトナムにおける「労使関係」の基本構造 ………………… 28
③ 「ストライキ」の増加 ……………………………………………… 30
　　1. 「ストライキ」関連の法制　　31
　　2. 「ストライキ」の発生状況と特徴　　31
④ 集団的労使関係システムの「機能不全」………………………… 33
⑤ 在ベトナム日系進出企業における「集団的労使関係」の実態 ……… 35
　　1. 労働組合の「設置率」と労働者の「加入状況」　　35
　　2. 労働組合の「委員長」及び「執行委員」を巡る状況　　36
　　3. 労働組合の「主な活動」　　37
　　4. 「ストライキ」を巡る状況　　38
⑥ むすび──日本企業に求められる変革── ……………………… 39

## 第2章 インドネシアの労働法と行動する労働組合
――労使間の摩擦の顕在化を踏まえて―― ―――― 45

① はじめに …………………………………………………… 45
② インドネシアの労働関係法規の特徴 ……………………… 49
  1. 雇用形態　49
  2. 賃金　50
  3. 労働時間　52
  4. 時間外手当　52
  5. 解雇　52
  6. 退職金　53
③ 行動的な労働組合 ………………………………………… 55
  1. インドネシアのストライキ規制　56
  2. 個別企業の労使関係　58
  3. 社会的活動としての組合活動　61
④ むすび――健全な労使関係を構築するためのポイント―― ……… 63

## 第3章 インドにおける人事労務管理のポイント
――インド人従業員の行動・思考を読み解くための視点―― ―― 67

① はじめに …………………………………………………… 67
② インドにおける事業環境と企業経営 ……………………… 68
  1. 事業環境――政治・経済・社会の諸相――　68
  2. 企業経営の要諦　71
③ デリーでの勤務体験 ……………………………………… 72
④ インドにおける人事労務管理の実態と課題 ……………… 75
  1. 経営課題　75
  2. 業務課題　76
  3. 労使関係の制度と実態　77
  4. インド・リスクとしてのストライキ　78
  5. 撤退戦略　79

6. 着想大局・着手小局―布石と先手を打つ―　79
⑤インド人気質と異文化対応力 ……………………………………………80
　　1. インド人の特性　80
　　2. 気分良くインド人と付き合う法　81
⑥変わるものと変わらぬもの …………………………………………………83
　　1. 「多様の中の統一」(Unity in Diversity)　83
　　2. インド世界は東洋とも西洋とも異なる「中洋」　84
　　3. 地域に根ざす「循環するインド史」　84
　　4. 実態理解を難しくする概念英語　84
　　5. 確固たるインド人の死生観　85
　　6. 文化を共有する日本とインド　85
⑦むすび―「急がば回れ」，インドの本質的理解を― ……………………86

## 第4章　バングラデシュの魅力と労働事情
―労働関係法規や人事労務管理面も踏まえて― ―――― 89

①はじめに …………………………………………………………………………89
②バングラデシュの概況と外資誘致政策 …………………………………89
　　1. バングラデシュの概況　89
　　2. バングラデシュの外資誘致政策　91
③バングラデシュのビジネス拠点としての魅力と課題 ………………92
　　1. バングラデシュの魅力　92
　　2. バングラデシュにおける経営上の課題　94
④バングラデシュの労働組合 …………………………………………………95
⑤労働法制の形成 …………………………………………………………………96
⑥バングラデシュにおける人事労務管理の実際 …………………………98
　　1. 賃金体系　98
　　2. 配置転換　99
　　3. 採用・昇進　100
　　4. 日系企業と地場企業の人事労務管理施策の比較　100

⑦むすび―バングラデシュにおける現地経営上の留意点― ................ 103

## 第5章　ブラジルにおける日系企業の人事労務管理
　　　―「日系人活用」を巡る現状と課題― ―――――――――― 105
①はじめに ................................................................. 105
②ブラジルにおける日系人の歩みと日系人社会の課題 ................ 106
　1．日系人の社会的上昇　106
　2．デカセギ現象　107
　3．日系コロニアの課題　108
③日本企業の対伯投資とブラジル現地経営 ............................ 110
　1．対伯投資を巡る状況　110
　2．人事労務管理面での課題　111
④在ブラジル日系進出企業及び在日日系人に対する
　　アンケート調査報告 ................................................. 113
　1．日系企業による自社の日系人社員に対する評価　114
　2．日系企業の人事労務管理の実態　115
　3．在日日系人の来日後の変化　118
　4．在日日系人が有する日系企業の人事労務管理に対するイメージ　120
⑤むすび―日本企業に求められる変革― ................................ 123

コラム
　①　次世代のBOP戦略／　129
　②　新興国市場におけるイノベーション活動について―リバース・イノベーションの事例―／　132
　③　新興国での事業展開に際する危機管理・安全対策／　136

## 第2部　事例研究編

### 第6章　ベトナムにおける人事労務管理の実際
―カネカ・ファーマ・ベトナムにおける採用・教育・評価・処遇と定着率向上に向けた取り組み── 143

① カネカ・ファーマ・ベトナムの概要 143
  1. 事業内容　143
  2. 工場建設と立ち上げ　143
  3. 組織概要　144
② 人事労務管理関連の業務 145
  1. 従業員の募集　145
  2. 採用試験　145
  3. 教育訓練　147
  4. 勤怠管理　148
  5. 賃金管理と人事考課　149
  6. 離職率低減に向けた取り組み　150
  7. 人事労務管理のポイント　151
③ 製造管理 152
  1. 作業認定制度　152
  2. 工程監視と生産会議　153
④ ベトナムでの衣食住と生活面の留意点 153
  1. 衣食住に関する状況　153
  2. 生活面の留意点　154
【質疑応答】

### 第7章　ベトナム事業展開における組織作りと日本人の役割
―CBSベトナムにおける人事労務管理を踏まえて── 159

① CBSベトナムの概要 159
② ベトナムを理解することの重要性 160

1. ベトナムを知る手がかり　　160
　　2. ベトナム人の仕事観　　162
　③ベトナムにおける人事労務管理の留意点 …………………………………… 164
　　1. ベトナム人の雇用に関して　　164
　　2. 日本人の役割　　167
　④ベトナムの労働法制とCBSベトナムにおける人事労務管理の実際 … 170
　⑤日本人駐在員の就労と生活について ………………………………………… 173
　【質疑応答】

## 第8章　インドネシアにおける人事労務管理・現地経営上の留意点
　　　　　—三ツ星ベルトの現地法人における「家族主義」経営の展開— ── 181
　①インドネシア進出の経緯 ……………………………………………………… 181
　②家族主義の工場管理 …………………………………………………………… 181
　③ジャカルタ暴動と危機管理 …………………………………………………… 183
　　1. 暴動の経緯　　183
　　2. 日本人の帰国　　184
　　3. ジャカルタ暴動からの教訓　　185
　　4. スハルトの辞任と労働組合の多極化　　185
　④インドネシア人とは …………………………………………………………… 186
　　1. 家族主義の国民である　　186
　　2. イスラム教に忠実である　　187
　　3. 個々人は大人しいが集団になると感情制御ができない　　187
　　4. 厳選された人は優秀　　187
　⑤新会社の巡航運転時の経営課題 ……………………………………………… 188
　　1. 人事労務問題　　188
　　2. 税務署の無理難題　　191
　　3. 税関の無理難題　　192
　　4. コンピュータの更新と維持管理　　192
　⑥これからのインドネシア ……………………………………………………… 193

⑦日本企業へのアドバイス …………………………………………… 194
　【質疑応答】

## 第9章　新田ゼラチンにおけるグローカル経営とインドでの事業展開
　　　　　──インドの経営環境とビジネス上の留意点を踏まえて── ─────── 199
①新田ゼラチンの「グローカル」経営 ……………………………………… 199
②インド進出の経緯とNitta Gelatin Indiaの経営概況 …………………… 200
　1．進出の経緯　200
　2．Nitta Gelatin Indiaの経営概況　201
③インドの経済社会の特質とビジネス上の留意点 ………………………… 201
　1．インド人のコミュニケーションスタイルと契約に対する意識　201
　2．カースト制度　203
　3．イスラム圏との近接性　203
　4．近年の労働事情　204
　5．インドにおけるコーポレート・ガバナンス　204
④これからのインド ………………………………………………………… 205
　【質疑応答】

## 第10章　バングラデシュの経営環境と物流事情
　　　　　──「チャイナ・プラス・ワン」としての期待と鴻池運輸の取り組み──  211
①バングラデシュ初の日系物流会社 ………………………………………… 211
②バングラデシュの経済社会 ………………………………………………… 212
　1．一般情勢　212
　2．経済・経営事情と日本との関係　213
　3．労働事情と企業経営　214
③鴻池運輸における合弁会社設立と現地経営の実際 ……………………… 215
　1．合弁会社設立の背景　215
　2．バングラデシュにおける現地経営の実際　216
④バングラデシュの物流事情 ………………………………………………… 218

1. 道路状況　218
   2. 港湾事情　218
   3. 輸出通関　219
   4. 輸入通関　220
   5. 海上輸送　220
   6. 航空輸送　221
 ⑤点から面への戦略——「メコン・ベンガル地域」での業容拡大 ……… 221
【質疑応答】

## 第11章　ブラジルにおける人事労務管理のポイント
   ——Panasonic do Brasil での経営経験から—— 225
①私とブラジル ……………………………………………………………… 225
②ブラジルの経済・経営事情 ……………………………………………… 226
③Panasonic do Brasil Limitada（PANABRAS）の経営戦略 ………… 228
   1. 会社概要と沿革　228
   2. ブラジル市場攻略に向けて　229
   3. ブラジルビジネスのリスク　231
④PANABRAS における人事労務管理 …………………………………… 231
   1. 等級制度　231
   2. 労働時間　232
   3. 賃金と福利厚生　232
   4. 昇給・昇格・ボーナス等　233
   5. 労働組合　233
   6. 日系人の活躍と社内言語　234
⑤ブラジルでの人事労務管理上の留意点 ………………………………… 235
   1. 徹底した対話の重要性　235
   2. ヘッドハンティングの活用　235
   3. 労働問題を防ぐには　236
   4. ブラジル人のメンタリティ　237

  5.　部門間格差と地域間格差　　237
  6.　日本人駐在員に関して　　238
 【質疑応答】

## 第12章　大国ブラジル，動き出したトヨタ
   ――ブラジル駐在経験 (2006-2010) を踏まえて―――――― 245
 ①私の海外勤務歴 …………………………………………………… 245
 ②ブラジルの概要と自動車市場 …………………………………… 246
 ③ブラジルでのトヨタの取り組み ………………………………… 248
  1.　ブラジルトヨタの歴史　　248
  2.　ブラジルトヨタの販売戦略　　249
  3.　ブラジルトヨタの社会貢献　　250
 ④ブラジルトヨタの未来に向けての戦略 ………………………… 250
  1.　"Mercosur Roadmap 2020" の作成　　250
  2.　新しい車種の追加　　252
  3.　新工場の建設　　253
 ⑤ブラジル自動車産業の課題 ……………………………………… 254
 ⑥むすび …………………………………………………………… 256
 【質疑応答】

あとがき―盟友・前川朋久を追悼する―
索　引

第 1 部

理論・実証研究編

# 序章　新興国に向き合う日本企業の新グローバル戦略

　　　　　　　　　　　　　　　　　　　　　　　　安室　憲一

 はじめに

　この章では，本書の座標軸にあたる3つの視座について考察を進めたい。第1の視座は，戦略立案の前提となる世界市場の動向に関する「新しい見方」（new perspective）である。周知のように，アメリカを除く殆どの先進諸国は高齢社会に突入している。まだ「人口ボーナス」を残している新興国も2015年以降，徐々に労働人口の減少に向かう。そして2045年頃には，殆どの新興国が「人口オーナス期」に入り，高齢社会の仲間入りをする[1]。2045年以降も「人口ボーナス」を残している国は，人口増加の激しいアフリカの発展途上国だけになる。つまり2015年現在，日本は高齢社会の先端にいるが，30年後には殆どの新興国が日本に追いついてしまう[2]。少子高齢化が加速して進行するので，2030年頃になると世界の市場は「人類が一度も経験したことのない」新常態へと変化する。この想定は人口動態（demography）の特性から「確度の高い未来」と言える[3]。つまり，世界中の殆どの

---

[1] 「人口ボーナス期」とは，15～64歳未満の「生産年齢人口」が0～14歳以下の「従属人口」と65歳以上の「高齢人口」の合計の2倍以上の期間を指す。人口ボーナスは，近代化の進行により，医療や生活水準が目覚ましく向上し，幼児死亡率が劇的に低下する結果，予想外の速さで少子化が進む一方で高齢者の寿命の改善があまり進まない状態の下で発生する現象と考えられる。扶養人口に比べて，労働人口が多いため，経済成長のしやすい状態と考えられている。「人口オーナス期」とは，その値が2以下になる期間を指す。通常は，少子化に加えて高齢化が進行し，労働人口の減少が顕著に現れる。経済成長の余力が減少すると同時に，高齢者福祉の費用が増大するので，国家の財政負担が増加し，社会経済の抜本的改革が避けられなくなる。「人口オーナス期」は一般に，経済成長が鈍化し，需要不足からデフレ経済に陥りやすい。

[2] 2045年頃には，日本は第1次ベビーブーム世代がほぼ消滅し，人口は1億人前後に減少するものの，年齢別の人口ピラミッドは多少とも改善されるだろう。この面でも，日本は世界で最初に人口ピラミッドの若返りを実現する国になるだろう。

国が，僅か30年以内に現在の日本と同様の人口構成に近づく。「21世紀の中頃までに，世界は今の日本のようになる」と想定すれば，これは日本企業にとってチャンスである。日本の人口動態が世界の「標準」になるからである。

さらに人口規模の大きな新興国ほど，少子高齢化の速度が速くなり，従って，短期間で市場構造が大きく変化する。糖尿病，心筋梗塞，癌などの3大疾病は日本よりも早く広がるだろう。子供や女性の肥満なども日本を追い越すだろう。人口構成の急速な変化を経験してきた日本社会は「次に起こる事態」が予測でき，従って先行者利得を享受できる。つまり，日本に立地することが「未来の学習」にとって有利となる。

未来における日本企業の「成功のロジック」（戦略ストーリー）はシンプルである。日本の高齢者向けにデザインされた製品・サービスや諸制度を「世界の人口グラデーション」に沿って浸透させる戦略，つまり次の先進国，新興国，発展途上国へと時間差をつけながら伝播させていく「トリックルダウン戦略」の推進である。他方，若者向け製品・サービスや諸制度の伝播は，人口構成の若い新興国や発展途上国を中心に浸透させる戦略をとる。もちろん彼らが購買可能な価格帯を実現することが絶対条件だが，都市化とSNSが普及した今日では，世界の若者の嗜好は収斂する傾向にある。日本の若者向けファッションをグローバルに発信することが，マーケティング上のポイントになるだろう。

一方で新興国市場は日本よりも速いスピードで高齢化が進んでいく。東南アジアや中国も20年以内に高齢社会に突入する。21世紀の終わりまでを視野に入れるなら，世界人口は高齢者（65歳以上）の占める割合が30〜40％に達するだろう。20世紀が人口動態の上で「若者の時代」であったのに対し，21世紀は「高齢者の時代」になる。消費の担い手も，若者世代から高齢者世代へと移り変わっていく。つまり，日本企業は高齢者向けの製品・

---

3 世界戦争，パンデミックな疫病の流行，巨大隕石の落下のような想定外の大災害で人類の大量死がない限り，現時点での出生率と平均寿命をもとに計算すると，未来のある時点における人口規模と年齢構成は予想できる。

サービスや諸制度を韓国・台湾・シンガポールのような成熟した市場から浸透させ，若者向け製品ラインは発展途上国から浸透させるダブル・ループ戦略を展開できる。2030～2040年頃には，上からのアプローチと下からのアプローチが新興国でドッキングして，理想的な市場ポジショニングが達成できるかもしれない。

　日本の国内市場で，若者中心のマーケティングから高齢者向けの製品・サービスへと転換してきた企業は，アジアの人口動態の変化に沿う形で，日本での経験を反復することができる。若者中心から高齢者中心への消費パターンの急テンポの変化は，現地の企業にとって未知の体験である。現在日本企業に先行してアジアの若者市場を席巻している韓国企業，サムスンやLG，現代自動車も，高齢化する市場に新たに適応しなければならない。他方，日本企業は既に経験済みである。同質化が進む21世紀消費社会では，「高齢化シフト」の先行体験は，ポジショニングの先取りを意味し，大きな優位性をもたらすだろう。欧米企業は争って日本の高齢市場に進出し，ポジショニングを共有しようとするだろう。日本で起こる「高齢者向け」イノベーションを学習するために，日本にマーケティングと研究開発機能を設ける多国籍企業が増えるだろう。新興国市場の高齢化に備えるためには，日本市場での経験が欠かせない。それが「人口の雁行形態の先端」にいる日本の立地優位なのである。以下の節で人口動態資料に基づき，この立地優位の持つ新しい意味を明らかにしていきたい。

　第2の視座は，日本企業はこの絶好のチャンスを生かすに足るポジショニングを取れているのか，という問いである。端的に言って「できていない」という答えが返ってくるだろう。なぜ日本企業は新興国市場の攻略に成功していないのか。日本企業の経営者は口を揃えて，「いや，努力してきたのですが成果が出ませんでした」「韓国や台湾企業に先手を取られました」と言うだろう。なぜ新興国市場で目標とするシェアが取れなかったのか。「もっと努力」していればシェアが取れたのだろうか。

　新興国市場のシェアが取れなかったのは「努力が足らなかった」からではない（もちろん努力不足の企業もあるが）。海外事業のマネジメントに多大

な努力を払ったが，戦略ミスマッチのために，期待した成果が得られなかったと考えるべきだろう（市井・服部・マイケル，2014）。全ての業種や企業でそうだったとは言わないが，1990年代に多くの日本企業が展開した「グローバル戦略（Ver.1）」に問題があった。1990年代には成功していた「グローバル戦略（Ver.1）」は，21世紀になると逆機能に陥った。この「戦略的陥穽」により，韓国，台湾，中国の後続企業が新興国市場にたやすく浸透できた。後述するように，いまだに「戦略的陥穽」から抜け出せない日本企業もある。上手く脱出できた少数の日本企業がアジア市場で成功を収めている（安積，2009・2014）。いったい「グローバル戦略（Ver.1）」のどこが間違っているのか。これを明らかにすることが次の課題である。

　第3の視座は，新興国市場の開拓に焦点を絞った「新しいグローバル戦略」を実現するための「マネジメント・システム」の構築である。新興国市場にマトを絞ると言っても，それは一昔前の各国・各地域に特化した「マルチ・ドメスティック」戦略に戻ることではない。グローバルな優位性を活かしながらローカル市場の特性に応えること，具体的には組織内外の「知的資産」を活用して「ローカルなニーズや課題」のソリューションを創り出すことである。このアプローチは，経営現地化，ナレッジ・マネジメント，起業家的インセンティブの設計が鍵を握るだろう。もちろん最適解は，業種，規模，製品—技術系の特徴，進出先国（先進国か途上国か），海外子会社の規模，国際事業経験年数などに左右され，多様になるだろう。しかし，共通するロジックも存在する（琴坂，2014）。

　最後にこの節のむすびとして，新興国及び発展途上国のBOP（Base of the Economic Pyramid）市場に向けたマーケティング戦略とそれがもたらす潜在的イノベーション効果について触れてみたい（本書「コラム①」参照）。識字率の低い途上国では新製品をデザインする時，仕様書やマニュアルが読めない人のために，タッチパネル，動画が喋って操作を指示する，音声入力で操作可能なインターフェイス・デザインを考案する，などの工夫が必要だろう。そうした機能（ソフト）は現状では高価でも，開発のコストが下がり，ユーザー数が増えれば採用可能かもしれない。こうした製品は，高

齢化した先進国の顧客（手が震えてキーボード入力が不自由，操作のマニュアルが覚えられない，老眼で小さい字が読みにくい，片手で操作できる軽量化等）にも便利だろう。つまり，新興国の若者向けに開発された製品やサービスが先進国の高齢者顧客に重宝される時代が来るかもしれない。また，新興国の企業が，自国市場のニーズの中から優れたイノベーションを創造し，先進国に普及させる動きが生まれるだろう（Khanna & Palepu, 2006；Hennart, 2012；Hoskisson, Wright, Filatotchev, & Peng, 2013）。新興国生まれの（現地企業と多国籍企業が現地で創造した）イノベーションの先進国への逆流が，21世紀のグローバル経済の特徴になるかもしれない（Saul, 2011；Govindarajan & Trimble, 2012；Radjou, Prabhu, & Ahuja, 2012）。新興国発のイノベーションの多くが，経済的価値と社会的価値の双方をもたらす「シェアード・バリュー型」(CSV-Type)[4]になるだろう（Porter & Kramer, 2006；Saul, 2011）。

## ❷ 21世紀の世界市場を俯瞰する―人口動態から見た世界の市場動向―

　図表序-1は，国連の調査による世界の人口の推移（1950～2050年）を示したものである。2007年現在の調査なので，それ以降の時点は推計値を表している。この表に見るように，1950年には25億人にすぎなかった世界人口は，2007年には66億人を超え，2050年には90億人を超えると推計されている。90億人という人口は，ほぼ地球が収容できる最大値と考えられている[5]。2007年から2050年までに増加する人口数は25億人を超え，人類はまだ人口増加の過程にある。ところが，先進国地域を見ると，2007年の12億2000万人が2050年になっても12億4500万人である。人口は横ばいであ

---

4　CSVとは "Creating Shared Value" の略である。
5　人口が増えると耕作地が減少するので，世界の耕作地面積の限界（特に穀物供給能力，穀物は低価格で広大な面積を要するので，野菜の水耕栽培などのような生産技術が適用できない）が人口数の上限を定めると考えられる。

る。日本は，2050年の人口は9500万人に減少すると考えられている。この人口は1960年代のそれと同水準である。つまり，日本を含む先進国の経済成長のポテンシャルは低いと見てよい。

人口が速いテンポで増加するのは，アフリカを中心とした発展途上国である。2000年時点で8億人だったアフリカは，2050年には約20億人に増加すると考えられている。他方，アジア地域は，2000年には37億人だったが，2050年には52億人に増加する。15億人の人口増加だが，2040年頃には横

**図表序-1　世界の人口の推移（1950～2050年推計値）**

(単位：100万人)

| | | | | | | | | (再掲) | | |
|---|---|---|---|---|---|---|---|---|---|---|
| | 世界 | アフリカ | ラテンアメリカ | 北アメリカ | アジア | ヨーロッパ | オセアニア | 先進地域 | 開発途上地域 | 日本 |
| 人口 | | | | | | | | | | |
| 1950年 | 2535 | 224 | 168 | 172 | 1411 | 548 | 13 | 814 | 1722 | 84 |
| 1955 | 2771 | 251 | 192 | 187 | 1551 | 576 | 14 | 864 | 1907 | 90 |
| 1960 | 3032 | 282 | 220 | 204 | 1704 | 605 | 16 | 916 | 2116 | 94 |
| 1965 | 3343 | 320 | 253 | 219 | 1899 | 635 | 18 | 967 | 2376 | 99 |
| 1970 | 3699 | 364 | 288 | 232 | 2139 | 657 | 20 | 1008 | 2690 | 105 |
| 1975 | 4076 | 416 | 325 | 243 | 2394 | 676 | 21 | 1048 | 3028 | 112 |
| 1980 | 4451 | 480 | 364 | 256 | 2636 | 693 | 23 | 1083 | 3368 | 117 |
| 1985 | 4855 | 554 | 404 | 269 | 2896 | 707 | 25 | 1115 | 3740 | 121 |
| 1990 | 5295 | 637 | 444 | 284 | 3181 | 721 | 27 | 1149 | 4146 | 124 |
| 1995 | 5719 | 726 | 484 | 300 | 3452 | 729 | 29 | 1175 | 4544 | 126 |
| 2000 | 6124 | 821 | 523 | 316 | 3705 | 729 | 31 | 1194 | 4930 | 127 |
| 2005 | 6515 | 922 | 558 | 332 | 3938 | 731 | 33 | 1216 | 5299 | 128 |
| 2007 | 6671 | 965 | 572 | 339 | 4030 | 731 | 34 | 1223 | 5448 | 128 |
| 2010 | 6907 | 1032 | 594 | 349 | 4166 | 730 | 35 | 1232 | 5674 | 127 |
| 2015 | 7295 | 1149 | 628 | 364 | 4389 | 727 | 37 | 1245 | 6050 | 125 |
| 2020 | 7667 | 1271 | 660 | 379 | 4596 | 722 | 39 | 1254 | 6413 | 123 |
| 2025 | 8011 | 1394 | 688 | 393 | 4779 | 715 | 41 | 1259 | 6752 | 119 |
| 2030 | 8318 | 1518 | 713 | 405 | 4931 | 707 | 43 | 1261 | 7057 | 115 |
| 2035 | 8587 | 1643 | 733 | 417 | 5052 | 698 | 45 | 1260 | 7327 | 111 |
| 2040 | 8824 | 1765 | 750 | 427 | 5148 | 687 | 46 | 1257 | 7567 | 106 |
| 2045 | 9026 | 1884 | 762 | 436 | 5220 | 676 | 48 | 1252 | 7774 | 100 |
| 2050 | 9191 | 1998 | 769 | 445 | 5266 | 664 | 49 | 1245 | 7946 | 95 |
| 増加数(2007～2050年) | 2520 | 1033 | 197 | 106 | 1236 | -67 | 14 | 22 | 2498 | -33 |

出所：総務省統計局『世界の統計2015』，第2章「人口」，2-3「世界人口・年齢構成の推移（1950～2050年）」。

ばい状態になる。つまり，アジアの人口増加は2030年の後半には収束し，それ以降は定常状態になる。

　以上のように，アフリカの発展途上国を除いて世界人口の少子高齢化が急速に進む。現時点では経済成長に有利な人口構成を持つアジア地域（日本を除く）でも高齢化が急速に進む。かつて新興工業国（NIES）であった韓国・台湾・シンガポール，成長の著しいタイ・マレーシアといった国々も，2010～2015年の間に「人口ボーナス期」が終焉する。中国も2013年頃に労働人口がピークを迎えたと考えられ，2025年頃には人口ボーナス期が終焉するだろう（さらに少子化が進み，高齢者の寿命が延びれば人口ボーナス期は短縮する）。

　一般に，老年人口（65歳以上）が人口の7%を超える社会を「高齢化社会」，14%以上に達した社会を「高齢社会」と呼ぶ。フランスが「高齢化社会」から「高齢社会」になるのに115年かかった。ノルウェーは92年，イギリスは47年，ドイツは40年かかっている。日本は24年だった。中国は25年，NIES，ASEAN諸国の平均は22年である（小峰・日本経済研究センター，2007：77）。つまり，日本は先進国の中で最速で「高齢社会」に突入したが，東アジア諸国も日本と同様かそれ以上の速さで「高齢社会」に突入する[6]。ヨーロッパ諸国で時間がかかったのは，幼児死亡率の低下とそれに伴う長寿化がゆっくり進んだからである。他方，アジア地域では「後発の利益」により，進んだ医療技術が普及し，平均余命が急速に改善された。少子化が予想外の速さで浸透し，高齢者の寿命が著しく改善された（大泉，2007）。つまり，「少子高齢化」は，科学技術の進歩と経済成長の結果であり，不可逆的な現象である。

　アフリカ諸国は例外的に人口が増加しているが，それも時間の問題であろう。医療技術の普及によって幼児死亡率が低下するが，多産のため一時的に

---

[6] ちなみに中国の高齢化率（65歳以上人口の割合）は，2010年に8.2%，2020年に12%，2030年に16.5%，2050年には25.6%（3億3000万人）に達すると推計されている。他方，日本は2015年で約26%（4人に1人が65歳以上）である。35年後の中国は現在の日本と同様の超高齢社会になるが，人口規模がけた違いに大きいことに注意すべきである。

は人口が増加する。子供たちが社会で成功するためには教育投資が必要だが、貧しく子沢山ではいい教育は与えられない。1人当たりの教育費を高めるためには「少子化」が望ましい。子供の生存確率が高いのなら、多産は貧困の原因になってしまう。少子化政策によって1人当たりの教育投資の飛躍的増加を実現した中国は、著しい経済成長を達成できた。アフリカ諸国が経済的に成功するためには、少子化によって、子供1人当たりの教育投資の増加を図らなければならない。近い将来にアフリカ諸国でも「少子化」による教育投資熱が高まり、経済成長が加速するだろう。アフリカで人口増加が続くのは時間的に限られていると考えるのが、人口動態的思考であろう。総体的に21世紀は「少子高齢化」の時代なのである。

図表序-2は、1950～2050年までの65歳以上の人口の推移を示している。グローバルな視点からすると、日本は「人口動態の雁行形態」の最先端にいることが分かる。日本が経験したことは、やがて世界の全ての国々や社会が経験するだろう。もちろん、本書で取り上げる新興諸国も2050年頃には「高齢社会」になる。しかし、それまでには30～40年の時間がある。この時

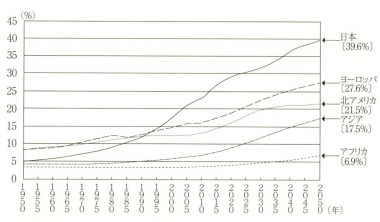

図表序-2　65歳以上人口の割合の推移（1950～2050年）

出所：総務省統計局ウェブサイト「統計トピックスNo.23：アジアでも進行する高齢化」（http://www.stat.go.jp：2015年1月10日最終アクセス）。

間差をどう見るかが，グローバル戦略立案の視点になる。

　「人口の雁行形態」の先端にいる日本企業は，この時間差を最も有利に活かせるポジションを占めている。日本企業は，人口ボーナスを持っている新興国に「若者向け市場」を求める一方で，「高齢化の進んだ」国々の市場で日本発の高齢者向け製品・サービスの市場浸透を図ることができる。つまり，2015～2030年くらいまでが「アジアの人口ボーナス」に重点を置いた成長戦略（若者志向），2025～2050年が「高齢者市場」に焦点を置いた戦略（高齢者志向），その中間が「移行期のマーケティング」という位置付けになる。新グローバル戦略（Ver.2）は「この先30～40年間」をどう過ごすかがポイントになる。その決め手が，アジアの新興国市場の人々の所得向上と高齢化に合わせて，製品やサービスの段階的シフト（若者向けから高齢者向けへの緩やかな移行計画，デザイン・品質・価格の計画的高級化）を図る「グラデーション戦略」である。

　アジアの国々の人口動態を横並びに比較すると，人口構成が日本を頂点にして多層化していることが分かる。日本を筆頭に，韓国・台湾・香港・シンガポールの準高齢化グループ，次にタイ・マレーシア・中国が続き，その次にインドネシア，フィリピン，ベトナム，ミャンマー，インドが続く「人口動態の雁行形態」が形成されている。アジア全域に経済共同体が形成されれば，若者向けマーケットから高齢者のマーケットに至るまで，巨大な人口ピラミッドが構成されるだろう。年齢別の需要の変移が，国を越えて自然発生する。その意味で，人口動態を尺度にしたグラデーション的な市場戦略が策定可能となる。その始発点は日本なのである。日本市場が標準（standard）となった雁行形態が生まれる。日本市場が若者向けと高齢者向け製品・サービスの開発拠点を担い，日本で開発された「アジア的」製品・サービスが新興国市場に伝播（トリックルダウン）する。次のステージでは，アジアで開発されたイノベーションが先進国市場に逆流する「リバース・イノベーション」が発生するだろう。既にその兆候は現れている。この点については，本章の最後で触れておきたい。

## ❸ 日本企業の「20世紀の国際戦略」を解体・再構築する

　では，日本の多国籍企業は，新興国市場に対応する国際ビジネスの枠組みを整えているかと言えば，不十分と言わざるを得ない（苅込・中川・宮嶋，2010；新中間層獲得戦略研究会，2012；ボストン・コンサルティング・グループ，2012）。新興国の市場シェアの観点から見れば，そこで活躍している企業は，欧米，韓国，台湾及び中国企業であり，日本企業の影は薄い。先行したのは日本企業だったはずだが，なぜこんな事態になったのか。新興国市場で成功しているのは韓国のサムスン，LGといった電機・電子企業や現代自動車である（高橋，2011：24）。なぜ韓国勢は新興国市場で高いシェアを確保できたのに，日本勢はそれができなかったのか。韓国・台湾勢が日本企業にないような優れた製品や製造技術を持っていたわけではない（部品・モジュール類・製造装置や機械設備は日本製が多い）。マーケティングでも，ドラスティックな方法を採用したわけでもない（むしろ日本企業が昔やっていた「足で稼ぐ営業」や「ドブ板営業」（代理店回り）を行っていた）。ただ彼らは，地道に現地の顧客の声を聴き，市場のニーズに製品・サービスを適合させた。なぜ日本企業には，韓国・台湾企業のような現地の顧客に密着した地味なマーケティング努力ができなかったのか。

　筆者（安室）は，その原因を日本企業の戦術的失敗（事業活動の優劣）ではなく，むしろ戦略の失敗（経営の枠組み不全）にあると考える。1980～90年代に成功した戦略を，21世紀になっても続けていること，新興国を市場として重視しなかったことに起因すると考える。

　筆者は，1990年代の末から2000年代にかけて，日系企業の東南アジア再輸出拠点の再構築をテーマに実態調査をしていた。中国に生産シフトが進んだ結果，東南アジアの再輸出拠点が急速に衰退していた。中国と東南アジアの間で，何らかの分業が図れないものかを模索していた。既に日系の家電・電子機器の市場は，サムスンやLGといった韓国勢に席巻されつつあった。東南アジア諸国に立地する再輸出拠点を内需向けに再編成することが可能なのか。韓国・台湾勢に対抗するためには如何なる戦略を採るべきかを模索し

ていた。その後，この研究テーマはインドやブラジルにも拡張していった。

　日系企業の製造子会社や地域統括会社のインタビュー調査を繰り返すうちに，次第に日本企業の弱点が見えてきた。それは，日系子会社の社長の視野が，製品輸出先の欧米・日のトライアングル市場に限られ，現地の市場機会を見逃していることだった。日本の親会社（本社）の社長や役員が韓国勢の台頭に警鐘を鳴らし，競争力の強化を訴えていたにも拘わらず，現地にいる子会社の社長（日本人）は中国の台頭に気を取られていた。そもそも彼らの任務はトライアングル市場でのシェア獲得であり，現地の市場には無関心であり続けた。彼らの無関心は親会社の戦略と組織，具体的には事業部制そのものに原因があった。

　筆者は，本社社長と現場の意識の差に強い危機感を感じたので，行く先々で韓国勢に現地市場のシェアが奪われつつある現実をどう考えるかを問いただした。帰ってきた答えは，ほぼどこの日系子会社でも同じだった。「この国の市場で売れるのは，市販の部品を買ってきて組み立てるだけの，いわば冷やすだけの単機能エアコンのような製品ですよ。日本の高度な技術を活かす素地なんか，全くありません。日本の技術が活かせない現地向きの（チープな）製品を作って何になるんですか。日本の技術が活かせない現地向け製品など，作っても仕方がありませんよ」。

　この回答には，重大な戦略的盲点が隠されていた。日本企業が 1980 年代から 90 年代にかけて東南アジアに設立した大規模な製造拠点の多くが，欧米市場への輸出を意図したオフショア生産基地だった（安室，1986）。これらは，日米，日欧貿易摩擦を回避するための迂回生産・輸出拠点でもあった。移転される生産技術や製品技術の水準は，日本と遜色のないものであり完全所有が求められた。他方，現地市場向け製品を作る子会社は，技術水準が低く，現地との合弁事業が多かった。従って，本社（と言うよりも各事業部）の戦略的スキームに従う日系子会社の日本人社長は，現地の市場には関心がなく，もっぱら欧米市場でのシェア獲得に注力していた。その結果，足元の東南アジア市場は競争力の脆弱な合弁事業に託されていたのである。この状況が一変するのが，新興国が WTO に加盟する 2000 年前後であった

(中国は 2001 年に加盟)。

　アジア諸国(東南アジア諸国と中国)に設立された海外子会社の多くが，現地市場志向ではなく，先進国市場向けのオフショア生産基地であったことは，受入国側の外資政策の結果でもあった。1970 年代には東南アジア諸国は，競って輸入代替工業化政策を採った(輸入による外貨支払いを減らすために，積極的に外資を誘致し，現地企業との合弁を奨励し生産の現地化を図った)。日本企業は受入国政府の輸入規制に対応するために，積極的に東南アジア諸国に進出し，合弁事業(日本の中小企業，総合商社，現地企業の三人三脚方式が多かった)を設置した。ところが，現地企業の経営者と様々な観点で意見が異なり，経営は必ずしも上手く行かなかった。この経験から，日本企業は完全所有の事業運営を希求するようになった。

　1980 年代になると，東南アジア諸国の政府は外貨獲得を目的とした外資優遇政策を展開した。主に臨海部に輸出加工区(保税加工区)を開設し，部品・原材料の輸入関税を免除し，100％出資を認める代わりに製品の全量輸出(国内販売の制限)を求めた。これにより，資本受入国側には輸出による外貨収入，雇用，投資と生産技術がもたらされ，外資側にはローコスト生産拠点(迂回輸出)とフリーハンドの経営権がもたらされた。これらのオフショア生産拠点は，欧米・日への輸出が主眼なので親会社(事業部)がマーケティングを担当し，子会社による営業努力(輸出マーケティング)は原則として必要がなかった。また，現地市場への販売は意図されていないので，現地人材の起用(経営の現地人化)の必要性も少なかった。全て日本(の事業部)中心に運営するという戦略的枠組みが「グローバリゼーション(Ver.1)」をもたらし，1980 年代後半から 1990 年代にかけて黄金時代を招来した。中国が改革・開放で外資を受け入れた時も，この東南アジアの「輸出加工区」(経済開発特区)方式を活用した。日本企業は 100％出資の特権を確保する見返りに，欧米・日への輸出に専念し，中国政府に膨大な外貨収入をもたらした。

　この輸出志向の完全所有子会社(オフショア戦略)が，新興国(国内)市場への関心を薄める結果をもたらしたのである。ベトナムの輸出加工区を例

にとって，オフショア生産拠点が成功すると，現地（ベトナム）市場に不適応になるパラドックスを説明しよう。

　筆者が訪問したG社は，日本で有名な下着のメーカーであり，その優れた品質は世界ブランドとして知られている。この子会社は輸出加工区にあるため，原糸の輸入には関税がかからず，高品質の下着を主に日本市場に輸出している。既に技術移転が完了しており，経営人材の現地化も進んでいる。しかし輸出向け下着類をベトナムの国内市場に向けて販売することは困難である。第1にベトナム人男性は白いコットン製の下着を着る習慣がない。彼らは欧米人同様，シャツをじかに着ることが多い。つまり，ベトナム製下着は日本以外に売り先がない[7]。第2に，輸出向け製品の国内販売には，新たに政府の許可を得なければならないが，これが意外と難しい。また国内販売に特化した営業代理店を新たに設けなければならないが，その認可を取るのに手間がかかる。要するに，輸出向けの生産拠点は，輸出先市場（欧米・日）の特性に適応する形で設計されているので，現地市場に不適応であり，変更が困難な場合が多いのである。

　もう1つの例を挙げよう。H社のベトナム子会社は，焼きナスの冷凍加工品を生産し，日本の居酒屋向けに出荷している。H社は，日本では「冷凍たこ焼き」で有名な会社だが，ベトナムではたこ焼きは作っていない。冷凍たこ焼きは中国の子会社で生産し，ベトナムに輸出している。H社のベトナム子会社は安定的な収益を上げる優良会社である。だが，全くといってよいほど，ベトナムの市場に対応できていない。第1にベトナム人は焼きナスを食べない。ベトナムではナスは貧しい人々の食べる野菜であり，日本のナスとは違って丸くて苦い味がする（カレーの具としてよく使われている）。H社は日本からナスの種を取り寄せ，日本の栽培方法で育てる，一種の「開発輸入」のビジネスモデルを採用している。日本と違い常夏のベトナムでは，ナスは一年中採れる。従って，日本向けに年間を通じて焼きナスを出荷できる

---

[7] 同社は，最近，ベトナムでの販売拡張を目的に代理店を設け，低価格でファッショナブルな男性用下着の普及に努めている。しかし新しい慣習（文化，スタイル）が浸透するには時間がかかるので，長期的課題として取り組んでいる。

が、ベトナム向けの生産ラインはない。それでは、たこ焼きはどうかというとこれもできない。ベトナムでもタコは採れる。問題は、小麦粉とキャベツである。小麦やキャベツは寒冷地の農作物であり、ベトナムでは採れない（ダラット高原ではレタスなどの葉物が栽培されるが採算に課題がある）。小麦はオーストラリアから輸入できるが、輸入関税がかかる。キャベツも輸入品になる。従って、ベトナムで冷凍たこ焼きの生産・販売・輸出は採算に合わない（だから中国からの輸入になる）。原材料の調達がネックになる。

このように、オフショア生産子会社は、販売市場が欧米・日に集中するため、アジアの新興国市場のニーズに適応しない場合が少なくない。先進国市場に対応しているために生産技術のレベルも高く、地元の人材が彼らの知識で管理・運営するにはハードルが高い。従って、現地の技術者を育成するよりも、日本からの派遣者で間に合わせてしまう傾向が強い。現地販売を意図しないので、現地市場に明るい地元のマーケティング担当者も必要ない。必要とするのは労働者だけである。しかも、賃金は低いほど良い。輸出志向の子会社では、こうした特徴が表面に出てきてしまう。

オフショア工場に付随して製品開発機能が設置されることがあるが、欧米・日の市場ニーズに対応するための研究開発拠点であるため、現地人材の定着率が低い。自国の市場向けではなく、生活実感がない先進国市場に対応した製品開発に従事させられるから、手ごたえがなく、モチベーションがわかない。技術を身につけたら、現地市場向けに製品を設計する地元の企業に転職してしまう。これでは、現地市場の開拓はますます難しくなる。つまり、日本企業の能力が低いから新興国市場が開発できないのではなく、過去に成功した戦略の枠組みに固執し続けるから、成功しないのである。

21世紀になると新興国がWTOに加盟（インドとロシアは未加盟）するようになり、現地販売の子会社も完全所有が認められるようになった。こうして、戦略の基礎前提が大きく変化した。現地で生産・販売する完全所有子会社の時代がやってきた。この新興国の市場開放（と出資規制の撤廃）にタイミングよく適応したのが、韓国・台湾の多国籍企業だった。日本企業は、弱体だった現地生産・販売の体制をもろに突かれることになった。現地経営

の体制を強化しようにも,海外子会社に優秀な現地人社員が育っていなかった。日本人中心の経営では,地元の市場のニーズに応える魅力的な価格帯の製品を開発することが困難である。オフショア拠点にいる日本人管理者の能力では,ローカル市場の開拓は期待できなかったのである。

 **新興国戦略とマネジメント・システム**

21世紀に入ると,国際ビジネスの基本条件が大きく変わった。WTOやその他の地域的な自由貿易協定の進展に伴い,経済や社会のボーダレス化が進んだ。具体的には,中国や東南アジア諸国のWTO加盟により,国内市場が次第に開放されただけでなく,完全所有のオペレーションが選択可能になった。逆に,新興国・地域における賃金水準の高騰（労働力不足の結果としての）,技術・マネジメント要員の不足により,輸出志向の子会社の運営がより困難になってきた。つまり,新興国市場は,欧米・日の先進国市場向けに,現地の低労務費を活用して組み立て加工を行うオフショア基地としての機能を失い始めたのである。「鄧小平モデル」として知られた中国の「来料加工モデル」[8]が,成立の前提としていた低賃金労働・人民元の過小評価（元安効果）・税制優遇措置などの特典を失ったため,次第に経営困難に陥った。相対的に豊かになった国内市場を開拓すべく,戦略の方向転換を可及的速やかに行わなければならなくなった。この戦略転換（輸出志向から国内市場志向）にいち早く着手し,新興国市場に向き合う組織とマネジメントの仕組みを構築した企業が,2010年頃から業績を伸ばしていったのである。

こうした戦略的転換が必要なことは自明のことであったが,過去の戦略を清算し,新たな戦略・組織・マネジメントの仕組みを再構築することは,非常に困難な課題であった。それは20世紀の後半の日本企業の特徴とも言われた「製品別事業部制」と深い関係があった。製品別事業部制は,製品—技術ドメインごとに事業を取り纏め,各々の事業系列群ごとにグローバルな戦

---

[8] 原材料・部品を無関税で輸入し,組立てて完成品にして香港経由で輸出する。「世界の工場」と呼ばれるビジネスモデル。

略を立案・展開し，独立採算（アカウンタビリティ）の権限を与えて実行を管理する仕組みである。通常はM型組織と呼ばれている[9]。この事業部制という業務遂行システムは，世界市場の共通性（類似性）が高いほど，事業本部に集権化した構造が上手く機能する。日本企業が得意としていた製品分野，例えば，ファインケミカル，民生用電子・電気製品（デジタル製品，家電），光学機器（カメラなど），輸送用機器（船舶，自動車）は，比較的各国の市場の類似性が高い。特に，先進国（OECD諸国）は，国際技術標準の浸透とともにほぼ同一規格が採用されている。従って，欧米・日のトライアングル市場を前提にする限り，「世界共通のグローバル市場」を想定することは，あながち誤りではなかった。世界的規模の製品別事業部制の下で，各々の製品―技術系統ごとに本社（事業本部）集権の管理システムを構築し，低賃金国の輸出加工区にオフショア工場を設置して，日本から生産設備，部品・原材料，モジュール類の輸出を図り，欧米との貿易摩擦を回避しながら新興国の外貨獲得に貢献する「グローバル戦略（Ver.1）」は，「三方一両得」の戦略と言えた。

　ところが，新興国の台頭と彼らのグローバル市場への本格参入が，従来の戦略前提を覆してしまった。まず第1に，新興国市場が基本的に「多様な」市場であったことである。中国，インド，ブラジル，ロシア，南アフリカ等の「新興国市場」は共通性を持った巨大市場ではなかった。国の歴史，宗教，風土，政治体制，教育レベル，医療制度，農業政策など，先進国では概ね類似している要素が大きく異なる（本書p. 24の付表「ベトナム・インドネシア・インド・バングラデシュ・ブラジル」の基礎データを参照）。日本企業が犯しやすい誤りは「新興国共通のモデル」を開発し，世界的規模で生産・販売体制を構築するという戦略アプローチである。これは，「欧米・日共通モデル」によるグローバル戦略という事業コンセプトの焼き直しにすぎない（Mathew, Ribeiro, & Vega, 2012）。まず，こうした「日本型グローバル思考」を捨てるところから出発しなければならない。それには，本社の

---

[9] M型組織とは"Multi-divisional structure"を指し，M型に対置する職能別組織はU型組織（Unitary structure）と呼ばれる。

トップが虚心坦懐に新興国の海外子会社の経営トップ（日本人・地元の経営スタッフ）から，市場特性を「学ぶ」ことから始める必要があるだろう。

次は，「製品別事業部制」という製品―技術系列に分割した集権構造の解体である。この構造が続く限り，事業本部（日本人スタッフ）が考えた「グローバル製品」を世界に押しつけることになりがちである。多様な消費構造を持つ「新興国群」には，こうした「上から目線」の製品開発・マーケティング戦略は有効でない。新興国市場で成功するためには，研究開発機能をローカル市場に置き，地元の人々を通じて「現場・現実」のニーズをつかんでこなければならない。現地でニーズを発見し，ソリューションを見出す過程で，親会社（本社）の技術的・財務的サポートを要請する。あくまでも，「ソリューションを考える」人々は，ローカル・マーケットの人々であり，彼らの手助けをするのが本社の技術・マーケティングのスタッフである。経営の最前線（フロント）は，現地の子会社であり，多国籍企業の本社（事業本部）はバックヤードである。これが，過去の「製品別事業部制」（プロダクト・ドリブン）との大きな違いである。新しい戦略的マネジメント・システムは，マーケティング機能（ソリューション提案）が前面に出てくる「サービス・ドリブン」（S-D）ロジックと言えよう。

では，どのようにして多様な新興国市場に向き合う「新グローバル戦略」に相応しい組織やマネジメント・システムをデザインしたらよいか。基本は，組織が「バックヤード」に保有している経営資源を，思い切って「フロント」に押し出すことである。その目的は，本社に依存することなく，「フロント」（海外の現場）で問題解決ができるよう「能力」（ケイパビリティ）を移転することである。新興国の各々の市場は巨大である。中国本社，ブラジル本社，インド本社，アフリカ本社，ロシア本社があってもおかしくない。そこが複数の製造子会社，研究開発組織，販売会社，サービスステーション，金融子会社などを統括する。その中で，共通する経営機能や部品・モジュール生産など，基幹的業務は親会社（本社）により統括される。しかし，マーケティング，製品開発及び人材開発のような「市場適応機能」は，「フロント」に委ねられなければならない。各々の新興国市場を横断する形

で，どのように共通部分を見出し，標準化・共有化を図るかは，中長期的な視野が必要な分野である。「統合ありき」「新興国向けグローバル製品ありき」という「集権発想」は，おそらく失敗の原因になるだろう。子会社に自主性を与えれば，現地の経営者はICTを活用して世界中から安価で高品質の部品を探し，調達し，コストダウンを図れる時代である。過度の本社（事業本部）集権は，フロントの「能力」伸長を抑制するマイナス要因として作用してしまう（多田，2014）。新興国市場の市場を開拓するためには，本社集権の発想を現場（海外市場）中心の発想へと逆転する必要がある。サプライサイドの発想から，デマンドサイドの発想に切り替えることが，新興国時代の「グローバル戦略（Ver.2）」の必須の前提である。その意味で，事業部制という日本企業のレガシーを打破しなければならないだろう。

## ❺ むすび

なぜ新興国市場を確保することが大切なのか。新興国市場及び発展途上国には，年間所得が3000ドル以下の「BOP」（Base of the Economic Pyramid）と呼ばれる低所得層が40億人いると言われている（Prahalad, 2005；経済産業省, 2010）。中国は改革・開放以降，30年をかけて貧困層の減少（中間層への上昇）に取り組んだ。その結果，個人消費（内需）がGDPの35％を上回る消費大国に成長した。中国をはじめとする新興国での内需拡大が，輸出型の「グローバル戦略（Ver.1）」から，内需型の「新興国戦略（Ver.2）」へと，グローバル戦略が切り替わる契機となった。

各々の新興国や発展途上国がグローバル市場に参入し，中国とよく似た発展戦略を経由して貧困層の減少（中間層の増加）に成功すると考えれば，40億人の潜在購買層（BOP）が，消費者として花開く日がやってくる（平本ほか，2010；小林ほか，2011）。既にそうした動きは，東南アジアの国々，特にインドネシアやベトナムで，明らかに出現している。

BOP市場で起こるイノベーションは，先進国のBOP市場にとっても意義ある成果をもたらす（Govindarajan & Trimble, 2012；Radjou, Prabhu, &

Ahuja, 2012)。先進国の BOP 市場は，貧富の格差の広がりにより，若者のワーキングプアだけでなく，蓄えの少ない年金生活者も含まれる。こうした消費者にとって，堅牢で使い勝手がよく，価格の安い「メイド・イン・新興国」製品・サービスは，好ましい選択肢になるだろう。それが，日常愛用している「日本製品のブランド」であれば，安心して使うことができる。BOP 市場に注目し，積極的に直接投資を行って受入国で雇用を生み出し，技術レベルの高い職場を創り，新しい消費者を育成することが，日本企業の「次なるフロンティア」になるだろう（大石ほか，2012）。高齢化するアジア諸国は，日本の経験を活かすチャンスを提供するはずである。BOP と高齢社会が新しいキーワードとなるだろう。

　以上のような「グローバル戦略（Ver.2）」を実行するための基盤は「優れた現地経営」であり，人事労務管理の安定性である。戦略は不連続的に展開しても，土台となるマネジメントは安定していなければならない。日々のマネジメントの優劣が実行能力を規定する。そこで，以下の各章では，特に人事労務管理に焦点を当てて，新興国における「日常のマネジメント」の重要性を検討していきたい。

<参考文献>

Govindarajan, V. & Trimble, C.（2012）*Reverse Innovation: Create Far from Home, Win Everywhere*, Boston: Harvard Business Review Press. 渡部典子訳（2012）『リバース・イノベーション』ダイヤモンド社。

Hennart, J-F.（2012）"Emerging Market Multinationals and the Theory of the Multinational Enterprise," *Global Strategy Journal*, Vol.2（3）, pp.168-187.

Hoskisson, R. E., Wright, M., Filatochev, I., & Peng, M. W.（2013）"Emerging Multinationals from Mid-Range Economies: The Influence of Institutions and Factor Markets," *Journal of Management Studies*, Vol.50（7）, pp.1295-1322.

Khanna, T. & Palepu, K. G.（2006）"Emerging Giants: Building World-Class Companies in Developing Countries," *Harvard Business Review*, Vol.84（10）, pp.60-69. マクドナルド京子訳（2007）「新興国市場で成長する企業の条件」『DIAMOND ハーバード・ビジネス・レビュー』（6月号）, 22-33 頁。

Mathews, G., Ribeiro, G. L., & Vega, C. A.（eds.）（2012）*Globalization from Below: The World's Other Economy*, London: Routledge.

Porter, M. E. & Kramer, M. R. (2006) "Strategy and Society: The Link between Competitive Advantage and Corporate Social Responsibility," *Harvard Business Review*, Vol.84 (12), pp.78-92.

Prahalad, C. K. (2005) *The Fortune at the Bottom of the Pyramid*, New Delhi: Pearson Education, Inc. スカイライトコンサルティング訳（2005）『ネクスト・マーケット』英治出版.

Radjou, N., Prabhu, J., & Ahuja, S. (2012) *Jugaad Innovation: Think Frugal, Be Flexible, Generate Breakthrough Growth*, San Francisco: Jossey-Bass. 月沢李歌子訳（2013）『イノベーションは新興国に学べ！』日本経済新聞社.

Saul, J. (2011) *Social Innovation, Inc.: 5 Strategies for Driving Business Growth through Social Change*, San Francisco: Jossey-Bass.

安積敏政（2009）『激動するアジア経営戦略―中国・インド・ASEANから中東・アフリカまで―』日刊工業新聞社.

安積敏政（2014）『中堅・中小企業のアジア進出戦略「光と陰」』日刊工業新聞社.

市井茂樹・服部奨・デイビッド・マイケル（2014）「新興国市場―日本企業の戦い方―」『DIAMONDハーバード・ビジネス・レビュー』（2月号），28-36頁.

大石芳裕・桑名義晴・田端昌平・安室憲一監修・多国籍企業学会著（2012）『多国籍企業と新興国市場』文眞堂.

大泉啓一郎（2007）『老いていくアジア―繁栄の構図が変わるとき―』中公新書.

苅込俊二・中川忠洋・宮嶋貴之（2010）「中間層を核に拡大するASEAN消費市場―購買力のある中間層の増加に伴い，耐久財の普及が加速―」『みずほ総研論集』（2010年Ⅲ号），65-102頁.

経済産業省貿易経済協力局通商金融・経済協力課編（2010）『BOPビジネスのフロンティア―途上国市場の潜在的可能性と官民連携―』（財）経済産業調査会.

琴坂将広（2014）『領域を超える経営学』ダイヤモンド社.

小林慎和・高田広太郎・山下達朗・伊部和晃著（2011）『BOP―超巨大市場をどう攻略するか―』日本経済新聞出版社.

小峰隆夫・日本経済研究センター編（2007）『超長期予測　老いるアジア―変貌する世界人口・経済地図―』日本経済新聞社.

新中間層獲得戦略研究会（2012）『新中間層獲得戦略―アジアを中心とした新興国とともに―』経済産業省.

高橋俊樹（2011）『これからの消費市場を読む―拡大する世界の中間層を狙え―』日本貿易振興機構.

多田和美（2014）『グローバル製品開発戦略―日本コカ・コーラ社の成功と日本ペプシコ社の撤退―』有斐閣.

平本篤太郎・松尾未亜・木原裕子・小林慎和・川越慶太（2010）『BoPビジネス戦略―新興国・途上国市場で何が起こっているか―』東洋経済新報社.

ボストン・コンサルティング・グループ（2012）『ビジネスモデル・イノベーションで新興国中間層をとらえる』ボストン・コンサルティング・グループ（BCG, October 2012）。
安室憲一（1986）『改訂増補版　国際経営行動論』森山書店。

付表 「ベトナム・インドネシア・インド・バングラデシュ・ブラジル」の基礎データ

| | ベトナム | インドネシア | インド | バングラデシュ | ブラジル |
|---|---|---|---|---|---|
| 面積 | 約33万km² | 約189万km² | 約329万km² | 約14万km² | 約851万km² |
| 人口 | 約9170万人 (2013年) | 約2億4900万人 (2013年) | 約12億1057万人 (2011年) | 約1億5250万人 (2013年) | 約2億40万人 (2014年) |
| 民族 | キン族（越人）＝約86%、他に53の少数民族 | 大半がマレー系（ジャワ、スンダ等約300種族） | インド・アーリヤ族、ドラビダ族、モンゴロイド族、等 | 大半がベンガル人、その他チャクマ族、等 | 欧州系＝約48%、混血＝約43%、アフリカ系＝約8%、等 |
| 宗教 | 仏教、カトリック、カオダイ教、他 | イスラム教＝88.1%、キリスト教＝9.3%、他 | ヒンドゥー教＝80.5%、イスラム教＝13.4%、他 | イスラム教＝89.7%、ヒンドゥー教＝9.2%、他 | カトリック＝約65%、プロテスタント＝約22%、無宗教＝約8%、他 |
| GDP総額 | 約1700億ドル (2013年) | 約8696億ドル (2013年) | 約1兆8768億ドル (2013年) | 約1156億ドル (2013年) | 約2兆1689億ドル (2014年、IMF予測) |
| 1人当たりGDP | 1896ドル (2013年) | 3500ドル (2013年) | 1499ドル (2013年) | 960ドル (2013年) | 1万773ドル (2014年、IMF予測) |
| GDP成長率 | 6.0% (2014年) | 5.8% (2013年) | 6.9% (2013年) | 6.2% (2013年) | 2.5% (2014年、IMF予測) |
| 新車販売台数 | 13万3588台 (2014年) | 120万8019台 (2014年) | 317万6763台 (2014年) | 5万1900台 (2014年) | 349万8012台 (2014年) |
| 月額基本給：製造業 | （ホーチミン）・ワーカー＝173ドル・エンジニア＝347ドル・課長クラス＝810ドル | （ジャカルタ）・ワーカー＝241ドル・エンジニア＝405ドル・課長クラス＝934ドル | （ニューデリー）・ワーカー＝224.15ドル・エンジニア＝567.03ドル・課長クラス＝1405.02ドル | （ダッカ）・ワーカー＝86ドル・エンジニア＝264ドル・課長クラス＝563ドル | （サンパウロ）・ワーカー＝987.15ドル・エンジニア＝6065.27ドル・課長クラス＝8325.42ドル |
| インフレ率 | 4.1% (2014年) | 6.4% (2014年) | 6.0% (2014年) | 7.0% (2014年) | 6.3% (2014年) |

出所：新車販売台数に関しては国際自動車工業連合会（OICA）ウェブサイト「Sales Statistics」
（http://www.oica.net/category/sales-statistics/）による
（2015 年 5 月 27 日最終アクセス）。
月額基本給のデータに関しては日本貿易振興機構ウェブサイト「投資コスト比較」（http://www.jetro.go.jp/world/search/cost.html）による
（2015 年 5 月 27 日最終アクセス）。
インフレ率に関しては国際通貨基金（IMF）ウェブサイト「Data and Statistics」（http://www.imf.org/external/pubs/ft/weo/2015/01/weodata/index.aspx）による（2015 年 5 月 27 日最終アクセス）。
その他データに関しては外務省ウェブサイト「国・地域」
（http://www.mofa.go.jp/mofaj/area/index.html）による（2015 年 5 月 27 日最終アクセス）。

# 第1章　ベトナムの労使関係の特質
―ストライキの増加と日系企業の課題―

<キーワード>　ベトナム，ドイモイ，日系企業，個別的労使関係，集団的労使関係，労働法，労働組合，計画経済時代，ストライキ，「ポスト社会主義」の労使関係システム

古沢　昌之

## ❶ はじめに

　「チャイナ・プラス・ワン」「ポストBRICs」あるいは「ネクスト11」[1]と呼ばれる新興国の1つとしてベトナムが注目されている。ベトナムの魅力としては，第1に「低廉・豊富かつ優秀な労働力」の存在が挙げられる。例えば，日本貿易振興機構（JETRO）の調査によると，在ホーチミン日系企業のワーカーの平均月額賃金は173ドルで，上海（495ドル）の約1/3のレベルに留まる[2]。また，若年労働力が豊富（総人口の約54％が30歳未満）であることに加え，高い識字率（約95％）を誇ることも強みと言えよう（日本在外企業協会，2008；日本貿易振興機構，2011）。第2の魅力は「対日感情が良好」という点にあり，外務省が2008年に実施した調査では，ベトナムは「第二次世界大戦における日本について，悪い面はあったが，今となっては気にしていない」との回答がASEAN主要6ヶ国で最多，また「日本企業の進出・投資を歓迎する」も同じく最多となっている[3]。第3は「将来の

---

1　「ネクスト11」とは，ゴールドマン・サックス社が2005年にBRICsに続く潜在性を秘めた集団として提示した11ヶ国（イラン，インドネシア，エジプト，韓国，トルコ，ナイジェリア，バングラデシュ，パキスタン，フィリピン，ベトナム，メキシコ）を指す。
2　日本貿易振興機構ウェブサイト「投資コスト比較」(https://www.jetro.go.jp/world/search/cost.html) による（2015年1月25日最終アクセス）。
3　外務省ウェブサイト「ASEAN主要6ヶ国における対日世論調査」(http://www.mofa.go.jp/mofaj/area/asean/yoron08.html) による（2015年1月25日最終アクセス）。

消費市場」としての期待である。人口（約9170万人：2013年データ）はASEANで3番目に多く，GDP成長率は，1988年以降，1999年（4.4%）を除いて毎年5%以上をキープしている。事実，国際協力銀行（2014）が実施したわが国製造企業への調査によれば，ベトナムは中期的（今後3年程度）・長期的（今後10年程度）に「有望な事業展開先国・地域」として各々第5位と第6位にランクインしており，「中期的に有望」と回答した企業の69.5%がその理由として「現地マーケットの今後の成長性」を挙げている（複数回答可）。

こうした中，日本からベトナムへの投資件数（新規認可分）は，最近3年連続（2011～2013年）で過去最多を更新している（日本貿易振興機構，2014）。そして，在ベトナム日系進出企業数は既に1000社を超えていると言われる[4]。しかし，その一方，昨今のベトナムに関しては「ストライキ」の増加が伝えられるなど，労使関係面での留意点も少なくない。

以上のような問題意識のもと，本章ではベトナムの労使関係の特質について述べるとともに，筆者（古沢）が実施したアンケート調査及びヒアリング調査に基づき，在ベトナム日系企業における労使関係の現状と課題を論じる。

## ❷ 現代ベトナムにおける「労使関係」の基本構造

ここでは，労使関係を二元的に捉えた藤林（1963）や白井（1996）の所説に従い，「個別的労使関係」（企業対労働者の関係）と「集団的労使関係」（企業対労働組合の関係）の両面から議論する。

現代ベトナム（1986年の「ドイモイ」政策開始以降のベトナム）における労使関係の特質は，個別的労使関係面では「市場経済化」に即した改革が

---

[4] 筆者のベトナム現地ヒアリング調査による（2012年10月，2013年11月）。ベトナムに所在する3つの日本商工会の会員数を見ると，ハノイ（ベトナム日本商工会）＝555社，ホーチミン＝679社，ダナン＝65社となっている（いずれも2014年4月時点。日本貿易振興機構ウェブサイト「ベトナム基礎データ」(http://www.jetro.go.jp/world/asia/vn/basic_01/：2015年1月25日最終アクセス）による）。

なされる一方，集団的労使関係面においては「計画経済時代」の労働組合制度が維持されている点にある。これは「ポスト社会主義」の労使関係システムと呼ばれるもので，「社会主義市場経済」を掲げる中国のそれと基本構造は同じと考えてよい（Clarke, Lee, & Do, 2007；藤倉, 2011）。具体的には，個別的労使関係面の改革に関しては，第1に「労働契約制」の導入が挙げられる。かつてのベトナムでは国家が従業員の採用から退職までの人事サイクルを行政的に管理していたが（Oudin, 2004；藤倉, 2011；Pringle & Clarke, 2011），ドイモイ後は1995年施行の「労働法」で企業と従業員の間の「労働契約」が義務付けられることになった。その結果，従業員は「国家の従業員」から「企業の従業員」へ，雇用関係は「国家と従業員の関係」から「企業と従業員の関係」へと変化していった。第2は「有期の労働契約」の普及である。「労働法」（第22条）には，労働契約の種類として「期間に定めのない契約」「期間に定めのある契約」「季節的業務または特定業務の履行に関わる契約」が提示されているが，外資系企業においては，ホワイトカラー・ブルーカラーを問わず，1〜3年の「期間に定めのある契約」が主流となっている[5]。こうした有期の契約は「契約期間の満了」により終了し，その更新には当事者双方の合意を必要とすることから，労働力流動化の促進要因になるものと思われる（但し，「労働法」第22条では，2回目の契約更新以降は「期間に定めのない契約」となることを規定）。第3は「能力主義・成果主義」人事の進展で，各企業に賃金の水準や体系，さらには解雇等に関する広範な自主権が付与された。つまり，企業は政府が定める「最低賃金」や「労働法」に抵触しない限りにおいて，労働者の能力や成果に応じた独自の処遇制度を構築することが可能となった。そして，これら個別的労使関係面での変革が人と組織の活性化をもたらし，近年のベトナムの経済成長を牽引したものと考えられよう。

　一方，集団的労使関係面では，前述のとおり，ドイモイ以降も計画経済時

---

[5] ベトナムの「労働法」は，これまで数度にわたり改正されている。本章における条文引用は，最新の改正法（2013年5月施行）に基づくものである。

代の労働組合制度が温存された。その第1の要諦はベトナムの労働組合は「共産党指導下の労働者団体」であるという点にある。党の組合に対する指導性は「労働組合法」（第6条）や「労働組合規約」（前文）に明示されており，その意味でベトナムの労組はいわば体制側の組織であると言える。第2に労働組合の「唯一代表性」（斉藤，2007）が挙げられる。即ち，ナショナルセンターである「ベトナム労働総同盟」（Vietnam General Confederation of Labour：VGCL）傘下外の組合の設立は法的に不可である[6]。「労働組合法」（第4条）及び「労働組合規約」（第8条・第16条）では，VGCLを頂点とした組織体系（「VGCL-地域別・産業別労組-企業内労組」のヒエラルキー）が示されるとともに，企業内労働組合の設立には上級労組の承認を要することが述べられている[7]。第3の特徴は「プロレタリアート独裁のイデオロギーを反映したメンバー構成と組織運営」である。「労働組合法」（第5条）で規定されている組合員の範囲は，ベトナム人労働者全員で，そこに職制での地位や権限による制限は見当たらない（但し，法的にはユニオンショップ制ではない）。また，労働組合に対する経費援助は日本では不当労働行為となるが，ベトナムの「労働組合法」（第26条）では会社側が当該企業の賃金総額の2％を労働組合費として拠出することが義務付けられている。

## ❸ 「ストライキ」の増加

　前述したように，市場経済化に即した人事・雇用システムと社会主義的な労働組合制度の並存を特徴とするドイモイ後のベトナムの労使関係システムは，現代中国（1978年末開始の「改革・開放」以降の中国）のそれと同様の基本構造を有する。しかし，その一方で，現代ベトナムでは，中国が全国

---

[6] 第二組合を認めないという方針の背景には，自主労組の容認が社会主義体制の崩壊にまでつながった旧東欧の教訓があると言われている（藤倉，2011）。なお，ベトナムはILOの「結社の自由及び団結権の保護に関する条約」（第87号条約）を批准していない。
[7] また，「労働法」（第188条・第189条）では，上級労組が各企業の従業員に労働組合の設立を働きかける権利と責任を有するとともに，組合が設置されていない企業（事業所）においては，上級労組が企業内労組としての責任を履行する旨が規定されている。

レベルの法規において未だ踏み込めていない「ストライキ権の承認」という大胆な政策も打ち出されている。そこで，本節では，ベトナムにおける「ストライキ」を巡る状況について論じる。

## 1.「ストライキ」関連の法制

ベトナムの「労働法」によると，労働争議は「個別的争議」と「集団的争議」に大別され，さらに集団的争議は「権利争議」と「利益争議」に細分化される。そして，集団的争議の中の利益争議において，地域レベルの「労働仲裁」が奏功しなかった場合に「ストライキ」への道が開かれる（第209条）。ストライキの組織・指導は企業内の労働組合執行委員会が行い，その決定は労組執行委員と生産チーム長の過半数の賛成でなされる（第210条・第212条）[8]。一方，ストライキへの対抗手段として，経営側には「ロックアウト権」が認められている（第214条）。なお，ストに参加した従業員には，労使間での別途合意がない限り，スト期間中の賃金は支給されない（第218条）。この他，「労働法」では，スト期間中または終結後3ヶ月以内に労使双方の当事者が裁判所にストの「合法性審査」を要求できる権利が制度化されており，それが非合法と認定された場合，労働者は直ちにストを中止し職場復帰しなければならない（第223条）。また，労働法のスト関連規定に違反した場合の損害賠償や行政処分・刑事責任の追及についても条文化されている（第223条・第232条・第233条）。さらには，治安・国防等に関わる事業体でのストの禁止や，ストが国民経済・公益に重大な損害を及ぼすと判断された場合には省級人民委員長がスト延期・中止決定権を有することが定められている（第220条・第221条）。

## 2.「ストライキ」の発生状況と特徴

近年のベトナムでは，スト件数が急増している。図表1-1に示したように，1995～2002年までは年間100件未満であったが，翌年からは三桁が続

---

8 労組未設置の場合，上級労組がストを組織・指導する（「労働法」第210条）。

図表1-1 「ストライキ件数」の推移

| 年 | 件数 | 年 | 件数 |
|---|---|---|---|
| 1995 | 60 | 2005 | 152 |
| 1996 | 59 | 2006 | 390 |
| 1997 | 59 | 2007 | 551 |
| 1998 | 62 | 2008 | 720 |
| 1999 | 67 | 2009 | 218 |
| 2000 | 70 | 2010 | 424 |
| 2001 | 90 | 2011 | 978 |
| 2002 | 99 | 2012 | 532 |
| 2003 | 142 | 2013 | 355 |
| 2004 | 124 | | |

出所：斉藤（2013a）及び厚生労働省（2014）。

いている。注目すべきは，総発生件数の8割以上が2006年以降の直近8年間に集中している点であり，2011年は過去最多の978件に達した。但し，2012年以降はインフレ率が落ち着きを見せていることもあり，2年連続して減少している（厚生労働省，2014）。なお，2008～2012年に発生したストライキを企業形態別に見ると，外資系企業が全体の79.3％を占め，非国営企業は20.5％，国営企業については0.3％にすぎないという[9]。

ベトナムのストライキの第1の特徴は，その殆ど全てが前述の「労働法」の規定から逸脱した「違法スト」（労働組合が組織・指導しない「山猫スト」）とされていることである。この点については，筆者がコーディネータを務めた（公社）国際経済労働研究所「新興国労使関係調査団」のホーチミン市労働総同盟へのヒアリングでも，2013年に同市で発生した80件のストの全てが「労働法」の規定に拠らないものであることが確認された。また，前述した「労働仲裁」は全国で年間に僅か1件程度（Clarke, 2006），ストの

---

9　（一財）海外職業訓練協会ウェブサイト「2013年9月度，AABCベトナム経済情報（株式会社会川アジアビジネス研究所）」(http://www.ovta.or.jp/info/asia/vietnam/vnm_20131009_1.html) による（2015年1月25日最終アクセス）。

「合法性審査」の裁判事例もない（斉藤，2013a）。第2は「日系企業」におけるストの増加である。先行研究では，ストを「台湾系・韓国系」に固有のものと位置付け，その原因をそれら企業の遵法精神の低さや非人道的な経営スタイルに帰する主張が支配的で，法律に忠実な日系企業はストとは無縁とされてきた（丹野・原田，2005；香川，2006）。こうした状況下，「労使関係の安定性」がベトナムの魅力であり（丹野・原田，2005），最低賃金も2000～2005年まで6年間凍結され，ベトナムは日系企業にとって「経営者天国」であるとさえ呼ばれていたのである[10]。しかし，2006年頃から日系でも労使間の摩擦が顕在化し，最近では2012年6月にハノイ市の日系A社で約1万人による大規模ストが発生したことが伝えられている。そして，第3の特徴として，ストの「長期化・過激化」や「計画的・組織的」なストの増加といった質的な変化も見逃せない（Do, 2007；小倉，2012a）。従来のストは通常1日で収束していたが，最近では3日以上にわたり工場のラインがストップすることも多いという（Do, 2008）[11]。さらに，破壊行為や脅迫の事例も報告されている（Clarke, 2006）。そして，かつては「無計画」な抗議活動が中心であったが，今日では社内のインフォーマルなリーダーによる統制や外部の運動家の扇動を受けたものが目立つようになってきた。具体的には，トイレの落書き（賃金への不満や他社情報などが書かれる）が発火点となり，ストを呼びかけるビラが撒かれ，あるラインがストップし，それが工場全体へと拡大するというパターンを辿ることが多いとのことである[12]。

## ❹ 集団的労使関係システムの「機能不全」

　上で見たように，近年のベトナムでは「労働法」で明文化されている集団的争議に関する手続きが遵守されず，「違法スト」が頻発するなど，集団的

---

10　筆者の現地ヒアリング調査による（2010年10月，2011年10月）。
11　但し，「労働法」（第126条）では，正当な理由のない欠勤日の合計が月間5日に達した場合，それが解雇事由となる旨が定められている。
12　筆者の現地ヒアリング調査による（2012年10月）。こうした中，同じく2012年10月にヒアリングした日系企業では，毎日終業後にトイレの落書きをチェックしているとのことであった。

労使関係システムがいわば「機能不全」(斉藤, 2007) に陥っている。そこで, 本節では, その背後に存在する諸要因について探りたい。

第1の要因は「体制側組織としての労組のジレンマ」である。「ポスト社会主義」の労使関係システムにおける労働組合は「二重の任務」を負い, 多義的である (千嶋, 2003；Nørlund, 2004)。例えば, ベトナムの「労働組合法」では, 組合の役割について, 「労働者の権益の代表」(第10条) であるとともに,「経営者等と協力して調和的・安定的な労使関係を構築すること」(第20条) が示されている。即ち, 労組は労使関係の調整にも責任を負うべき存在であり, 組合がストを主導することは, 自らの調整能力を否定することになりかねない (香川, 2008；丹野, 2010)。こうした自己矛盾が組合のストに対する消極性を醸成していると考えられる (香川, 2006)。

第2は「組合に対する労働者の不信感」である。ベトナムの企業では, 組合役員の選出に経営者や上級労組が影響力を行使することが珍しくなく, その帰結として管理職, 特に人事担当の幹部が労組委員長に就任するケースが多いと言われる (Clarke, Lee, & Do, 2007；Do, 2008)。こうした中, 一般労働者が組合を自らの「権益代表」と見なさないという心理的状況が生じる (Edwards & Phan, 2008)。

そして第3は「上からの労使関係」(古沢, 2006) による弊害である。具体的に言えば, 上級労組は, ナショナルセンターであるベトナム労働総同盟 (VGCL) から指示された「労働組合数」「労働協約数」の増加等の数値目標にのみ関心を示し, 企業内組合リーダーの「育成」や「労働協約」の中身といった質的側面への注力が疎かになっている (Clarke, Lee, & Do, 2007；Clarke & Pringle, 2009)。例えば, 労働協約の締結手続きは, 労働関係当局やVGCLが準備した書式に必要事項を記入するだけの形式的なもので, その内容は労働法の規定に若干の冠婚葬祭条項を追加した程度に留まり, 協約の本来の趣旨 (労働条件の底上げ) と乖離したものになっているとの指摘もある (Clarke, Lee, & Do, 2007；Do, 2008)。

最後に第4として, 労働関係当局の姿勢が労働者寄りである中,「騒いだ者勝ち」の前例が確立してしまったことを挙げておきたい。スト発生に際す

る当局のプライオリティは，ストの拡散防止と社会秩序の維持にあるため，企業側に対して違法スト参加者の要求受諾とスト期間中の賃金支給を要請するケースがしばしば見られる（Clarke, Lee, & Do, 2007；Pringle & Clarke, 2011）。そして，違法ストに同情的な大衆とマスコミがそうした当局の姿勢を後押しする（Lee, 2006；Do, 2008）。こうした状況下，労働者たちは，一連の違法ストを通して，要求貫徹には山猫ストが最も効率的かつ効果的であることを経験的に学習したと言われる（Pringle & Clarke, 2011）。つまり，僅か数日間の闘争で，賃上げ等労働条件の向上を勝ち取ることができ，しかも当局からのお咎めもないということである。事実，Clarke（2006）が調査した 71 のケースでは，うち 68 で労働者側の主たる要求が充足されている。

## ❺ 在ベトナム日系進出企業における「集団的労使関係」の実態

　本節ではこれまでの議論を踏まえ，筆者が在ベトナム日系進出企業の集団的労使関係の実態を探るべく実施したアンケート調査及びヒアリング調査の結果を報告する。アンケート調査は，ホーチミン市近郊のビンズオン省「ベトナム・シンガポール工業団地」（Vietnam Singapore Industrial Park：VSIP）に入居している日系企業 97 社を対象としたもので，40 社から回答があった（回収率＝ 41.2％）。回答企業の業種は全て製造業，平均操業年数は 8.1 年，出資形態は日本側完全所有が 95.0％を占めた[13]。一方，ヒアリングについては，2010 年 10 月，2011 年 10 月，2012 年 10 月，2013 年 11 月（前掲「新興国労使関係調査団」）に現地調査を実施した。

### 1．労働組合の「設置率」と労働者の「加入状況」

　ベトナムにおける労組設置率は，国営企業では 90％を超えるが，未設置に対する罰則がないこともあって，外資系においては 35％程度に留まると

---

[13] 本調査結果の詳細については，古沢（2014）を参照されたい。

言われている（Edwards & Phan, 2008；斉藤, 2011）。本調査では，これらの数字を受けて，まずは日系企業の組合設立状況を探ってみた。結果は，全社で「設置済み」で，先行研究で示された外資系の平均比率を大きく上回った。この点についてヒアリング調査を行ったところ，地域の上級労組による指導があったとのことである。また，前述のとおり，法的には「ユニオンショップ制」ではないが，回答企業では経営幹部・管理職も含めたベトナム人従業員の「組合加入率」が平均98.3％に達し，「100％加入」の企業も7割強に及んだ。

## 2. 労働組合の「委員長」及び「執行委員」を巡る状況

組合委員長は95.0％が非専従であった。そこで，非専従委員長の職制での「職位・所属」を尋ねてみた。先述のように，これまでは管理職（特に人事担当）が委員長を兼務することが多いと言われてきたが，今回の調査では，職位に関しては「課長代理以下」が66.7％を占めた（図表1-2）。即ち，先行研究から導出された予想とは異なり，非管理職の委員長が多いということである。また，所属部署は製造系が大半で，人事担当は1社だけとなった。

図表1-2　非専従委員長の「職位・所属」

| 職位 | ％ | 所属部署別内訳 |
|---|---|---|
| ①部長クラス | 2.8 | 製造（1） |
| ②副部長・部長代理クラス | 5.6 | 製造（2） |
| ③課長クラス | 25.0 | 製造（9） |
| ④課長代理・係長・主任・スーパーバイザークラス | 33.3 | 製造（7），検査・品質保証（2），管理（2），設備（1） |
| ⑤スタッフ・専門職 | 30.6 | 検査・品質保証（3），倉庫（2），製造（1），技術（1），研究開発（1），企画（1），総務（1），人事（1） |
| ⑥ワーカー | 2.8 | 一般ワーカー（1） |
| 合計 | 100.0 | |

注：（　）内は人数。

一方，執行委員の「選出方法」については，「社内の組合員」による選挙が85.0％に達し，「経営者」による指名と「上級労組」の推薦は各々1社のみであった（複数回答可）。最近の日系企業では，企業側の指名または推薦による管理職中心の執行部形成の弊害を認識し，労働者が選出した現場リーダーによる労働組合への再編を図りつつあることが伝えられているが（海外職業訓練協会, 2010），これらの調査結果はそうした新たな動きを裏付ける結果であるのかもしれない。

## 3. 労働組合の「主な活動」

社会主義計画経済下の労使関係システムでは，国家への「協力者」としての労働組合のみが承認を受ける（Kerr, et al., 1960；古沢, 2014）。そして，労働組合の「労働者の権益保護機能」に関しては，労働関係法規の策定といった政治システムへの参加を通して実現が図られると認識されていた（Clarke, Lee, & Do, 2007）。こうした状況下，職場レベルの労組の機能は，「経営者の拘束」（Kerr et al., 1960）でなく，「レクリエーション・福利厚生」が中心であった（Clarke, Lee, & Do, 2007）。即ち，レクリエーション活動や福利厚生施策を通して，労働者の士気向上を図り，以って生産目標の達成に資することが企業内労組に課された重要任務だったのである。

では，現代ベトナムにおける労働組合は如何なる活動をしているのか，日系企業の状況を見てみよう。ここでは，自社の労働組合が重点を置いていると思われる順に3項目を挙げてもらい，第1位の項目に3点，第2位＝2点，第3位＝1点のウエイトをつけてポイント化した。結果は，図表1-3のとおり，「レクリエーション・慶弔活動」のポイントシェアが最大（46.0％）ではあったが，労組の「権益保護機能」関連のスコア（②～⑤の合計）もそれに拮抗していることが明らかとなった。これは，「ポスト社会主義」の労使関係システムの中で，計画経済時代の労働組合制度を継承しつつも，外資系企業（日系企業）の組合活動においては市場経済化に即した動きも見られることを指し示したものと考えられよう。

図表 1-3 労働組合の「主な活動」

| 項目 | 第1位 | 第2位 | 第3位 | ポイント合計 | ポイントシェア |
|---|---|---|---|---|---|
| ①レクリエーション・慶弔活動 | 69 | 18 | 5 | 92 | 46.0% |
| ②賃金・賞与・手当・作業環境など労働条件の改善要求 | 30 | 22 | 5 | 57 | 28.5% |
| ③食事・福利厚生の改善要求 | 6 | 12 | 0 | 18 | 9.0% |
| ④従業員からの相談への対応・職場の問題点把握 | 9 | 2 | 2 | 13 | 6.5% |
| ⑤労働法の遵守状況の監督 | 0 | 2 | 3 | 5 | 2.5% |
| ⑥労働法や共産党方針の教育 | 0 | 0 | 4 | 4 | 2.0% |
| ⑦生産性向上への協力 | 0 | 2 | 1 | 3 | 1.5% |
| ⑧従業員への経営状況説明 | 0 | 2 | 1 | 3 | 1.5% |
| ⑨ボランティア・募金活動 | 0 | 2 | 1 | 3 | 1.5% |
| ⑩上級労組の会合への参加 | 0 | 2 | 0 | 2 | 1.0% |
| 合計 | 114 | 64 | 22 | 200 | 100.0% |

## 4.「ストライキ」を巡る状況

　これまでにストを経験した企業は27.5%に及んでいる（業種別内訳：電機＝4社，金属＝3社，化学＝2社，精密機器＝1社，その他製造＝1社）。ストの性質については，全件が労働組合の指導によらない「山猫スト」であった。原因は「賃金・賞与・手当の改善要求」が81.8%と圧倒的に多く，「食事の改善要求」（18.2%），「テト（旧正月）休暇の増加要求」「生産性向上施策への反発」（ともに9.1%）が続いている（複数回答可）。このうち，「食事」に関しては，現地でのヒアリング調査において，多くのベトナム人労働者にとっては勤務先で支給される昼食が1日で最も重要な食事であるので，企業は昼食の質と量に気を配らねばならない旨が各社の日本人駐在員から語られた。また，ストの首謀者は「当社の従業員のみ」が大半（81.8%）であったが，「外部の運動家の指導」も2社あった。そして，ストの解決方法については，「会社側と首謀者の話し合い」が最多（54.5%）で，「当社の組合の仲介」（36.4%）が第2位，以下「地域の労働関係当局の仲介」

(27.3％)，「地域の上級労組の仲介」（18.2％）の順となっている（複数回答可）。

## ❻ むすび―日本企業に求められる変革―

　これまで述べてきたように，近年のベトナムでは「労働法」で明文化されている集団的争議に関する手続きが遵守されず，「違法スト」が頻発するなど，集団的労使関係システムがいわば「機能不全」に陥っている。こうした違法行為の常態化は，法の権威を失墜させるだけでなく，ベトナムの経済社会の安定を損ない，日本企業のベトナム現地経営，ひいては「ドイモイ」政策の根幹の1つである外資誘致にもマイナスの影響を与えることが予想される（斉藤，2013b）。事実，前節のアンケート調査でも，スト経験企業が4社に1社以上もあり，その全てが「山猫スト」であることが確認された。そのため，日系企業の中には不安定な労使関係への懸念からベトナム事業を縮小し，近隣のカンボジア・ミャンマー・ラオス等へ生産を移管する動きも見られる[14]。そこで，本章の総括として，以下のとおり日本企業に求められる変革について述べたい。

　第1は「労使関係管理における消火から防災へのマインドセットの転換」である（Clarke, Lee, & Do, 2007；Do, 2007）。最近のベトナムでは，ストライキが増加する中，労働関係当局や上級労組等による「スト解決タスクフォース」[15]が各地に設置されるなど，ストの収束という「消火」面では一定の成果を挙げつつある（小倉，2012a）。しかし，先述した違法ストの放置と労働者寄りの争議処理は，「騒いだ者勝ち」の風潮を定着させ，ストの増加に拍車をかけているのも事実である。とりわけ，その多くが輸出指向型でグローバルなサプライチェーンに組み込まれている日系企業については，工場が何日も止まることは避けたいという「ジャストインタイム供給」の圧力

---

14　筆者の現地ヒアリング調査による（2012年10月）。
15　これは，スト発生企業が地域のタスクフォース事務局に連絡すると，労働関係当局・上級労組等からなる解決チームが直ちに駆けつけるという仕組みである。

により，スト交渉で妥協を強いられるケースも散見されることから（下田，2011），「叩けば折れる」というイメージが浸透していると言われる[16]。前掲国際経済労働研究所調査団の現地日本人関係者へのヒアリングでは，「在庫が少ない」「社長が新任」「業績がよい」といった企業がターゲットにされることが多いとのことであった。かような状況下，今後日本企業がベトナムでの安定的な事業展開を図るには，労使関係面で「防災」に対する意識を高め，ストライキの火種を企業内で未然に防止するための体制を構築していくことが求められよう。この点については，同調査団の各ヒアリング先から，①足元を見られないよう，ストの多いテト（旧正月）前には在庫を積み増しておくこと，②トイレの落書きなどストの予兆を見逃さないこと，③日頃から従業員との密なるコンタクトを心掛け，彼（彼女）らが抱える不満に対しては，どんな些細な事柄でも誠意を持って迅速に対応すること，④周辺企業の労働条件等に関する状況を意識しておくこと，といったアドバイスがなされた。

　第2は「労働組合の自己変革のサポート」である。ベトナムにおける集団的労使関係システムの機能不全の要因の1つは，経営幹部・管理職も加入する労働組合に対する一般労働者の「信頼感」の欠如，別言すれば組合の代表機能の脆弱性にある（Do, 2008 ; Edwards & Phan, 2008）。今回の我々の日系企業へのアンケート調査では，組合の執行委員が民主的に選出され，非専従委員長の職制での地位は非管理職が約2/3を占め，その重点活動に関しては従業員の「権益保護」関連のスコアが「レクリエーション・慶弔活動」とほぼ拮抗していることが分かったが，それでも社会主義計画経済時代の残滓を継承するベトナムの労働組合が市場経済下の労働者団体としての経験やノウハウの蓄積を欠いていることは否定できない。「山猫スト」の続発がその証左であり，今日のベトナムでは労働組合との良好な関係構築が労使関係の安定を意味しないところに問題の本質がある。こうした状況下，今後日系企業は，日本本社の協力も得ながら，わが国の労使が培ってきた「事前協議の

---

16　筆者の現地ヒアリング調査による（2011年10月，2012年10月）。

徹底」や「生産性向上成果の公正な配分」「労働組合による従業員からの不満の吸い上げと相談活動」（加護野・関西生産性本部，1984）のようなノウハウ・施策を移転することで，上級労組からの十分なサポートがなく未だ成熟化していないベトナムの労働組合を「育てる」といった取り組みも求められるのではなかろうか。

　そして，第3は「個別的労使関係と集団的労使関係の連動」である。本章の冒頭で述べたように，ベトナムの事業拠点としての魅力の1つに「低廉な労働力」が挙げられるが，低賃金の背後には一般労働者の生活苦という問題が横たわっている（Do, 2007；トゥ，2010）。労働・傷病兵・社会省の調査によれば，ハノイの最低賃金は最低生活費の65％しかカバーしていないという（小倉，2012b）。こうした事態を受けて，ベトナムでは共産党中央委員会が「2015年までに最低生活費と最低賃金を一致させる」との方針を打ち出していることから，今後の人件費アップは避けられないであろう。実際，ハノイやホーチミン等を含む「ゾーン1」と呼ばれる地域の最低賃金は，2006年には87万ドン（1ドン＝約0.0054円：2015年10月時点）であったが，2015年には310万ドンと10年間で約3.6倍になった。最近ではインフレが沈静化しているにも拘わらず，高率の最賃改定が続いている背景には，労働者の収入増・生活改善を企図する政策的意図があるものと推察される。ベトナム南部の工業団地では，ワーカーの80〜90％が出稼ぎと言われるが，その多くはいわゆる「出稼ぎ村」に企業横断的に集住し，各企業の人事制度や賃金に関する状況について日々情報交換をしている。つまり，日本人駐在員よりも出稼ぎの方が他社の状況を広範に把握しており，そうした日本人駐在員との情報の非対称性が山猫ドミノの一因になっていると考えられる（Lee, 2006；Do, 2008）。従って，今後日系企業には「労働組合」とのコミュニケーションを通してワーカーのニーズや不満をキャッチし，それを組合との協議を経て人事・賃金制度に的確かつタイムリーに反映させるとともに，その理念や運用に関する説明責任を果たし，各従業員の納得性を高めていくことが必要と言えよう。

**<参考文献>**

Clarke, S.（2006）"The Changing Character of Strikes in Vietnam," *Post-Communist Economies,* Vol. 18（3）, pp.345-361.

Clarke, S. & Pringle, T.（2009）"Can Party-led Trade Unions Represent their Members?," *Post-Communist Economies,* Vol. 21（1）, pp.85-101.

Clarke, S., Lee, C.-H., & Do, C. Q.（2007）"From Rights to Interests: The Challenges of Industrial Relations in Vietnam," *Journal of Industrial Relations,* Vol. 49（4）, pp.545-568.

Do, Q. C.（2007）"Evolution of a New Pattern of Strike in Vietnam," *NGPA Project Research Report.*

Do, Q. C.（2008）"The Challenge from Below: Wildcat Strikes and the Pressure for Union Reform in Vietnam," *Paper presented to Vietnam Update 2008 Conference.*

Edwards, V. & Phan, A.（2008）"Trade Unions in Vietnam: From Socialism to Market Socialism," in J. Benson & Y. Zhu（eds.）*Trade Unions in Asia: An Economic and Sociological Analysis,* London/New York: Routledge, pp.199-215.

Kerr, C., Dunlop, J. T., Harbison, F. H., & Myers, C. A.（1960）*Industrialism and Industrial Man: The Problem of Labor and Management in Economic Growth,* Cambridge: Harvard University Press.

Lee, C.-H.（2006）"Recent Industrial Relations Developments in China and Viet Nam: The Transformation of Industrial Relations in East Asian Transition Economies," *Journal of Industrial Relations,* Vol. 48（3）, pp.415-429.

Nørlund, I.（2004）"Trade Unions in Vietnam in Historical Perspective: The Transformation of Concepts," in R. Elmhirst & R. Saptari（eds.）*Labour in Southeast Asia: Local Process in a Globalised World,* London/New York: RoutledgeCurzon, pp.107-128.

Oudin, X.（2004）"Labour Restructuring in Vietnam since the Economic Reform," in R. Elmhirst & R. Saptari（eds.）*Labour in Southeast Asia: Local Process in a Globalised World,* London/New York: RoutledgeCurzon, pp.311-327.

Pringle, T. & Clarke, S.（2011）*The Challenges of Transition: Trade Unions in Russia, China and Vietnam,* New York: Palgrave Macmillan.

小倉政則（2012a）「労働情勢：不法ストライキと新労働法」『海外投融資』（2012年7月号），36-37頁。

小倉政則（2012b）「ベトナム経済の行方と最低賃金」『海外投融資』（2012年9月号），30-31頁。

海外職業訓練協会（2010）「中国とベトナムの労働組合組織」（http://www.ovta.or.jp/info/asia/vietnam/vnm_1008_4.html：2015年1月25日最終アクセス）。

香川孝三（2006）『ベトナムの労働・法と文化』信山社出版。

香川孝三（2008）「ベトナムのストライキと争議調整」『日本労働研究雑誌』（第572号），

129-130 頁。
加護野忠男・関西生産性本部編（1984）『ミドルが書いた日本の経営』日本経済新聞社。
厚生労働省編（2014）『世界の厚生労働 2014』情報印刷。
国際協力銀行編（2014）『わが国製造企業の海外事業展開に関する調査報告—2014 年度海外直接投資アンケート調査結果（第 26 回）—』。
斉藤善久（2007）『ベトナムの労働法と労働組合』明石書店。
斉藤善久（2011）「ベトナム労働法における労働者代表主体の取り扱い」『社会体制と法』（第 12 号），43-55 頁。
斉藤善久（2013a）「アジアに進出した日系企業の労使紛争処理　ベトナム」（アジア法学会春季研究大会報告資料）。
斉藤善久（2013b）「ベトナム労働組合法（2012 年法）」『季刊労働法』（第 240 号），137-148 頁。
下田健人（2011）「ベトナムの労働状況と日系企業の人の管理」『月刊グローバル経営』（第 349 号），4-9 頁。
白井泰四郎（1996）『労使関係論』日本労働研究機構。
丹野勲（2010）『アジアフロンティア地域の制度と国際経営—CLMVT（カンボジア・ラオス・ミャンマー・ベトナム・タイ）と中国の制度と経営環境—』文眞堂。
丹野勲・原田仁文（2005）『ベトナム現地化の国際経営比較—日系・欧米系・現地企業の人的資源管理，戦略を中心として—』文眞堂。
千嶋明（2003）『中国の労働団体と労使関係—工会の組織と機能—』生産性労働情報センター。
トゥ，トラン・ヴァン（2010）『ベトナム経済発展論—中所得国の罠と新たなドイモイ—』勁草書房。
日本在外企業協会編（2008）『ベトナムビジネスリスクハンドブック』。
日本貿易振興機構編（2011）『BOP ビジネス潜在ニーズ調査報告書—ベトナム：教育・職業訓練分野—』。
日本貿易振興機構編（2014）『ジェトロ世界貿易投資報告（2014 年版）』。
藤倉哲郎（2011）「ドイモイ政策下ベトナムにおける労使関係の一局面—1994 年労働法制定に対するベトナム労働総連合の論理と行動—」『相関社会科学』（第 21 号），21-37 頁。
藤林敬三（1963）『労使関係と労使協議制』ダイヤモンド社。
古沢昌之（2006）「中国の『労使関係』に関する一考察—日系企業における『工会』の現状と課題—」『地域と社会』（第 9 号），47-69 頁。
古沢昌之（2014）「現代ベトナムにおける『労使関係』の特質と留意点—違法ストライキの急増など『集団的労使関係』面を中心として—」『多国籍企業研究』（第 7 号），19-40 頁。

## 第2章　インドネシアの労働法
## 　　　と行動する労働組合
―労使間の摩擦の顕在化を踏まえて―

<キーワード> インドネシア，親日国，市場規模の大きさ，イスラム教，新労働法，賃金上昇，労働者保護，行動的な労働組合

山口　隆英

# 1　はじめに

　インドネシアにおける日系進出企業数は 1496 社（2014 年 3 月時点）で，在留邦人数は 1 万 6296 人（2013 年 10 月時点）である（国別で 15 位）[1]。また，近年の日本からインドネシアへの直接投資は，2010 年 = 490 百万ドル，2011 年 = 3611 百万ドル，2012 年 = 3810 百万ドル，2013 年 = 3907 百万ドル，2014 年 = 4540 百万ドルと推移している（図表 2-1）。

　投資の実行ベースでみた場合，2013 年は自動車メーカーや部品メーカーの進出が続き，日本は国別でインドネシアへの最大の投資国となったが[2]，それまでの 5 年間はシンガポールに次ぐ第 2 の投資国であった。日本から見ると，インドネシアは，アジアにおいて中国，タイに次ぐ 3 番目の投資先国であり（2013 年データ）[3]，日本とインドネシアの関係は，相対的に重要性が高まっており，絶対数的にもその関係性は高まっている。

　このように日本とインドネシアとの関係は深まっており，インドネシアへの投資に向けてインドネシアを理解することが求められている。国際協力銀

---

1　進出企業数は日本貿易振興機構ウェブサイト「インドネシア　基本情報・統計」（https://www.jetro.go.jp/world/asia/idn/#business：2015 年 4 月 18 日最終アクセス），在留邦人数は外務省編『海外在留邦人数調査統計（平成 26 年要約版）』による。
2　厚生労働省（2014：35）に依拠している。
3　日本貿易振興機構ウェブサイト「直接投資統計（長期データ）」（https://www.jetro.go.jp/world/japan/stats/fdi/）による（2015 年 4 月 18 日最終アクセス）。

### 図表 2-1　過去 10 年の日本からインドネシアへの直接投資の推移

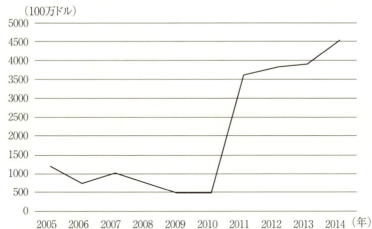

出所：日本貿易振興機構ウェブサイトにある日本の海外直接投資の長期データに，2014年の数値（第4四半期は推定値）を加え筆者作成。

行（2014）の調査結果によると，インドネシアが投資先国として有望な理由は「現地マーケットの今後の成長性（85.5％）」「現地マーケットの現状の規模（37.3％）」がそれぞれ第1位と第2位であり，市場としての魅力が日本からの投資を引きつけていると言える。インドネシアの人口は約2.49億人であり，2013年のデータでは15～59歳までの人が全人口に占める割合は，日本の54.6％に対してインドネシアは63％である[4]。60歳以上の人口は日本の32.3％に対して8.1％である。インドネシアは日本と比較して，人口規模的には約2倍であり，人口構成が若いことが分かる。2013年のGDP成長率は5.8％であり，1人当たりGDPは3510ドルで[5]，日本企業にとって魅力的なマーケットとなっている。但し，人口の88.1％がイスラム教徒であり[6]，

---

[4] この部分の記述については，United Nations（2015）のデータに基づいている。
[5] 日本貿易振興機構ウェブサイト（前掲「インドネシア　基本情報・統計」）による（2015年4月18日最終アクセス）。
[6] 外務省ウェブサイト「インドネシア共和国基礎データ」（http://www.mofa.go.jp/mofaj/area/indonesia/data.html）による（2015年4月18日最終アクセス）。

日本企業にとっては対応しなければならない問題も多く，難しいマーケットと言える。

インドネシアは約1万7000の島からなる国であり，インド洋，太平洋，南シナ海に面している[7]。そのために海上輸送は重要であるが，港湾施設の非効率さが指摘されている。ジャカルタにあるタンジュン・プリオク港は，インドネシアのコンテナ取扱量の約5割を占めるが，許容量不足や効率の悪さから引き起こされる港湾混雑による物流の停滞が発生している（日本船舶工業会，2009；久野，2014）。このような状況であるために，インドネシアの生産拠点は，日本やASEAN諸国に製品を供給する拠点というよりも，インドネシア国内市場への供給拠点となる傾向が強い。

また，インドネシアは，親日国である点及び政治的に比較的安定している点からも，日本企業の投資先として高い支持を得ている。親日国である点は，インドネシアと日本の両国間の歴史が影響している[8]。1602年にオランダの東インド会社が設立され，インドネシアはオランダの支配下に置かれた。1942年に日本軍がインドネシアを占領し，軍政を敷いた。1945年に日本は無条件降伏したが，その直後に，スカルノ氏が独立を宣言し，大統領に就任した。しかし，オランダはインドネシアの独立を認めず，独立戦争へと突入した。インドネシアに駐留していた日本兵が日本軍からの逃亡兵となって，この独立運動に参戦した。1949年，オランダはインドネシアの独立を認めた。インドネシア独立において，日本兵の功績は大きく，その後に，インドネシアと日本が友好関係を築く基礎となった。

政治面[9]では，1945年以降，スカルノ，スハルトと続いた独裁政権の後，ハビビ，ワヒド，メガワティと短期間で政権が交代する時期もあったが，2004年にインドネシア初の大統領直接選挙が実現してユドヨノ氏が大統領

---

[7] 黒田法律事務所（2009）によると，スマトラ島，ジャワ島，カリマンタン島，スラウェシ島，ニューギニア島の5つの大きな島と，30あまりの諸島群から構成されている。
[8] 外務省ウェブサイト（前掲：2015年4月18日最終アクセス）や内藤（2014：87-90）を参考にしている。
[9] この政治面の記述は，みずほ総合研究所（2006），『日経ビジネス』（2013年4月8日号：26-27）を参考に記述している。

に就任し，経済の堅調な成長，テロ対策による治安の回復，汚職撲滅による政治不信の払拭，紛争状態にあったアチェ問題の解決が実現し，憲法が定める2期10年の任期を満了した。2014年の選挙ではジョコ・ウィドド（通称：ジョコウィ）大統領が誕生して，民主的な政権移譲が行われた。

　以上のようにインドネシアは日本との関係が良く，政治面でも安定してきているが，インフラ整備が不十分で，近隣諸国への輸出拠点としては不向きである。しかし，インドネシアは人口が多く，1人当たりのGDPも3500ドルを超え，国民の購買力が高まっている。そのようなインドネシア国内市場を目指して，自動車をはじめ多くの日本企業が進出している。日本車のインドネシア市場におけるシェアは95％近くに達しており[10]，インドネシアが親日国であることを物語る1つの象徴となっている。魅力的なインドネシア市場への商品供給を可能にするために，先に述べたように多くの日本企業がインドネシアへ直接投資を行い，生産拠点を設置している。

　しかし，インドネシアで生産拠点を営むことは，直面する様々な課題を解決することにほかならない。その課題の1つが労使関係である。日本でも激しいデモとストライキの様子が報道され注目された[11]。2012年10月には，インドネシアの複数の工業団地で，労働者による大規模なデモが発生した。労働組合のゼネスト呼びかけに応じて，約75万人の労働者が参加し，日系企業でもホンダ，パナソニック，KYB（旧称：カヤバ工業），関西ペイント，川崎重工業などの工場が操業を停止した。労使間の紛争がデモやストライキとなって顕在化したと言える。このような労使間の摩擦を乗り越え，安定した操業を実現するために，如何にして健全な労使関係を構築していくかが，日本企業のインドネシア生産拠点運営のキー・ファクターになっている。そこで，本章では，健全な労使関係の構築に向けて，2つの点に注目し検討していく。1つ目はインドネシアの労働関係法規であり，その特徴について考察したい。2つ目に労働組合の行動を議論する。そして，以上の2点

---

10　『JETROインドネシア投資案内2012-2013』による。
11　以下は『日本経済新聞 電子版』（2012年10月3日）の記事から引用している。

を踏まえて，日本企業がインドネシアで健全な労使関係を構築するためのポイントと今後の課題を明らかにしていく。

 **インドネシアの労働関係法規の特徴**

　1990年代後半から，インドネシアでは労働関係法規の整備が進められ，2000年代に入ってから次々と法律が制定された。1998年にILOの「結社の自由及び団結権の保護に関する条約」（第87号条約）を批准し，2000年に労働組合法（2000年法律第21号）が成立した[12]。2003年に労使関係，労働基準等幅広い内容を含む労働法（2003年法律13号），いわゆる新労働法が制定された。この法律は，労働基準法的な性格を持つとともに，労使関係，労働力計画，労働力育成，及び労働監督も含む幅広い規定を持つ実体法である（水野，2004）。そして，2004年に労使紛争の処理に関する法律（2004年法律第2号）が成立し，2006年1月から施行された。こうした法律，特に新労働法の制定はインドネシアの「労働民主化」と評され，新労働法では雇用，賃金，ストライキ，解雇，退職金などが規定されており，労働者保護が明示される形となっている（久野，2014）。

　このインドネシアの新労働法で規定されている基本的な労働条件を，従業員の雇用から解雇・退職金の支払いといったプロセスに沿って整理してみると次のようになる[13]。

**1．雇用形態**

　新労働法では，従業員を雇用する場合，雇用契約を文書で取り交わさなければならない。原則18歳以上であれば，雇用契約を結ぶことができる[14]。

---

12　インドネシアの労働関係法規に関する記述は，厚生労働省（2014）をベースに，久野（2014）を参考に補足している。
13　本節の1.～6. の部分は，厚生労働省（2014），久野（2014）及び久野康成公認会計士事務所ウェブサイト（http://www.kuno-cpa.co.jp/tcf/indonesia/：2015年4月18日最終アクセス）に基づいて記述している。なお必要に応じて参考にしている資料を本文中に示している。
14　原則18歳以上であれば企業に応募して採用試験を受けるという手続きを経て，雇用契約に至る。15歳以上18歳未満の児童については，児童に相応しい仕事に対して，学業時間外に1日3

雇用形態としては労働契約において期間を定めないもの（無期雇用）と期間を定めているもの（有期雇用）の2つがある。雇用契約は有期雇用と無期雇用では異なっている。無期雇用については，3ヶ月の試用期間を設定することが認められている。正式な雇用に至らない場合，この期間内に解雇される。この期間内に能力が認められれば正規社員として採用される。有期雇用の場合，試用期間は設定できず，契約社員となる。有期雇用については，業務内容が1回限りのもの，一時的・季節的なもの，新製品や新規事業の追加的業務に限られている。契約期間は2年で，1回1年間の延長が可能とされている。また，1回だけ契約の更新が認められており，最大2年間となっている[15]。この2つの形態に加えて，アウトソーシングと研修生が認められている。アウトソーシングは，正確には業務請負と人材派遣の2種類に分けて規定されている。業務請負は業務対象を会社の補助的な業務に限定している。補助的な業務については，各分野の業界団体が業務実施フローを策定し主要業務（コア事業）と非主要業務（ノンコア事業）を定義し，ノンコア事業のみ業務請負が可能となった。人材派遣は，生産プロセスに直接関係のない補助的な活動のみが対象である。実際の対象業務は，クリーニング・サービス，労働者向けのケータリング・サービス，警備員，鉱業，石油業の補助的サービス，労働者向け輸送サービスの5つに限定されている。研修生[16]については雇用関係にないとされており，最長1年，賃金ではなく手当と交通費で，高専の学生や大学生を受け入れることができる。

## 2. 賃金

賃金については3つの部分から構成されることが決められている。第1に基本給である。各企業がそれぞれの規則に基づいて1ヶ月ごとに支払う賃金

---

時間まで，1週間に12時間までの就労が認められている。
15 JACビジネスセンターウェブサイト「インドネシアのことなら」（http://jacbc.exblog.jp/i8/：2015年4月18日最終アクセス）及び同センター職員からのレクチャー（2013年9月）に基づいている。
16 厚生労働省（2013）を参照にしている。研修生，いわゆるインターンを経験することが正規雇用につながる。

である。第2に，手当に相当する部分である。例えば通勤手当，食事手当など従業員の状況に応じて支払われる賃金である。そして，第3に残業手当で（別項目で論じる），これは所定の労働時間を超えた労働に対して支払われる賃金である。また，基本給にプラスして職能手当や職務手当が固定給として支給されるが，基本給が75％以上で手当部分は25％以下と決まっている。同時に，固定給は最低賃金を上回る金額であり，給与の総額に占める固定給の割合が75％以上になるように設定されなければならない。但し，最低賃金は勤務期間が1年未満の労働者に対して適用され，1年以上勤務する労働者の賃金改定は，労働者・労働組合と使用者間の合意書により行われ，最低賃金以上の金額を払わなければならないとされている。

近年の最低賃金の変化は図表2-2に示されているとおりである（1ルピア＝約0.0087円。2015年10月時点）。最低賃金は，政労使三者構成の全国賃金評議会の審議を経て，「適正生活必要経費」（KHL：単身の労働者が1ヶ月間に必要とすると考えられる食品，飲料，衣料，住宅，家庭用品など60品目の価格を基にしたもの）を定める。そして，各州の賃金評議会では，算出された州のKHLに基づいて，最低賃金の勧告を行い，最終的には各州の知事が毎年最低賃金の額を決定する。このような給与に加えて，賞与が与えられる。賞与の支払い義務はないが，ラマダン明けのレバランの時期（帰省休暇の時期）に給与の1ヶ月分を支給するのが一般的である（THR：レバラン手当）。年1回の賞与であり，3ヶ月以上勤続している従業員が対象となる[17]。

**図表2-2 ジャカルタ周辺の最低賃金の推移**

（単位：ルピア）

|  | 2011年 | 2012年 | 2013年 | 2014年 |
|---|---|---|---|---|
| ジャカルタ | 129万 | 152万9150 | 220万 | 244万1000 |
| 西ジャワ | 73万2000 | 78万 | 85万 | 100万 |
| バンデン | 100万 | 104万2000 | 117万 | 132万5000 |
| 中部ジャワ | 67万5000 | 76万5000 | 83万 | 91万 |
| 東ジャワ | 70万5000 | 74万5000 | 86万6250 | 100万 |
| ジョグジャカルタ | 80万8000 | 89万2600 | 94万7114 | 98万8500 |

出所：厚生労働省（2014：1367）より筆者作成。

## 3. 労働時間

　週5日就労の場合は，1日8時間以内または週40時間以内，週6日間就労の場合は，1日7時間以内または週40時間以内のどちらかを選択できる。連続して4時間を超えて労働する場合には，30分間の休憩をとることが決められているので，週5日制の場合，就業時間は8時から12時の勤務の後，1時間の休憩を挟んで，13時から17時までとなるケースが多い。法定労働時間を超えて労働させる場合には，労働者の同意を得た上で，1日3時間以内，週14時間以内で残業をさせることができる。しかし，実際には労働者からの残業の要求が多く，この規定については形骸化しているという見解もある[18]。労働時間との関連では，有給休暇にも規定がある。勤続1年以上の従業員に対しては12日間の有給休暇が付与されることになっている。加えて，同一企業で6年以上勤務した従業員に対しては，少なくとも2ヶ月分の長期休暇を与えなければならない。

## 4. 時間外手当

　時間外手当の計算は月給の基本給部分が基準となる。基本給の1/173が時間外手当の時給となることが決まっている。就労日の時間外労働，つまり残業が行われる場合，最初の1時間は時給の1.5倍，それ以降は2倍となる。休日（週の休業日あるいは法定休日）の場合，最初の7時間（休憩時間を入れると8時間）までは時給の2倍，9時間目は3倍，10，11時間目は4倍といった形で，残業時間の長さに応じてそれぞれ加算される。

## 5. 解雇

　契約社員については，雇用期間が有期であるので，契約が延長されないという形で解雇が行われるのが一般的である。雇用期間が無期の正社員につい

---

[17] 勤続が3ヶ月以上1年未満の従業員に対しては，基本給の1ヶ月分を勤続期間に応じて月割りにしたものが支給される。
[18] 2014年と2015年に行った日系企業へのインタビュー調査の中で，残業手当が生活費の中に組み込まれているので，従業員が残業を好む傾向があることを現地のマネジャーから聞いた。

ては3ヶ月の試用期間内に適切な従業員でないと判断した場合，企業はその従業員を解雇できる。正規採用になった後については，従業員の自己都合による退職の場合，雇用契約や就業規則等で定めた定年になった場合は，退職時に下記で述べる退職金を支払い，雇用関係を終了する。一方，例えば連続5日以上の無断欠勤のような問題を抱える従業員を解雇する場合には，地方労働紛争調停委員会に解雇理由を記した解雇許可申請を提出し，許可を受ける必要がある[19]。具体的には，上記の解雇許可申請を行う前に，3回の警告を与え，その後の6ヶ月間に問題が再び生じるようであれば許可申請して，解雇する。また，懲戒処分に該当するような従業員についても解雇許可申請を出して，雇用関係を終了する。留意すべきは，これらいずれのケースにおいても，次項で示す法定の退職金の支払いが発生することである。また，従業員と合意に至らない解雇については，当事者から訴えがあった場合，県または市の労働局による斡旋，同労働局に登録された者による調停，労働移住大臣により選任された者による仲裁，各州都にある県・市の地方裁判所内に設置される労働裁判所において判断される。但し，会社都合による退職の場合は，経営者と従業員との合意があっても，経営者は従業員に対して，退職手当や勤続功労金を払い，損失補償等をしなければならないと法律で定められている。

## 6. 退職金

インドネシアの新労働法の特徴として，従業員の退職に関する規定がある点が挙げられる。雇用者が労働者を解雇しようとする時，いわゆる退職金の支払いが必要となる。自己都合退職，会社都合による解雇，懲戒解雇，定年，経営者の違反行為による退職等，それぞれの退職理由ごとに退職金の算定基準が異なっている。自己都合による退職よりも会社都合による退職の方が当然支給額は大きくなる。退職金は，退職手当，勤続功労金，損失補償から構成されている。退職手当と勤続功労金は就業期間によって変わってく

---

[19] Recruit Works Institute ウェブサイト「アジア9ヶ国の人材マーケット」(http://www.works-i.com/pdf/indonesia_kihon02.pdf) を参照（2015年4月18日最終アクセス）。

る。退職手当は1年未満の就業期間であれば賃金1ヶ月分，1年以上2年未満であれば2ヶ月分，2年以上3年未満であれば3ヶ月分と勤続年数に応じて増加していき，8年以上は9ヶ月分となる。同様に勤続功労金も3年以上6年未満で2ヶ月分，6年以上9年未満で3ヶ月分と上昇していき，24年以上は10ヶ月分となる。

　以上，インドネシアの労働法の特徴を1.～6.に整理したが，これらの項目に加えて，インドネシアではイスラム教徒が国民の約9割を占めることから，1日5回の礼拝の時間やレバラン休暇といったものが求められる。この7つ目の点はインドネシアの文化に根ざした対応である。それでは，以上の7つの項目のうち，どのような点が，労働者保護を意味する部分であろうか。賃金，労働時間は，日本人にも理解しやすいところであり，特別に労働者保護を感じる部分ではない。残業と残業手当に関しては，残業手当の水準が高くなる場合があり，日本との比較では考えにくい部分である。しかし，一番の問題は，雇用形態，特に試用期間後に解雇を考えなければならない正社員への対応である。問題を起こしても，解雇することが難しい。日本では懲戒解雇となるような場合でも，退職金，勤続功労金，権利補償金などを支払わなければならないということである。この点は，日本企業にとって，理解できない部分であり，インドネシアの行き過ぎた労働者保護と映る部分である。確かに，インドネシアの政府が，企業側に雇用関係を継続する努力を求める部分である。但し，労働法には解雇の手続きも規定しているので，欠勤を繰り返すような従業員を解雇できないのではない。過剰に映る労働者保護は，日本人経営者の手続きに対する理解が進み，インドネシア人の人事部長[20]に適切に手続きの遂行を指示できるようになれば，対応が可能な問題と言える。

　ここまでをまとめると，従業員の雇用関係について，企業側には継続的な雇用関係が求められており，いったん雇用すると，企業側の意思で解雇でき

---

20　インドネシアでは人事部長はインドネシア人が担当しなければならない。

にくいのはインドネシア労働法の特徴である。従って健全な労使関係の構築に向けて，企業側には，自社の理念や操業の方針に照らして従業員を慎重に選考し，その従業員を育成していく体制作りが必要になっている。

## ❸ 行動的な労働組合

　インドネシアの労使関係において，過激なデモやスウィーピング（sweeping：デモ隊が工場を取り囲んで，工場に乱入して操業を停止させること）を実行する組織として労働組合が捉えられている。近年のストライキ件数の推移は，図表2-3のようになっている。2006年には労働法の改正に反発して282件のストが発生し，2011年にも196件のストがカウントされているが，全体的な傾向としてストライキの件数が右肩上がりに増えているわけではない。インドネシアの労働組合法によると，10名以上の労働者により組合は結成可能である[21]。そのために，一企業内に複数の組合が組織される場合もある。労働組合の結成・解散，組合への加入・脱退，組合活動への参加・不参加を強制したり妨害したりしてはならないことになっている。また，労働者が所属できる組合は1つのみとなっている。

　このような企業ごとの個別組合が5つ集まると組合の連合を構成することができ，3つの組合連合が集まれば組合総連合（ナショナルセンター）を形成することができる[22]。総連合として，代表的なものはインドネシア労働組合総連合（KSPI）とインドネシア福祉労働組合総連合（KSBSI）である。KSPIは傘下にインドネシア金属労働組合連合（FSPMI）があり，FSPMIは自動車や家電など日系企業の従業員が多く参加しており，工場の敷地内に不法侵入したり，高速道路を占拠したりするなど急進的かつ先鋭的な活動を行う組合として知られている。従って，インドネシアの行動的な労働組合として我々が認識しているのは，主にKSPIの活動と考えることができる。総連合は2つの側面を持っている。1つは個々の労働組合の連合体として，

---

[21] 厚生労働省（2014：40-41）を参照。
[22] 労働組合総連合の記述は，厚生労働省（2014：41）によっている。

図表 2-3 「ストライキ」を巡る状況

(単位：件，人，時間)

| 年 | スト発生件数 | 参加労働者数 | 損失労働時間 |
|---|---|---|---|
| 2000 | 273 | 12万6045 | 128万1242 |
| 2001 | 174 | 10万9845 | 116万5032 |
| 2002 | 220 | 9万7325 | 76万9142 |
| 2003 | 161 | 6万8114 | 64万3253 |
| 2004 | 125 | 5万3802 | 76万6463 |
| 2005 | 96 | 5万6802 | 76万6463 |
| 2006 | 282 | 58万6830 | 466万5683 |
| 2007 | 150 | 13万5297 | 116万1413 |
| 2008 | 146 | 21万1504 | 154万6400 |
| 2009 | 149 | 9万3862 | 84万3684 |
| 2010 | 82 | 1982 | 1万571 |
| 2011 | 192 | 5万4861 | 23万3718 |
| 2012 | 51 | 1万3753 | 2万8873 |
| 2013* | 77 | 1万9687 | 9万7298 |

\* 2013年は1～6月の数値。
出所：厚生労働省（2014：37）。

個々の企業での従業員の労働条件を向上させる役割である。これは個々の企業の労使問題やストライキといった問題である。もう1つはナショナルセンターとしてインドネシア全体の労働条件を向上させる役割である。ここにはKSPI等の総連合組織が指揮するデモやゼネストの問題がある。以下ではこの2つの点について述べるが，その前にインドネシアのストライキの規制について説明しておく。

### 1. インドネシアのストライキ規制[23]

　インドネシアでは，労使交渉の決裂の結果，合法的に，規律正しく，平和的に行われるストライキは，労働者や組合の権利であると認められている。

---

[23] この項の記述は，厚生労働省（2014：36）に基づいており，それ以外の部分については本文中に引用している。

労働法では、ストライキを実施する7日前までに、地方労働局と使用者に対して書面で通知しなければならないとされている[24]。違法ストライキとなるのは以下のケースである[25]；

①労使交渉決裂によらないストライキ
②労働関係機関（地方労働局）と使用者への通知がないストライキ
③ストライキ開始の7日以前に通知がないストライキ
④労働法第140条2項にあるストライキの開始及び終了の日時、ストライキの場所、ストライキを実施しなければならない原因や理由、ストライキの実施責任者の署名がないストライキ

以上に加えて、公共サービスあるいは人命の安全を脅かす恐れのある事業を営む会社における勤務時間中のストライキは違法とされている。

違法なストライキを行った場合、その労働者は無断欠勤したものと見なされ、賃金は支払われない[26]。また、経営者側は違法ストライキの参加者に対して、間に7日間をおいて、職場に復帰するように書面で2回働きかけを行う。この2回の働きかけに応じなかった従業員については、経営者は従業員が自己都合で退職したと見なすことができる。先に述べたように、自己都合で退職した場合は、会社都合の場合と比較して退職金がかなり減額される。但し、ストライキの違法性については、労働紛争の要因になることが多く、経営者側の早計な判断が訴訟を引き起こすことにつながることもしばしばである。ストライキの違法性やその影響についての確認や立証の責任は経営者側にあるので、その事実の確認、根拠資料の保管、議事録の管理が必要である（久野，2014：344）。また、経営者側には、労使交渉が決裂した場合に、労働者の勤務を拒否するロックアウトを行う権利があり、ストライキと同様

---

[24] ここでは厚生省（2014）の記述に従い「地方労働局」としている。本書第9章の記述のように「労働事務所」という呼び方がなされる場合もある。
[25] 厚生労働省（2014：36）の記述をインドネシア労働法に基づき加筆。
[26] しかし、2014年に訪問調査した企業の多くで、デモやストライキに参加した従業員に対して給与を支払っていた。

に7日前に通知することになっている。

　以上のように，ストライキは法律的な取り決めがあり，突然起こるストライキは違法ということになる。違法の場合，従業員にとって無断欠勤となることから，このプロセスの存在が違法ストライキの多発を抑える効果を持っていると考えられる。

## 2. 個別企業の労使関係

　次に，個別企業の労使関係についての問題である。この点は先に示したストライキの発生件数となって表れる部分である。図表2-3に示されているように，2011年にストライキが多数起こり，その後2年間少し落ち着いている感じである。インドネシアの統計資料から割り出されたデータ[27]によると，2010年の労働組合の数は1万1852組合であり，その組合員数は約341万人である。インドネシアの雇用者数が約3252万人であることから，組合の組織率は約10％ということになる。つまり，組合員は全労働者の1割を占めるにすぎないが，組合が行うストライキやデモがインドネシアの労使関係のイメージを作っている。

　厚生労働省（2014：41）によると，インドネシアにおいて労使間で生じる紛争は次の3点に整理できる。

①権利に関わる紛争（権利紛争）
　法律，雇用契約，会社規則に対する解釈の相違に起因し，権利が満たされなかったことによって生じる紛争（例：最低賃金，残業代の算定方法）。
②利益に関わる紛争（利益紛争）
　各種労働条件の策定，変更に関して意見が一致しないことにより生じる紛争。
③労使関係の終了（解雇）に関わる紛争（解雇紛争）
　当事者の一方が労使関係を終了させたことに対して意見が一致しないこ

---

[27] 厚生労働省（2014：41）に従っている。この資料によると341万4455人の組合員数に対して，雇用者数は3252万1517人となっている。

とにより生じる紛争。

　このような紛争については，その解決方法のプロセスが定められている[28]。労使間の紛争については，まず労使協議を通じて話し合うことが決められている。協議が開始されて，どちらか一方が拒否するか，30営業日以内に合意に達しなかった場合は失敗となる。なお，労働者が50名以上の企業は労使間の協議を行う二者協議会の設置が義務付けられている。二者協議会は使用者側と労働者側が同数の6〜20名の委員で構成されることになっている。任期は2年間で地方労働局へ登録し，月1回以上の協議会の開催，6ヶ月ごとの活動報告書の提出が求められている。

　この労使間の協議が失敗した場合，紛争が地方労働局に届けられる。地方労働局は，斡旋または仲裁の選択肢を示す。斡旋が選択されると，地方労働局から指名された斡旋員が斡旋を行い，労使双方が合意した時は労働協約が締結される。合意に至らない場合，調停員は勧告を出す。勧告が受け入れられない場合，労使関係裁判所に労使双方が提訴することができる。斡旋は解雇紛争，利益紛争，労組間紛争（企業内における労働組合間の紛争）に対応する。

　仲裁が選択された場合，労使間で合意した仲裁委員が仲裁にあたる。仲裁委員によって，まず労使の和解が図られる。和解が達成されない時には仲裁決定を下す。この決定は法的なもので，労使関係裁判所に持ち込むことはできない[29]。仲裁は利益紛争と労組間紛争に対応している。

　地方労働局が当事者に，斡旋か仲裁のどちらかを選択するように提示して，7日間の間にどちらかが選択されない場合，調停という手続きが取られる。調停は権利紛争を含む全ての紛争に対応している。調停官は地方労働局の職員で条件を満たす者である。調停の結果，合意に達すれば労働協約が締結されるが，達しない場合は書面にて勧告が出される。勧告が労使の少なく

---

28　ここで示す紛争解決のプロセスについての記述は，厚生労働省（2014：41-42）に基づいている。また，水野（2004）も参考にしている。
29　仲裁に不服の場合は，最高裁に仲裁判決の取り消しを求めることになる。

とも一方によって受け入れられない場合，労使関係裁判所に提訴できる。

労使関係裁判所は，各州の地方裁判所に設置される特別裁判所で，労働組合側と使用者側のそれぞれ1名ずつからなる特別裁判官と地裁の1名の裁判官（裁判長となる）の3名で審議を行う。前掲①の権利に関わる紛争と③の労使関係の終了に関わる紛争については，不服がある場合，最高裁判所に上告することができる。一方，②の利益に関わる紛争については，この労使関係裁判所の決定が最終決定となる。このようにインドネシアでは労使間の紛争を解決する手段は整備されているものの，この手続きによらないストやデモという方法も用いられている。

2013年に訪問調査した在インドネシア日系企業において労使関係にトラブルを抱えている企業はなく，むしろ日本人の派遣社員が労働組合の在り方を現地従業員に教えているというような話によく遭遇した[30]。個別の企業単位で見た場合，先に述べた二者協議会で多くの問題が話し合われ，激しい労使対立は見られなかった[31]。しかし，厚生労働省（2014：38）が示すように，契約社員の問題，アウトソーシングの問題，賃上げ交渉の決裂，労働協約の改定など様々な理由が発端となってストやデモが発生していることも事実である。これらのケースでは発端となる出来事の対応を誤り，労使の信頼関係が崩れ，紛争が大きなものになっている。

労使関係の悪化と関連して，2つの状況を理解しておかなければならない。第1に組合専従者の給与の問題である。インドネシアの場合，日本と違って組合専従者の給与を企業側が負担することは，不当労働行為とならない。そのために組合が専従者の給与を会社に負担してもらっているケースがあり，結果的に会社側から経費援助を受けていることになる[32]。この関係か

---

[30] 2013年の（公社）国際経済労働研究所「新興国労使関係調査団」のヒアリングでは，日系企業の社長の中には日本で組合活動を経験した者も多いことが分かった。彼らはインドネシアの単組の活動をまだ幼い活動と感じており，労使協議の中で，組合活動についてのアドバイス的な提案を行っているとのことであった。こうした現地法人社長の組合経験や労務関係の仕事経験は，インドネシアの工場を経営する上での貴重な資産になっていると思われる。
[31] 2013年の（公社）国際経済労働研究所調査団（前掲）が訪問した複数の企業で同様の話があった。
[32] この点については，2013年の（公社）国際経済労働研究所調査団（前掲）が面談したKSPIの幹部スタッフが，一部の組合では経営者から給与などの資金を得ていることを問題点として指摘していた。

ら組合幹部が従業員の代表になりきれない部分がある。企業側が組合を従業員の代表と思っても，従業員側はそう思っていない。協議している組合側が，組合員に雇われているという意識が薄く，きちんと従業員の声を拾い上げていない場合もある。要するに，組合の専従者の給与を企業側が負担していることで，従業員の不満を吸い上げることができていないことが労使関係悪化の原因になっている。現地子会社の社長をはじめ経営陣がオフィスに閉じこもることなく，従業員が働いている現場を訪れ，現場から情報を得ることが重要である。第2に，インドネシアの平均年齢は28.9歳と非常に若い[33]。製造業の生産拠点で働く従業員も非常に若い。それほど社会経験豊富な従業員が多いわけではない。若者が感覚的に動くことと，十分に企業の状況を理解して交渉に臨むという大人の対応との間の差を理解しておく必要がある。つまり，労使紛争がお祭りと化して，騒ぎが大きくなってしまっている。

　以上のように，インドネシアにおける企業内の個別の労使関係を見ていくと，行動的な組合活動は，法令を遵守し，従業員への給与支払いを適切に増やしている企業にとって無縁のものであると言える。また，そのような企業は，先に述べた二者協議会を通じて両者の信頼関係を構築している。労使の信頼関係の崩壊が，若い従業員に火をつけ，行動的な組合活動を引き起こす原因となっている。従って，経営者にとって，職場での従業員との信頼関係作りが重要である。

## 3. 社会的活動としての組合活動

　もう1つの問題であった総連合が行う社会的活動に伴うデモやゼネストについて考えてみたい。このデモやゼネストが，日本で報道され，インドネシアの労使関係のイメージを形作っている。KSPIに代表される総連合は，インドネシア全体の問題に対して活動している[34]。例えば，最低賃金の基礎と

---

[33] CIA ウェブサイト "The World Factbook"（https://www.cia.gov/library/publications/the-world-factbook/fields/2177.html）を参照（2015年4月18日最終アクセス）。同サイトでは，日本の平均年齢が45.8歳であることから，インドネシアの平均年齢を非常に若いと表現している。
[34] 2013年に実施したKSPIへの訪問調査（前掲）に基づいている。

なる前出の「適正生活必要経費」(KHL) の改定，業務請負のガイドラインの作成，アウトソーシングが認められる業務の明確化，健康保険制度の導入などの面で政策に影響力を行使することを目的としている。

KSPIによると，まず改善すべきところに関する目標を定めている[35]。この改善の目標は，先に述べたように個別企業の問題というよりも，インドネシア全体の労働者の生活や労働環境の改善につながる問題である。この目標に対して，まずはロビー活動などを通じてインドネシア政府に改善を求めていく。ロビー活動等を通じて問題が解決されれば，ゼネストやデモは行われない。このような活動を通じてインドネシア政府が動かない場合，ゼネストやデモを実施するが，それらはあくまでも，交渉が進まない場合，決裂した場合の最終手段と考えている。実際にデモやゼネストが行われると，多くの労働者の参加が求められるために，企業は日常業務が遂行できなくなる。KSPIのサイード・イクバル会長は，日系企業の労組出身であり，日本企業の労使関係について理解している。企業の日常業務に支障をきたすゼネストやデモは最終手段であり，個別企業に対する影響を最小にしたいと考えている[36]。

例えば，トヨタが派遣労働者の問題でやり玉にあがったケースはあるが，個々の企業がデモのターゲットになる場合は少ない[37]。デモの発生時点で，操業していることの方が，かえってデモのターゲットになり，危険である[38]。逆に，デモの発生情報をキャッチし，操業を停止すれば，スウィーピング等の被害も防ぐことができる。ゼネストやデモは，工場の運営に支障をきたすが，一種の社会運動としての総連合の活動を理解する必要がある。それによって発生する暴力行為や破壊行為から，従業員や工場を守る対策を取ることが重要であると言える。

イクバル会長は，『じゃかるた新聞』のインタビューの中で次のように述

---

35 同上。
36 同上。
37 トヨタに対して2012年10月18日に発生した派遣労働者の解雇を巡るデモ。
38 我々の訪問企業の中に，デモへの対応が遅れ，操業していたために，デモ隊が工場に侵入し，日本人幹部社員が工場に閉じ込められる事態が発生したケースがあった。

べている[39]。

　「法律で明確に工場の生産業務などのアウトソーシングが禁じられているにも拘わらず，政府は労働状況を監視し，違反を摘発するという点で非常にぜい弱だ。我々は違反企業を問題視し，政府に法の的確な執行を求めているだけだ。地方の労働局が適切な監視を行えば，このような行動に出る必要はない」。

　また，イクバル会長は，法令違反をしている企業を問題視している。日系企業については，法令遵守の姿勢を持っており，法律が定まれば，それに応じた行動を取っている。しかし，イクバル会長は中国系，韓国系の企業で，法令違反をしているところが問題であるとの認識を示した[40]。
　以上のように，行動する組合として認識されている部分については，インドネシアの社会運動として理解すべきである。この活動を通じて，従業員の生活環境が改善される。賃金の上昇もインドネシアの国民の可処分所得を増やし，インドネシア市場の購買力につながっている。行動する組合と映る側面は，法令違反をしている企業に向けられているものであり，法令を遵守している企業に向けられているものではない。但し，前の節でも示したが，平均年齢の若い集団であり，集団行動の中で起こる事態を組合が全てコントロールできるものではない。ゼネストやデモに対して，きちんとしたリスクマネジメントを行っておくことが必要である。

## ❹ むすび─健全な労使関係を構築するためのポイント─

　本章では，労使間の摩擦を乗り越え，如何にして健全な労使関係を構築していくかという点について，1つ目にインドネシアの労働法と関連して，行き過ぎた労働者保護とされる部分を検討した。そして，2つ目に行動的な労働組合について議論した。本節では，以上の2点を踏まえて，日本企業がイ

---

39　『じゃかるた新聞』（2012年8月10日）。
40　2013年の訪問調査（前掲）による。

ンドネシアで健全な労使関係を構築するためのポイントと今後の課題を明らかにしていく。

インドネシアにおいて行き過ぎた労働者保護と映る部分の大きな点は，解雇に関わるものであった。インドネシア政府が雇用の継続に力を入れており，解雇の方法，会社都合で退職した場合に生じる多額の退職金といった部分から，「従業員の解雇ができない」難しい国という連想ができあがっている。しかし，先に見てきたように，解雇のプロセスも労使間の紛争解決のプロセスも整備されており，無断欠勤が続く従業員や不正を働いた従業員を解雇することはできる。解雇に必要な手続きがあり，時間がかかるのであって，解雇できないのではない。一方，インドネシアでは，給与等の労働条件が良ければ他社へ転職するのは当たり前であり，定着率を上げていくことは難しい。ここには悪い循環を生み出すメカニズムが潜んでいる。要するに，解雇できないために欠勤率が高く評価の低い従業員が残り，評価の高い従業員が雇用条件の良い会社に移ってしまうということが起こるかもしれない。このような悪い循環を生み出さないために，新人の採用の仕組みを整えることがまず必要である。多くの日系企業が，高専や大学だけでなく工業高校からインターンを受け入れて，次世代の従業員の獲得に向けた体制作りをしている[41]。また，ジャカルタ近郊の工業団地で日系企業が多数入居しているMM2100（丸紅が運営）では，工業高校を創設することで工業団地内の企業への人材供給を可能にしている[42]。自社の経営方針に合う人材を採用する仕組みを創り出さなければならない。合わせて，採用した人材の育成，将来にわたるキャリアパスの策定など，長期的な人材育成計画が必要である。

次に，行動的な労働組合の問題については，個別企業の労使関係と総連合の活動に分けて考えることが肝要である。まず個別企業の労使関係では，日本とは違う仕組みで組合の運営費が出ている点と，若い労働者の血気盛んな運動として理解する必要性を説明した。この点については，企業内での労使間の二者協議会などを通じて，組合と経営側の信頼関係を構築していくこと

---

41 2013年の（公社）国際経済労働研究所調査団（前掲）のヒアリングに基づく。
42 同上。

を考えなければならない。そのためには，インドネシア人の人事部長任せにすることなく，日本人の責任者も従業員との関係構築を行っていくことがポイントである。日本人責任者が社内に信頼関係のネットワークを張り巡らせることが求められている。また，若い従業員が多い中で，従業員教育を行っていかなければならない。個々の企業で，若い従業員に対して会社の経営状況を理解できるよう教育を実施していくことで改善される点も多い。やみくもに労働争議に訴えることは，自分たちにとってもマイナスの影響となることを理解してもらうことが必要である。

そして，総連合の活動については，社会運動としての理解と，工場や従業員の安全を確保することの両面に対処しなければならないことを示した。この点については，法令遵守を徹底し，デモ等の混乱から従業員の安全を確保する方策を準備しておくことが肝要であると言える。法令を遵守しない活動は，そもそもリスクが大きい。法令遵守の考え方を浸透させていくことが重要である。合わせて，デモやストライキの情報を経営者が瞬時に得ることが必要である。工業団地内での情報網や経営者の独自の情報ネットワークを構築することが求められている。これらは，従業員の安全確保，操業拠点の資産の保全のために必要である。つまり，ゼネストやデモは，社会の発展で生じている歪を是正するために起こる現象であり，個別企業レベルではなく，社会全体で受け止めなければならない課題と考え，その運動の中で従業員の安全を確保することが第一義的に重要なことと言える。

以上のような点が健全な労使関係を構築するためのポイントである。しかし，いくつかの課題も残されている。第1に，新しい人材獲得の方法とその後のキャリアプランの作成の必要性を指摘したが，この点は現時点で十分な成果がなく，研究上でも実務上でも検討を進めなければならない問題である。第2に，信頼関係のネットワーク作りの重要性を指摘したが，異文化間の信頼関係作りとはどのようなことなのか，さらなる探求が必要である。そして，最後に，経営者の情報ネットワーク作りについては，経営者自身の努力だけではなく，インドネシアにおける日系企業進出のためのインフラとして整備できるものもあり，現地の商工会や工業団地の社長会などの役割につ

いての研究も行う必要がある。

**<参考文献>**

United Nations (2015) *United Nations Demographic Yearbook 2013.*

外務省編(2014)『海外在留邦人数調査統計(平成26年要約版)』。
久野康成監修(2014)『インドネシアの投資・M&A・会社法・会計財務・労務』(第2版),TCG出版。
黒田法律事務所編著(2009)『インドネシア進出完全ガイド』カナリア書房。
厚生労働省編(2013)『世界の厚生労働2013』情報印刷。
厚生労働省編(2014)『世界の厚生労働2014』情報印刷。
国際協力銀行編(2014)『わが国製造業企業の海外事業展開に関する調査報告—2014年度海外直接投資アンケート調査結果(第26回)—』。
内藤智之(2014)『インドネシア投資・進出ガイド』中央経済社。
日本船舶工業会(2009)『インドネシアの海事産業に関する調査』。
水野広祐(2004)「インドネシア労使紛争処理制度改革」石田正美編『対インドネシア開発援助の現状と課題』アジア経済研究所,125-147頁。
みずほ総合研究所(2006)「ユドヨノ政権下のインドネシア経済」『みずほアジアインサイト』(2月13日発行)。

THE JAKARTA JAPAN CLUB (2006)「インドネシア労働法(03年)および労使関係紛争解決法(和訳)」(http://www.jjc.or.id/houjin/060501.htm:2015年4月18日最終アクセス)。

『JETROインドネシア投資案内2012-2013』。
『じゃかるた新聞』(2012年8月10日)。
『日本経済新聞 電子版』(2012年10月3日)。
『日経ビジネス』(2013年4月8日号),26-27頁。

# 第3章　インドにおける人事労務管理のポイント
―インド人従業員の行動・思考を読み解くための視点―

＜キーワード＞ 中洋，多様の中の統一，ヒンドゥー教，カースト，マルチ・スズキ・インディア社，印僑，インド人気質，インド人との付き合い方，変わるものと変わらぬもの，急がば回れ

鏑木　義博

## ❶ はじめに

　新興市場，さらには BOP 市場としての発展性・将来性などインドに注目が集まっている。国際協力銀行（2014）の調査では，インドが日系製造業の中期的有望事業展開先として No.1 と評価されるに至った。また，インドは，外交・安全保障など全方位にわたり，日本にとって大切な相手国と目される。特に，地域戦略上の重要性からは貿易・投資などチャイナ・リスクの分散及び中近東・アフリカ・欧州など西方へのアクセス拠点として，相互補完効果からはインドの豊富な資源・人材に対する日本の技術力・資金力が強調される。2014 年 9 月 1 日の安倍・モディ両首相共同声明において両国関係は「特別戦略的グローバル・パートナーシップ」[1]に格上げされた。即ち，安全保障（インド洋シーレーン保全に沿った日印 2+2・日米印外相会議），経済交流（官学の連携・人材交流・科学技術協力），そして文化交流（留学生・姉妹提携都市・観光客）など，より緊密な連携が進みつつある。

　筆者（鏑木）は，1997～1999 年までインド松下電器（現パナソニック・インド）に副社長として出向しデリーに駐在した。まずは，帰任時の引継書

---

1　外務省ウェブサイト「日印特別戦略的グローバル・パートナーシップのための東京宣言」（http://www.mofa.go.jp/mofaj/files/000050478.pdf）による（2015 年 2 月 1 日最終アクセス）。

「天竺修行27ヶ月フィールド・ノート」中の「体感インド総括」抜粋を引用する。

「インドを担当したことも訪れたこともない五十男が通用する程,この『新興市場』は甘くなかった。現地人材育成を言う前に日本人のインド要員育成・ローテーションをきちっと全社計画に組み込み事業に当たるべき。20代の海外研修生―インド担当―30代の駐在・出向―40代の経営責任者という全社のローテーションでグローバルな視野で地域専門家の長期的育成を再認識すべき」。

以下,本章では筆者の現地体験を交えながら,インドの事業環境・経営事情を踏まえて,労働環境・人事労務管理の実態と課題を把握し,さらにはインド世界・インド人気質など本質に迫ろう。

## ❷ インドにおける事業環境と企業経営

ここでは,インドにおける人事労務管理の前提条件となる企業経営全般,即ち,マクロの事業環境と新潮流を踏まえて企業経営の着眼点を整理する。

### 1. 事業環境―政治・経済・社会の諸相―

世界最大の民主主義国と称されるインドは,連邦共和制の下,中央政府に対する各州政府の独自性が強い。一方,南アジアの盟主ながら"Look East"から"Act East"へと東アジアとの関係緊密化に傾斜している。名目GDPは2兆495億ドルで世界第9位・アジア第3位(購買力平価換算では世界第3位)にあるが,GDP成長率は従来の8％台からここ数年は4〜7％台を上下している。一方,12億人強の人口を抱えるため1人当たりGDPは1627ドルで世界145位に留まる(2014年データ)。これは,6億人の貧困層が足枷になっているが,近年では4億人の新中間層[2]が台頭して自動車・家

---

2 インドの所得階層：貧困層（年間世帯所得が円換算で23万円未満）・新中間層（51万円未満）・

電・携帯電話など耐久消費財市場が活況を呈している。また，消費財普及の先行地域となる都市人口比率も31.2％とこの10年間で3.4ポイント増えている（2011年データ）。経済成長の牽引役はサービス産業，特にオフショア・BPOを中心としたICT部門である。世界で2番目に多い英語人口とともに，世界のソフト・オフショア開発人材の28％を占めるIT技術者（229万人）など豊富な理工系人材が強みである。ITソフト技術者の給与は工場労働者の10〜20倍で，彼（彼女）らの処遇は，労働組合を結成せずとも圧倒的な高賃金・成果配分制度・フレックスタイム導入など先進的である。このようにインドの最大の潜在力は人的資源にあり，平均年齢は25歳前後と29歳までの若年層が57.7％を占め（2010年データ），2030年には中国を抜き世界最大の人口となる見込みである。労働人口比率は50.8％（都市部では44.9％）で，労働者の産業別構成比は第一次産業＝52.9％・第二次産業＝19.3％・第三次産業＝27.8％となっている。一方で全産業における経常雇用の形態別構成は自営業＝48.6％・賃金／給与所得者＝19.7％・自由労働者＝31.7％である（2011年データ）。失業率が3.8％（2011年データ）に留まる中で，組織部門[3]の従業員数（2870万人：2010年データ）は10年間で96万人増加したが製造業に限ると19万人減少しており「雇用なき成長」と二極化が顕著である（Government of India, 2014；TATA Service Ltd., 2012）。一方，首都デリーでの平均月額賃金（円換算）を見ると，一般工＝2.4万円，一般職＝4.9万円，中堅技術者＝5.6万円，課長＝12.6万円である（他に賞与1.39ヶ月分：2013年データ）（日本貿易振興機構, 2014）。

　多数の貧困層の存在は，インドの大きな社会的課題である。即ち，1日の収入が1.25ドルの貧困ライン未満が21.9％（うち4割が農村に居住：2012年データ）（World Bank調査），社会底辺に位置付けられる指定カースト・指定部族・その他後進カースト[4]が各々15％・7.5％・27％（2013年データ）

---

中間層（257万円未満）・富裕層（257万円以上）（2009年データ：インド応用経済研究協議会（NCAER）調査）。
3　中央政府・州政府・公企業及び10人以上雇用の民間企業の従業員。
4　インド憲法において高等教育・公的雇用・議会議席に一定の留保枠が設けられた（元）不可触民・先住民族・下級カーストの各集団を指す。

を占める（日印協会, 2013）。上位所得層20％と下位所得層20％の年収格差は8.1倍と大きい（日本は6.5倍：2010年データ）（Euro Monitor International調査）。これら消費経済とはあまり縁のなかった貧困層が，社会貢献活動，さらにはBOP市場開拓の観点から注目されている。即ち，企業と行政機関が連携して，生活環境・コスト・機能・メンテナンスなど地域のニーズに見合った地元社会の経済的自律を促す人材ネットワークと仕組み作りが始まっている。この取り組みを軸に，社会福祉・医療・教育事業などを通じて社会的課題の解決を図り，雇用の創出と所得水準の向上，そして消費需要の拡大につなげようというものである。

インドは地域戦略の観点から中近東・アフリカへのゲートウェイ，さらには拡大アジア戦略の要である（安積, 2009）。これを世界110ヶ国に3000万人が居住する印僑（インド系移民と在外インド人）のネットワークが支えている。その資産総額はインドの外貨準備高と同規模の3000億ドルと推計され，1991年の経済自由化以降，ビジネスチャンスを求めて母国へ回帰してきた。また，中近東をはじめ海外に3000万人のインド人が年季出稼ぎで働いており，GCC[5]，特にドバイを拠点に多民族多国籍労働者の一員として多様な宗教・文化・商慣習に接する異文化経営活動の一端を担っている。一方，日系企業はASEANのイスラム国家であるインドネシアとマレーシアでの事業経験を活かし，インド人の経営幹部登用，イスラム法で許された商品・サービスのハラール・ビジネス，さらには利息否定のイスラム教義に抵触しない投資債券（スクーク）発行によるイスラム金融の取り込みを目論む（第一商品, 2014）。

翻って，現状のインド経済における日印関係の比重は小さく，また日中関係の経済規模と比べても大きく見劣りするが[6]，今後の飛躍的拡大に期待し

---

[5] GCCとは"Gulf Cooperation Council"（湾岸協力会議）の略。1981年，ペルシア湾南岸のバーレーン・クウェート・オマーン・カタール・サウジアラビア・UAEの6ヶ国の参加の下に発足し，経済・金融・貿易・通関・観光・立法・行政の共通規則作りなどを目指している。

[6] インドの貿易額・海外からの直接投資額に占める日本の構成比は各々2.4％・7.5％，また貿易額・日本からの投資額・進出企業数の日中間に対する日印間の比率は各々5％・28％・4％である（2013年データ）。

たい。

## 2. 企業経営の要諦

　まず，経営理念と全社戦略上の位置付け，即ち「何を以ってインド社会に貢献したいのか，またできるのか」を再認識すべきである。キーワードとしては，経営の3C (Consistency・Continuity・Constancy；堅実性・継続性・一定性)，マーケティングの3C (Competition・Cooperation・Collaboration；競争・協力・協同)，2T (Transparency・Timing；透明性・タイミング)，そして1P (Predictability；将来予測) の各項目を押さえておきたい (島田，2001)。

　次に，先入観を排除しインドの「人となり」を理解することである。日本が美意識から具象化につなげる目と指先の文化または「雄弁は銀，沈黙が金」の社会であるのに対して，インドは哲学・思惟的な頭と口の文化または「主張しない正義は正義でない」社会と対照的である。従い，商売の切り口は風俗・文化・習慣など人文的要素から入り，値頃感など生活実感・商売感覚を拠り所にしていく。また，米国以上の法治主義に則り，英国流の法制を踏襲して形式・書類主義に拘り，多数の弁護士が活躍する訴訟社会である。まずは，法律事務所と契約し，一方では官僚機構と上手く付き合い，官僚OB・政治家・財閥などの人脈を活用していく (榎，2009)。

　第3には，現実的・具体的な目標設定に徹することである。市場の平均値・一般論では何も的に当たらないので，全国・トータルではなくエリア・カテゴリーを絞り込む必要がある。これは，統計データに基づく過大な期待は禁物であり，現場積み上げの製販計画の策定が決め手となる。また，投資回収はインド的時間観念から計画どおりにいかないので，中長期の事業目論見では背伸びせず，単年度の収益を優先し，何事にも「即断即決」あるいは「朝令暮改」のフットワークの良さが求められる。

　第4には，"Simple & Flat" な組織体制を構築することである。その中での日本人の役回りは，基本方針を徹底する経営トップと現場を指揮する若手スタッフの両面で押さえたい。日常業務においては，明確な指揮命令系統の

下，オーガナイザー・コーディネータの役割を重視して仕事の細切れを防ぎ，方針・職務内容・挑戦的な目標・フェアな判断基準を明示し，コミュニケーションを図り，さらには要職にインド人を登用していくことが求められよう。

第5には，多様な地域性を包含するインドにおいては，全国展開に拘らない，また急がないことである。デリー・ムンバイ・チェンナイ・コルカタの4大都市圏よりも自社の強い地域を優先し，本社と連携してマニュアル作り・決裁基準遵守・セールスマン管理・予算管理など支店管理を徹底することである。

最後に，最も肝心な資金回収（入金）を徹底して商売を完結させることである。まず取引先の選定・審査・管理・更改が成否の鍵を握り，販売・物流・アフターサービスのサイクルを最適化し，卸売・物流・宣伝・修理などアウトソーシングも活用する。"Hit & Run"を以って取引ごとに回収完結の「キャッシュ・マネジメント」で実績を積み重ねる「身の丈経営」を実践することである。

## ❸ デリーでの勤務体験

筆者の日常生活で試行錯誤を重ねた現場体験から得た留意点を紹介する。

日本の生活を持ち込んだ「大名駐在」は地元のそれとは程遠く，商品開発などに現地ニーズ反映は望み薄であった。日本人駐在員の大半は単身赴任で共同借家を会社で契約し，ハードシップ手当と定期的な日本食送付などの支援を日本本社に仰いだ。また，生水・屋台での飲食は厳禁で，水道水は浄水器二連でなおかつ煮沸する無菌生活の徹底ぶりであった[7]。但し，家ではコック・掃除人・庭師・ガードマン・運転手などを仕事別に差配し，自家発電機を備えて計画停電・計画断水の日常に順応した。また，街角では，銀行窓口

---

[7] 後年，筆者はインドの大学に留学し学生寮で寝起きしたが，食堂の一日三食は全てベジタリアン料理で，バケツに水道水を受けての行水，手揉み洗濯，さらにはしゃがみ便器に左手を使っての水洗浄など全くインド人並みの生活を体験できた。

は1時間以上待たされるが，ATMが普及しつつあり，生活の知恵として電話／ファクシミリ／コピー・スタンド，インターネット・カフェも重宝した。

　採用・配属については，「就社」ではなく文字どおり「就職」で，日本の新卒一括採用制度は世界の例外と言える。部門ごとの新規・補充ニーズに基づき，クライテリアを提示してリクルート会社から人材の紹介を得る。履歴書で選別し，個別面接で質疑応答と相手の希望も聴き採否が決定される。相手は職歴（特に著名企業）・学歴・資格技能を売り込むが，地方言語訛りの発音で英語をまくし立てるので聴き取りが大変である。こちらの質問にちゃんと答えているかを確認し評価する。

　会社の職制においては，上位（管理・総合職）・中位（事務機器オペレータなど事務職）・下位（運転手・お茶汲み・掃除夫など雑役）のヒエラルキーと給与水準がリンクしている（3階層間で7：3：1の割合）。この所得格差は，カースト・宗派・家柄・学歴などから見定められる社会的ステータス，即ちオカット（Aukat）によって仕分けされ，分相応の階層に落ち着くことになる（斎藤，2007）。

　駄目元精神にあっても，植民地時代のトラウマが残る。総じてインド人は羞恥に頓着なく，英語が堪能で社交的，雄弁（詭弁）・自己主張（独断）・理詰め（しつこい）・スタンドプレー（苦手なチームワーク）が目立つが，白人，特に旧宗主国の英国人に対し畏敬・卑屈・ゴマすりの姿勢が見え隠れする。結果的にトップダウンの意思決定と上司の指示待ちとなる。反面，大国意識からの自尊心の強さと学歴社会からの役職名の重視が目につく。特に高学歴者は英語・数字に強く企画・発表力に優れるが，評論家的で実行なくして議論倒れが多い。また，金銭と女性問題の不始末・不公平人事はブラックメールの元凶となりかねないので早目に芽を摘む必要がある。

　考課は，きめ細かな査定表に沿って個別面談で相手の言い訳・希望も聴いた上で査定する。同僚間で情報交換し昇進昇給の綿密な比較の上，評価に不服な者は独善的な論理で激しく迫ってくるが，そうした者は最終的に退社していく。

部下への日常的なノウハウ継承は自己の地位を奪われかねないため，OJTはあまり期待できない。日系企業は集合研修に熱心で，従業員も高く評価しており，日本本社の講師による経営理念・方針，マーケティング・サービス手法などの研修が好評である。但し，業務に関わる質問が多く，仕事の基本を含め日常の不十分な上司指導の裏返しと言える。我流と人間関係で仕事をこなしているようだ。例えば，正規の現地生産販売と違法・脱税の密輸販売は競合しているのではなく根本的に土俵が異なるという前提認識が希薄である。一方，幹部社員の日本研修は大きなインセンティブとなるが，研修後の一定年限勤務の条件をつけると，自らの描くキャリアパスが縛られることを嫌い，研修参加を辞退する者も出てくる。個人と会社の二者択一となれば，やはり自己の人生となる。

　筆者の在任中，リストラの一環で，支店集約のため幾つかの支店を出張所へ降格し人員削減を図ったことがあるが，各州の固有言語・商習慣・人間関係が阻害して，州を跨いだ配置転換は困難であった。そこで，対応策としては，融通性など個人の資質・家庭事情などから適材適所に努めるしかない。

　経営側から解雇を口に出すことは極力慎みたい。成績不良・不適格者は役職解除・配置転換を行い，将来性の見極めから自ら進退を決断させる。従業員同士のトラブルには細心の目配りが必要だが，インド松下電器では部下が上司に暴力を振るった事件が起こり，人間関係に嫌気をさした上司が退職したが，その親族からブラックメール・脅しが始まったため，弁護士と相談してインド人スタッフが対処した。

　「日系企業は組み易し」と見て，行政当局のハラスメントが横行する。納税申告漏れ・外為法違反など取り締まりと称して罰金・賄賂を要求する。経営責任者の出頭・尋問・拘束の場合もあり，物に動じない度胸・胆力が試される。複雑多岐にわたる法令への対応は難しく，一方で人的コネクションも有効であるが，安心はできない。インド松下電器が入居するビルが本来商店用で許可されていることが判明した際，当初はビルのオーナーの対応に頼っていたが，ある朝突然警官の立ち入り強制退去に遭遇し，数ヶ月間日本人宿舎・貸しオフィスに分散し仕事をつないだという苦い体験がある。

カーストの上下関係から，担当セールスが販売店主に対してはっきりモノを言えない。支店長でもこじれると感情論になりがちで，日本人を盾に店主を宥める羽目となる。オフィスでは，ファイル整理・デスク整頓など身辺の"Neat & Clean"には無頓着で清掃人カースト任せが慣習である。筆者は，気分転換を兼ねて自分のデスクと会議室のテーブルを毎朝雑巾掛けしていたが，従業員は多分に軽蔑の念からか冷やかに傍観していた。カーストは，仕事の細分化などチームワーク阻害の潜在要因ではあるが，外国人には捉えようがないので神経過敏にならず自然体で接していきたい。しかし，チームプレーの大切さを認識しているマネジャーも少数派ながら存在する。彼（彼女）らは休日に男女連れだって郊外へハイキングし，親睦の場作りを心掛けていた。筆者もハイキング・クラブを立ち上げ，花束・菓子折を携えて部下の家庭を訪問し，親族の結婚式にも招待された。互いの人柄が良く分かり親近感も深まる。

## ❹ インドにおける人事労務管理の実態と課題

　ここでは，日本在外企業協会（1995・2007）と海外職業訓練協会（2008）による調査の結果を中心に日系企業の実態を把握し，労使関係・労働法・労働組合などの課題を吟味する。

### 1. 経営課題

　値引き要請・調達費の上昇・税務負担・賃金上昇・電力／通信／物流の未整備が「五苦」と称される。進出地の決定要素は，物流アクセス，政府誘致条件，工場立地，そして労働者の確保である。現地パートナーとの基本方針共有，特に日本的ものづくりとインド的投資利益率指向の相互理解が大前提となる。日本的経営としては，全員経営，大部屋主義，現場現物主義，管理指標作り（特に評価項目としての人材育成）を実践する。採用においては，職務権限を明示すると同時に，一般書類選考から面接のステップを踏んだオープンハウス方式を導入し，縁故応募へ歯止めを掛け，本採用は客観的基

準で厳密に選抜しなければならない。給与体系は，固定費比率が高くボーナスなど変動給は低い。所得税の捕捉回避の狙いもあり，数多くの諸手当（フリンジ・ベネフィット）が拡充されて生活手当的に補われている。人手不足のエンジニア及びホワイトカラーを中心に賃金は年率15〜20％上昇している。人事労務管理においては，職場環境・福利厚生・安全対策の改善を徹底するとともに，日常的に経営状況の説明など意思疎通に配慮して相互理解の意識を醸成することが労使問題を予防する基本である。その際，インド人労務担当者に現業を任す中で，押さえ所は確実にチェックし方針を徹底させ指導を怠らない「任して任さず」の姿勢が肝要である。

## 2. 業務課題

職場規律については，就業規則の明示，5S（整理・整頓・清掃・清潔・躾）・時間管理・安全管理を徹底する。仕事の進め方においては，交渉は上が即断即決し率先垂範する。職掌内容（job description）の明示で隙間業務に留意し，小集団活動を定着させる。個人的関係を優先する風なので日頃の意思疎通を心掛け，具体的に説明し，納得・理解させる「説得の文化」に馴染む。"Indian Time" "No Problem" に注意し，インド人同士でも言語の壁・地域差があり文書で確認することである。人材育成では，「イエスマン」より「反骨タイプ」は貴重だが，人前では叱らない。ジョブ・ホッピングが頻繁で離職率が2割と高く，熟練工も育ちにくい。無理に引き止めず温かく見送る度量が必要で，守秘義務を徹底させる。優秀人材の確保のために昇進と役職名のリンク，昇進特典制度，多能工訓練などの充実に努める。経営幹部クラスを3〜5年契約でヘッドハンティングするケースが日系企業でも見受けられるようになったが，古参幹部との兼ね合いなど任用が難しく，また従来の日本的経営には馴染み難い。「アメとムチ」でドライな処遇を徹底する韓国企業と対照的ではある。解雇については，一般社員は組合絡みがあり，日本人は前面に出ず弁護士と相談する。税務・労務・法務関係にトラブルが多発し，裁判沙汰になると時間・経費・精神的ストレスの負担が大きい。租税対策は会計士・税理士・弁護士と相談する。賄賂の要求に対して

は，毅然とした態度で弁護士・会計士に相談し対処する。また，優秀な経理マンも確保し2人体制で牽制させる。宗教・カースト関連は客観的・公平な理解と対応に努め，冠婚葬祭へは社会慣習を尊重し共感を持って参列したい。セクハラ問題へは，最高裁のガイドライン（1998）に沿って工業雇用（就業規則）法が改定され，女性を長として調査委員会を設置しなければならない。

## 3. 労使関係の制度と実態

労働・雇用政策の目標は産業的平和の維持と労働福祉の促進に置かれているが，外資系企業への規制緩和を促す経済自由化と労働者の保護を規定する貧困層救済との板挟み，即ち労働市場の二重構造性が見えてくる（香川，2007）。

硬直的なインド労働法は，条項の追加・削除・変更を以ってしても，経済環境の変化に対応し難い。また，労働法は連邦・州政府の共通管理事項だが，州ごとに労働条件が異なるとともに，用語定義などの点で所管政府の解釈に混乱がある。加えて，行政機関の介入が頻繁にあり運用が煩雑となる（小田，2009）。植民地時代以来の多数の労働関連法（中央政府で50以上，州政府で160以上）が林立して，労働法の再編・集約が課題である。集団的労働法では，労働組合法（1926・2002改正），工業雇用（就業規則）法（1946），産業争議法（1947）が代表的である。個別的労働法関連としては，工場法（1948），賃金支払法（1936），最低賃金法（1994・2011），賞与支払法（1965），退職金法（1972），男女同一賃金法（1976・2009），出産手当法（1961），請負労働法（1971），報償法（1976），非組織労働者社会保障法（2008），従業員補償法（1923），従業員国家保険法（1948），（空席強制告知）雇用交流法（1959）などがある。一般的に，これら法的な労働者保護の恩恵にあずかれるのは組織部門の従業員に限られる（日本在外企業協会，2007；あずさ監査法人/KPMG, 2008；Government of India, 2014）。

労働組合の主要ナショナルセンター（CTUO：中央労働組合組織）は12団体（組合員総数2484万人：2002年データ）あるが政党の系列化が進んで

いる。元々インドの労働組合は戦前の植民地時代にストライキなど独立運動の有力な手段の1つとして政治と連動してきた経緯がある。国民会議派・BJP・共産党などの全国政党のみならず地方政党の傘下に入る労働組合もあり，体制派・反体制派など様々な政治信条を掲げて組合活動に反映させようとする。但し，主要CTUOに加盟している登録労働組合は2割程度である。労働組合の組織率は8～9％に留まり，産業別組合に代わって企業単位組合が増加している。労働組合は全従業員の10％または100人以上の加入で登録が可能である（日本労働研究機構，1998）。団体交渉は組合登録の有無に拘わらず許可されるが，特定政党とのつながりを削ぐため外部活動家の役員数規定を従来の半分から1/3または5人までに修正している。就業規則の制定と労働福祉担当役員の任命（従業員500人以上の企業）が義務付けられ，労働争議は調停委員会を通じて交渉する。ストライキ・ロックアウトの件数及びスト参加労働者数は，1981年の2589件・160万人から2007年には389件・70万人[8]（TATA Service Ltd., 2012）と減少しているが，ストライキから怠業・順法闘争・ゲラオ（経営者閉じ込め包囲交渉）へと行動を転換しつつある。これに対して，経営側は"No work, No pay"の原則で反撃している（日本在外企業協会，2009）。

## 4. インド・リスクとしてのストライキ

最近のマルチ・スズキ・インディア社[9]の労働争議は衆目を集めた。日本的経営の先駆的企業として，同社は能力本位の採用・宗教とカースト不問・公正評価・全員同じフロアでガラス張りの職場・同じテーブルと食器使用の社員食堂などを徹底してきた。しかるに，ハリヤーナー州マネサール工場で2011年6月に労働組合結成以来，断続的に紛争が続いた。会社の組合不承

---

[8] 日本の労働争議件数・参加人員は1981年の950件・約20万人に対して，2007年は54件・2万人となっている（厚生労働省「労働争議統計調査」）。

[9] 1981年にスズキは出資比率＝26％でインド政府との合弁会社を設立し，2002年には56.2％に増資して子会社化した。マルチ・スズキ・インディア社の2013年の生産・販売は115万台強と日本国内を凌ぎ，乗用車シェアはNo.1の40％を保持する。また，デリー近郊の現行2工場に加え，グジャラート州に単独出資の新会社を設立し，2017年に生産稼働の計画である。

認・生産妨害行為をしないとの「善行誓約書」署名要求・スト・解雇・新組合設立登録など労使が対立した。2012年7月には班長と正規労働者との口論・カースト差別的発言に端を発し、暴行・停職・団交決裂・事務所へ集団侵入・乱闘・放火・人事部長死亡と日本人負傷・大量逮捕・解雇に至った。その結果、1ヶ月間の操業停止に追い込まれた（香川，2013）。さて、筆者は2013年9月20日にインド大使館講堂で開催された日印協会創立110周年記念式典に出席したが、その際「日印関係の回顧と展望」と題した森喜朗会長（元首相）と鈴木修副会長（スズキ会長）の対談の席上、鈴木氏は「カーストはない」と言い切っておられた。社員処遇の平等を強調されたと思うが、強く印象に残る。

## 5. 撤退戦略

「インド参入は容易だが撤退には10年かかる」と言われるように、倒産法（Sick Industrial Companies Act［1985］）で事業撤退に歯止めが懸けられる（設立後5年以上経過し債務超過に陥った製造会社の届出・再建義務付け）。解雇・レイオフ・閉鎖の場合も、所管政府への届出・許可取得、予告・正当事由・内部審査会など解雇手続きの遵守が求められ、特に閉鎖については工場委員会を設置し、遅くとも90日前の許可申請が義務付けられている。しかるに、実態は、売却・ロックアウトによる締め出し・希望退職制度で人員削減が進む。要は、魅力的な退職特典・再就職斡旋など用意周到な撤退計画を持つことである（安積，2009）。

## 6. 着想大局・着手小局—布石と先手を打つ—

全般的な課題としては、労働組合設立の承認、外部労組指導者の存在（政治的組合主義）と過激分子の侵入リスク、請負労働者増加と正規・請負労働者間の格差、政府の争議仲裁機能、社内管理体制の整備（急速な生産拡大と労働者増加とのギャップ、インド人管理職に丸投げ状態の労政問題、上層部との意思疎通など）、進出地域の集中による熟練労働者の逼迫リスクなどが挙げられる。別言すれば、長期的な人的資源管理戦略（労働力調達・人材育

成・適正コスト配分・日本本社との連携など）の確立が問われているということである（香川, 2013）。

## ❺ インド人気質と異文化対応力

ここでは，インド人の特性と彼（彼女）らとの接し方を考察する。

### 1. インド人の特性

インド人は千差万別で個人差・地域差が大きくステレオタイプの決めつけは慎みたいが，あえて平均的日本人と比較すると下記の特性が指摘されよう。

① 「唯我独尊」＝インド中心の他動説を指向し自己中心的で，頑固・自信過剰・自己主張が強い。加えて，大概が出身地の言語・ヒンディー語（北部）またはタミル語（南部）・英語を話すことができ，弁が立つ。

② 観念論を好み論理的で理屈っぽく，数字に明るいが，管理は苦手である。従い，ITは花盛りだがサービス・メンテナンスの意識は低い。

③ カースト・大家族主義を基盤に，血縁・地縁を重んずる。目上を敬い，家族を大切にし何事にも家族と相談して決める。同時に信心深く，宗教が社会慣習・生活規範として浸透し，浄・不浄の観念から酒抜きの菜食主義者が大勢である。

④ 組織・制度より個人・人脈を頼る。特に北西部のパンジャーブ・シク教徒，グジャラティ，マルワリは進取の気風も旺盛で海外で印僑として活躍する。

⑤ 「名」（メンツ）も「実」（利得）も取りたがる。人前では褒め，恥をかかせない。また，金銀輸入額が貿易赤字の1/3に達するほど，貴金属装身具の保有に拘る。

⑥ 親日だが知日でない。日本と東アジア諸国のような直接的な歴史的接点がなく，日本のイメージは日本海海戦の勝利，チャンドラ・ボースの独立闘争支援以外は曖昧で，畏敬または反発の念も希薄である。一般人には，日

本人と東北インド・チベットのモンゴロイドとの区別がつかない。関心のある人でも，ハイテク大国と人気テレビ「おしん」・映画"Last Samurai"から受ける印象の落差は大きい。

## 2. 気分良くインド人と付き合う法

① "Time is *not* money."—マイペースで漠たる時間的観念—

日本人のように一致協力し残業も辞さず仕事を予定どおりにやり遂げる習性はない。宗教・文化絡みの祝日は休みがちで，個人生活を優先して定時に退社する（藤井，2014）。まずは給料に見合った仕事をきっちりしてもらうことである。一方，広い国土・不備なインフラで手間暇がかかるが，「インド時間」で逆用できないか。商品開発・生産日程を計画通り遂行した上で，流通・物流の足の長さを綿密な市場施策を打つための猶予時間として使いたい。

②先を読む

日常的に沢山の人達が押し合いへし合いで距離感が喪失する。何事にも慌てず騒がず悠々と，親方日の丸・下駄を預ける。あやふやな全体像と日程で，一から十まで誰も知らない，調整役が不在である。縦横で足の引っ張り合いがある一方，全体の中での役割・現場意識は希薄となる。行動に間合いがなく個別・個片でいきなり迫る。集団のマナー，ましてやデリカシーや謙譲の美徳とは無縁である。外国人への応対にもお世辞とベロ出しの裏表がある。事ほど付き合いにくい相手でも，あえて「巨大市場」に期待し進出するなら，どう立ち回れば「鴨がネギを背負ってきて，蟻地獄に引き込まれ，骨までしゃぶられてしまう」お客様にならずに済むか？ 常に5W1Hで綿密・厳密に点検する。万一，赤字となっても一種の社会貢献，「お布施」と考えるくらいの思い切りが精神衛生面に良い。さらには，外国企業へのハラスメントがある日突然表面化するなど「もぐら叩き」の毎日が待っている。心身のタフネスと理念に裏打ちされた使命感を堅持することである。

③年齢で判断しない

厳しい生活環境にあってインド人は短命（平均寿命＝65歳）で，50歳を

過ぎるともう老人，反面短い学歴で実業に就く年齢も早く，30歳前後で堂々の一人前となる。年配者だからと言って頼りにならない。若輩だからと言って油断はならない。

④キーマンを摑む

　組織は上位下達のヒエラルキー，たらい回しが常套手段となる。カーストの上下関係も加わり，上は下に仕事を押しつけ言いっ放し，後のケア・フォローがない。下は言われたことをやるだけ，問題が起こると上に放り投げ指示待ち，対策提案は期待できない。この人間関係の妙を使い分けて間接分割統治したのがイギリス植民地官僚である。

⑤遠慮は禁物，屁理屈比べ，文書で駄目押し

　英語がブロークンであれどこでも通じる分，かえって誤解を招き易い。自分の論理・思い込みで勝手に解釈して動くので，その場限りの返答と言い訳が多く責任感に欠け，会話の中に逃げ道を織り込んでくる。自己中心のルールから，協調性に欠け，自ら結論を出さない。これらの言動に対抗するには，ルール・ガイドラインを明示した上で，具体的・論理的に回答・指示を与えることである。特に，不明確な指示は指示にならず，明確な部分しかやらないので注意すべきである。また，相手のペースに乗らないように，"Yes or No"・「できる，できない」を明確に回答し，「騙された方が悪い」と肝に銘じて記憶力を高め数字に強くなることである。さらに，期限（due date）は，こちらから指示せず「有言実行」の自己責任で相手に言わせる。それでも，最終的には文書で駄目押しする他ない。相手もサイン入りの書面で示されて漸く眼の色が変わりこちらの意図を理解しようとする。

⑥何をするにせよ個人が全て

　信頼に足るパートナーの確保に尽きる。日本人を理解し，インドのことを日本人の感覚に沿って説明してくれる人材である。業務上は，各地の税制など複雑多岐な法律関係に通暁した税理士・会計士を確保する。バラモンなどカースト上位ならお良く，より上質の人脈が期待できる。結局，「急がば回れ」で現地人材の育成を諦めず，方針・目標・OJT・評価のPDCAサイクルを日々継続実践することである。

## ❻ 変わるものと変わらぬもの

ここでは，インドの歴史・宗教・社会の伝統風土を踏まえた本質に迫る。

### 1.「多様の中の統一」(Unity in Diversity)

歴史的に同心円状の多重複合社会，気候・植生・民族・民俗・言語・宗教などモザイク状に固有文化を擁する地域が分立する。このインドを1つに束ねる統一原理がヒンドゥー教とカーストである。ヒンドゥー教徒にとって信仰・世界観・生活倫理・社会慣習は一体である（人生の四住期：学生期・家住期・林棲期・遊行期，愛・財・法・解脱の希求など）。インド人自身はジャーティワード (*Jatiward*：氏姓制度) と称するが，カーストは社会の背骨で，カーストに収まって皆インド人となる（約3000のサブ・カースト＝ジャーティ）（武藤，2010）。多様な集団概念，即ちヴァルナ (*Varna*：色・四姓)，ジャーティ (*Jati*：出身・職業)，ゴートラ (*Gotra*：氏族)，サピンダ (*Sapinda*：祖先供養を共有する親族) などに血縁・地縁が絡まり，内なる相互扶助と外なる差別の実態は，よそ者がその本質を理解することは困難である（近藤，1977）。不可触民など被差別集団は，指定カースト・指定部族・その他後進カーストとして政府/公共企業の職域・高等教育への一定枠[10]の割り当てがあり，上位カーストは逆差別と反発する（日印協会，2013）。他方，タタ，ビルラなどの財閥は，パルシー，ジャイナ，シク，マルワリなど逸脱的少数グループの家族・同族経営から輩出している（三上，1993）。本来，ヒンドゥー教倫理とカースト秩序は合理主義・技術変化・社会的流動性の現代に馴染みにくく，生業の中心が農業・農村にあることと相俟って，インド社会の本質は変化・発展より継続・安定の世界にあると言えよう。

---

10　例えば最下層及び後進カーストの政府系職域枠（1990年データ）は各々22.5％・27％である（Wikipedia-The Free Encyclopedia ウェブサイト "Caste System in India" (https://en.wikipedia.org/wiki/Caste_system_in_India) による：2015年4月15日最終アクセス）。

## 2. インド世界は東洋とも西洋とも異なる「中洋」

　インドが複雑多岐で分かりにくいと言われる原因は，そもそもインドを現在の国家概念から日本と同列に比較し括ってしまおうとする出発点にある。インドは東アジアに対応する南アジアであり，さらには東洋と西洋の間の「中洋」と称される（梅棹，1974）。東はアラカン山脈，西はスレイマン山脈，南はインド洋，北はヒマラヤ山脈に囲まれた逆三角地帯に，4つの生態系，即ち「麦のインド」のインダス流域は乾燥アジアに，「米のインド」のガンジス流域は湿潤アジアに，東西両海岸部は「海洋アジア」に連なる一方，「棉のインド」のデカン高原が半島を南北に画す（松田，1992）。

## 3. 地域に根ざす「循環するインド史」

　インド史は統一と分裂，都市化と村落化を繰り返し，日本史のように段階的に発展する方向が見えにくい。王朝の興亡に終始し，大帝国建設と遊牧民族の侵入・同化・地方割拠を繰り返す。一方，地域的には西北から新しい潮流が東と南へ波及するとともに，時代を下るにつれ北部・中部・南部の地域間の拮抗が目立ってくる。「まず地域ありき」の視点からインド史を見る。現在の州の行政区分が歴史・言語・文化・一部民族的背景を共有する地域の単位である。

## 4. 実態理解を難しくする概念英語

　イギリス人はインドを植民地化する過程で包括的なインド理解のために様々な分野で英単語による概念化を図った。日本人はそれら英語概念を翻訳により理解せねばならないことに加えて，植民地統治のための恣意的解釈が実態理解を妨げている。代表的なものとして，Hinduism（ヒンドゥー教）は古代バラモン教から出発しヴィシュヌ，シヴァ信仰など様々な宗派を包含した「インド固有の宗教」の総称である。Caste（カースト）はポルトガル語の *Casta*（血統・人種など）を語源として「インドの社会階級」の総称として使用される。Aryan（アーリア人）は語源的には「高貴なもの」であり近代比較言語学において共通の祖語を有する集団（印欧語族）を定義すると

ころが，白人優位の人種論にすり替わりイギリス植民地統治の理論的裏付けに利用された。

### 5. 確固たるインド人の死生観

　インド社会では総じて信仰を基盤とした世界観・倫理観・慣習が未だ健在である。人々の心象は物質的繁栄の前に精神的安寧が第一義にある。その根底には「この世」と「あの世」は一気通貫に「輪廻転生」して「業」が巡るという死生観があるのではないか。筆者が思い出すのは，ヒマラヤ山麓から夜行バスでの帰路，運転手がうたた寝でもしていたのかトロトロ走り，一乗客が運転手に吼え始めた時のことである。「ちゃんと速く走れ」と叫んでいるのか，運転手と口論となり，他の乗客も加わって掴みあいになりそうな大騒ぎとなる。その後，峠に着いて休憩・食事を摂って再発進した。夜目に見ると先刻のオジサンが助手席に座って運転手と談笑している。日本であれば凄い剣幕で喧嘩しようものならそれっきりだが，インド人は是々非々で何事も円く納まる。街中では，停電でロータリーの信号が消えてしまえば割り込み車で動きが取れなくなるが，ポリスに代わってどこからともなく親切な御仁が現れ交通整理をしてくれるのも似たような現象である。どうもインド人は目の前（今世）の事象を越えて未来（来世）までお見通しで行動している節がある。カーストも階級差別社会と簡単に断じる訳にはいかない。時空を越えた同朋としての一体感があるようである。

### 6. 文化を共有する日本とインド

　両国は陸地としては遠く隔てられているが，海域ではモンスーン・アジア，海洋アジアの一環としてつながっている。雲南を源流とする照葉樹林文化帯では東ヒマラヤと西日本が東西の両端に位置付けられる。また，ユーラシア史の視点からは，匈奴（フーナ）など北方遊牧民族の動きに直接・間接に影響され歴史的な画期が同軌している。もちろん，仏教の伝播がインドからの最大の思想的・文化的インパクトであるが，密教の中のバラモン的要素も濃厚で，さらには神道などに非仏教的要素の直接伝播も散見され，八百萬

の神々・山と水の文化・祓い浄めなどヒンドゥー的自然観とも親和性がある。とはいえ，現代ではインドは欧米に近いロー・コンテクスト（low context）社会（またはハイ・コンテント社会：顕在的・客観的尺度による相互理解），日本はハイ・コンテクスト（high context）社会（「以心伝心」「あうんの呼吸」など潜在的規範が支配的）と対照的だが，この対照（相違点）と類似（共通点）を明らかにしてインドと接するのがインドを理解する近道である（鏑木，2009）。

## ❼ むすび―「急がば回れ」，インドの本質的理解を―

　過去から未来へ移ろう「瞬間」の現在，当座の現象に右往左往することなく，軸足をきちんと踏み固めることが，インド理解の出発点であり到達点ではないか。即ち，日本という比較軸を携えて，時間軸（歴史）と空間軸（地域）に囲まれた4次元領域に世界観（死生観―価値観―精神文化―物質文化・文明―自然風土の連鎖）に照らして人間社会（個人―家庭人―企業人―社会人・国民―国際人の輪）を見据えることである。筆者は，定年退職後，2002〜2008年までインド政府より奨学金を授与されパンジャーブ大学文学部（古代インド歴史・文化・考古学科）に留学した。その際の心象風景を描いた散文「混沌のインド」（松下電器OB松洋会誌に掲載）抜粋を引用し，本章の締め括りとしたい。

　「マスメディアの氾濫に惑わされず，己の視野と心象に忠実に個人と個人の交わりで成り立つ社会。人それぞれの生き様，一瞬のチャンスを逃さず自らの人生を切り開こうとあがき格闘する群像。ともすれば他力本願，時間に流される自己を省みる。地勢，気候，言語，宗教・・・モザイク模様のインド大陸。『混沌の世界』というが，『歴史』という過去の堆積が『多様性』の智慧を生み出す。壮大夢幻のインド世界にありのままに接する幸運。まだまだ『障害物競争』のような日常が続く……あせらず・あきらめず・あてにせず」。

<参考文献>
Government of India (Publications Division, Ministry of Information and Broadcasting) (2014) *INDIA 2014*.
TATA Service Ltd. (2012) *Statistical Outline of India 2012-13*.

安積敏政 (2009)『激動するアジア経営戦略—中国・インド・ASEAN から中東・アフリカまで—』日刊工業新聞社。
あずさ監査法人/KPMG 編 (2008)『インドの投資・会計・税務ガイドブック』中央経済社。
梅棹忠夫 (1974)『文明の生態史観』中央公論新社。
榎泰邦 (2009)『インドの時代』出帆新社。
小田尚也編 (2009)『インド経済:成長の条件』アジア経済研究所。
海外職業訓練協会編 (2008)『インドの日系企業が直面した問題と対処事例』。
香川孝三 (2007)「インド労働法の現状」『世界の労働』(第 57 巻第 3 号), 18-25 頁。
香川孝三 (2013)「硬直的な労働者保護法制とグローバル競争下の企業経営—インドに進出した日系企業での労使紛争処理(1)(2)—」(労働政策研究・研修機構ウェブサイト「国別労働トピック:インド」(http://www.jil.go.jp/foreign/jihou/2013_8/india_01.html:2015 年 8 月 8 日最終アクセス))。
鏑木義博 (2009)「インド留学体験記」『月刊インド』(Vol.106, No.4), 3-5 頁。
国際協力銀行編 (2014)『わが国製造企業の海外事業展開に関する調査報告—2014 年度海外直接投資アンケート調査結果(第 26 回)—』。
近藤治 (1977)『新書東洋史⑥ インドの歴史』講談社。
斎藤親載 (2007)『インド人に学ぶ』学生社。
島田卓 (2001)『インドのしくみ』中経出版。
第一商品編 (2014)『月刊 PISC』(2014 年 12 月号)。
日印協会編 (2013)「今月の注目点:インドの留保制度」『月刊インド』(Vol.110, No.1), 18 頁。
日本在外企業協会編 (1995)『海外派遣者ハンドブック—経験者が語る職場・コミュニティの実用ノウハウ インド編—』。
日本在外企業協会編 (2007)『海外派遣者ハンドブック—インド(労使関係)編—』。
日本在外企業協会編 (2009)『インド・ビジネスリスク・ハンドブック』。
日本貿易振興機構編 (2014)『ジェトロ 貿易ハンドブック』。
日本労働研究機構編 (1998)『インドの人的資源管理—IT 産業と製造業—』。
藤井真也 (2014)『インド・ビジネスは南部から』日本貿易振興機構。
松田壽男 (1992)『アジアの歴史』岩波書店。
三上敦史 (1993)『インド財閥経営史研究』同文舘。
武藤友治 (2009)『巨象インドの憂鬱』出帆新社。

# 第 4 章　バングラデシュの魅力と労働事情
―労働関係法規や人事労務管理面も踏まえて―

<キーワード> バングラデシュ，労働法典，労働組合，ストライキ，ハルタル，人事労務管理，雇用システム，輸出加工区（EPZ），配置転換，賃金体系

山部　洋幸

## ❶ はじめに

　バングラデシュは，ミャンマーと並び，日本企業によるアジア進出の「最後のフロンティア」と言われ，近年日本企業の現地での活動が拡大している（熊谷，2014：22）。そこで本章では，低廉・豊富な労働力を擁し，「チャイナ・プラス・ワン」としての期待がかかるバングラデシュの魅力と労働事情を明らかにするとともに，日本企業の人事労務管理上の課題を論じる。具体的には，第1に，バングラデシュのビジネス拠点としての魅力と課題について，他のアジア諸国との比較も交えて検討していく。第2に，バングラデシュの労働関係法規と労働組合の状況を見ていく。そして第3に，日系進出企業と地場企業の人事労務管理を比較し，各々の特徴と課題を考察する。

## ❷ バングラデシュの概況と外資誘致政策[1]

### 1. バングラデシュの概況

　バングラデシュの国土面積は約 14 万km²と日本の 4 割弱ほどであるが，人口は約 1 億 5000 万人に達し，2040 年には 1 億 9000 万人まで増加すると言われる（大西，2014：20）。国民の多数はベンガル人で，宗教は約 90％がイ

---

1　本節における記述は別途引用を除き主に熊谷（2014：22）に基づく。

スラム教，約9％がヒンドゥー教である。バングラデシュはアジアの最貧国の1つと言われ，1人当たり GDP は 960 ドル（2013 年度データ）で世界銀行が定める「後発開発途上国」（LDC：Least Developed Country）の段階にある。バングラデシュの人口構成を，保有資産で区分すると図表 4-1 のようになり，50 万タカ未満（1 タカ＝約 1.55 円：2015 年 10 月時点）の層が 6 割以上を占めていることが分かる。

しかし，投資銀行であるゴールドマン・サックスはバングラデシュを BRICs に次ぐ新興国の 1 つに位置付け，その潜在力を高く評価している（在バングラデシュ日本大使館，2013）。事実，同国の最近数年間の GDP 成長率は概ね 6％台で堅調に推移している（図表 4-2）。

バングラデシュの経済成長を支える産業の主たるものは縫製や繊維，ボタンなどの付属品を含めた衣料産業である。これら産業は豊富な労働力と低賃金を武器に成長し，輸出の約 8 割を占めている[2]。

**図表 4-1　バングラデシュにおける保有資産別の人口構成（推計）**

| 対象（保有資産） | 2010 年度人口 | 割合 |
|---|---|---|
| 貧困（50 万タカ未満） | 9890 万人 | 65.9％ |
| 下位中間層（50 万～90 万タカ） | 2540 万人 | 16.9％ |
| 中位中間層（100 万～290 万タカ） | 1460 万人 | 9.7％ |
| 上位中間層（300 万～490 万タカ） | 700 万人 | 4.7％ |
| 富裕層（500 万タカ以上） | 410 万人 | 2.7％ |
| 総人口 | 1 億 5000 万人 | 100.0％ |

出所：大西（2014：20）をもとに筆者作成。

**図表 4-2　バングラデシュの経済指標の推移**

|  | 2008 年 | 2009 年 | 2010 年 | 2011 年 | 2012 年 | 2013 年 |
|---|---|---|---|---|---|---|
| GDP 成長率（％） | 6.2 | 5.7 | 6.1 | 6.7 | 6.0 | 6.2 |
| 1 人当たり GDP（ドル） | 538 | 598 | 664 | 732 | 822 | 960 |
| 物価上昇率（％） | 8.8 | 6.5 | 6.5 | 7.5 | 8.7 | 6.8 |

出所：熊谷（2014）をもとに筆者作成。

---

[2] 外務省ウェブサイト「バングラデシュ基礎データ」（http://www.mofa.go.jp/mofaj/area/bangladesh/data.html#section4）による（2015 年 4 月 10 日最終アクセス）。

## 2. バングラデシュの外資誘致政策

　バングラデシュの外資誘致政策の中心は「輸出加工区」(EPZ：Export Processing Zone) の設置によるものである。在バングラデシュ日本大使館 (2014：16) の統計では，EPZ への国・地域別の投資額 (2014 年 4 月までの累計額) は，韓国 =21%，バングラデシュ =21%，日本 =10%，香港 =9%，台湾 =8%，中国 =5% の順になっている。EPZ は企業の国籍を問わず，全量輸出を条件として入居することができる工業地域である。その歴史を見ると，1976 年にバングラデシュ政府は投資を通じて雇用機会の創出と外貨の獲得を図ることを目的とし，EPZ を建設することを決定した。そして，1983 年にはバングラデシュ第 2 の都市チッタゴンにバングラデシュで初めての EPZ であるチッタゴン輸出加工区 (CEPZ) が稼働した。次いで 1993 年には首都ダッカの郊外に 2 番目の EPZ であるダッカ輸出加工区 (DEPZ) が建設された。2015 年 1 月時点で，バングラデシュ国内には 8 つの EPZ (図表 4-3) があるが，ダッカ EPZ やチッタゴン EPZ など都市部に近い EPZ は既に空きがない。そこで政府は 2021 年までに 20 ヶ所の新たな「特別経済区」(SEZ：Special Economic Zone) を設置することを計画している (新宅・富野・糸久, 2013：782)。

　在バングラデシュの日系進出企業数 (現地法人，支店，駐在員事務所を含む) は 2009 年 1 月時点で約 70 社であったものが，2013 年 2 月末時点には 181 社へと急増している (鈴木・安藤, 2013：98)。近年の投資案件としては，2008 年に NTT ドコモが約 370 億円で現地の携帯電話事業 3 位のアクテル社の株式の 30% を取得している。また，2009 年には KDDI が現地のインターネット企業 BRAC-Net に約 8 億円を出資，さらに 2010 年にはマツオカ・コーポレーションが東レと合弁で現地法人 TM Textiles & Garments 社を設立するなどしている (在バングラデシュ日本大使館, 2013)。

図表 4-3　バングラデシュの EPZ（輸出加工区）

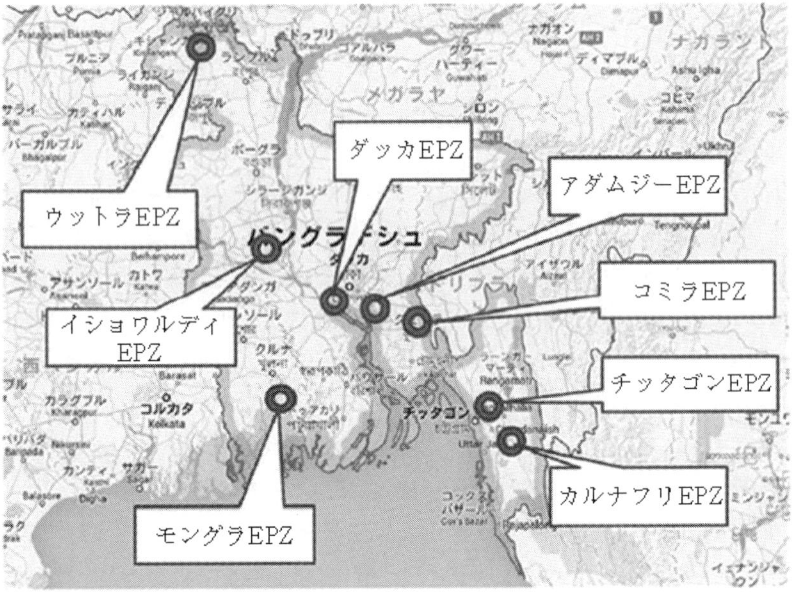

（地図：ウットラEPZ、イショワルディEPZ、ダッカEPZ、モングラEPZ、アダムジーEPZ、コミラEPZ、チッタゴンEPZ、カルナフリEPZ）

出所：新宅・富野・糸久（2013：782）。

## ❸ バングラデシュのビジネス拠点としての魅力と課題[3]

本節では，日本貿易振興機構が行った2つの調査を参考にしてバングラデシュのビジネス拠点としての魅力と課題を検討していく。

### 1. バングラデシュの魅力

日本貿易振興機構（2014a）[4]によれば，在バングラデシュの日系進出企業

---

3　本節における記述は別途引用を除き日本貿易振興機構（2014a）に基づく。
4　日本貿易振興機構（2014a）の調査対象国は，タイ，ベトナム，インドネシア，シンガポール，マレーシア，フィリピン，ミャンマー，カンボジア，ラオス，インド，バングラデシュ，スリランカ，パキスタンの13ヶ国である。調査期間は2013年7～11月で，調査方法は① 13ヶ国の日系進出企業を中心に現地ヒアリング調査を実施した。②また，同年10～11月に行ったアンケート調査で「投資環境上のメリットと課題」を尋ねた。有効回答数は2685社であった。

（有効回答数＝34社）の56.3％が「市場規模・成長性」，40.6％が「従業員の雇いやすさ」という点に魅力があると回答しており，以下，「言語・コミュニケーション上の障害の少なさ」（21.9％），「税制面のインセンティブ」（15.6％）と「土地・事務所スペースが豊富，地価・賃料の安さ」（15.6％）が続いている（複数回答可）。

「市場規模・成長性」に関しては，日本企業の多くがターゲットとする「中間層」はバングラデシュに5600万人ほど存在し，これはミャンマーの全人口（6000万人）に匹敵する規模である。さらに1000万人ほどが「富裕層」であると考えられる（鈴木・安藤，2013）。一方，「従業員の雇いやすさ」については，労働者の賃金が安いことが魅力として挙げられている。日本貿易振興機構（2014b）のデータ[5]を基に，製造業の作業員1人当たりの

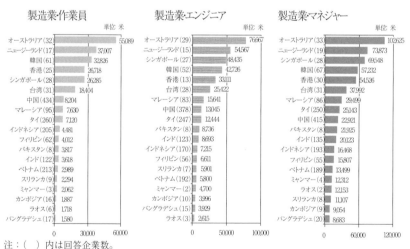

図表4-4　アジア・オセアニアの主要国・地域における社員1人当たりの年間人件費負担総額

注：（　）内は回答企業数。
出所：日本貿易振興機構（2014b）。

---

[5] 日本貿易振興機構（2014b）の調査対象国・地域は，中国，香港，韓国，台湾，タイ，インドネシア，ベトナム，シンガポール，マレーシア，フィリピン，ミャンマー，カンボジア，ラオス，インド，バングラデシュ，スリランカ，パキスタン，オーストラリア，ニュージーランドであ

年間人件費負担総額[6]（2014年度データ）を他のアジア諸国と比較すると，中国が8204ドル，タイが7120ドル，ベトナムが2989ドルであるのに対し，バングラデシュは1580ドルで調査した19の国・地域の中で最低となっている（図表4-4）[7]。同様に，エンジニアクラスやマネジャークラスの従業員においてもバングラデシュの人件費は安く，相対的な優位性があることが分かる。また，バングラデシュの人々は親日的と言われることも日本企業にとっては有利な条件と言えよう（本書第10章参照）。

## 2. バングラデシュにおける経営上の課題

　一方でビジネスを行う上での課題としては，「インフラの未整備」と「不安定な政治・社会情勢」がともに88.2％でトップに来ている。「インフラの未整備」の具体例としては，電力不足や土地の確保について指摘されることが多い。発電量は需要の7～8割しか満たしておらず，供給は常に不安定である。特に電力需要が高まる4～8月は停電が頻繁に発生する[8]。これら電力不足への対応策として，日系企業では自家発電機を設置するといったことが行われている。他方，土地確保の難しさについては，土地登記所での記録が曖昧であることが挙げられる。それはバングラデシュでは地主が亡くなると子孫に分割して土地を継承する習慣があることに関係している。そのため，複数の地権者が存在し，外資単独で産業用地を確保することが難しくなる。従って，土地の確保については，①既存のビルや工場の一角をレンタルする，②土地を持つ地場企業と合弁を組む，③空きスペースがある地方の輸出加工区（EPZ）に入居することが現実的な選択となっている。

---

　　る。調査期間は2014年10月10日～11月14日で，上記19の国・地域における日系進出企業に人件費や営業利益の見通し等を尋ねた。有効回答数は4767社であった。

[6]　社員1人当たりの負担総額は，2014年時点の基本給，諸手当，社会保障，残業，賞与などの年間合計であり，退職金は含まれない。

[7]　図表4-4の作業員とは，正規雇用の一般工職で実務経験3年程度の従業員を指す。但し，請負労働者及び試用期間中の作業員は除く。エンジニアとは，正規雇用の中堅技術者で専門学校もしくは大卒以上，かつ実務経験5年程度の従業員である。マネジャーは正規雇用の営業担当課長クラスで大卒以上，かつ実務経験10年程度の従業員である。

[8]　日本貿易振興機構（2014a）のヒアリング調査によれば，電力供給の実態として「4～5月は特に悪く，1日の半分は停電している。計画停電ではなく，突然供給が止まる」とのことである。

第4章　バングラデシュの魅力と労働事情　95

　もう1つのビジネス上の課題である「不安定な政治・社会情勢」の例として政権闘争がある。バングラデシュでは1991年に民主政権が発足して以来，2大政党である「アワミ連盟」（AL）と「バングラデシュ民族主義党」（BNP）が政権交代を繰り返してきた。熊谷（2014）によれば，ALはバングラデシュ独立時の政権政党であり，中道左派の政策で，インドとの関係を重視している。一方，BNPは軍政時代の1978年に結成され，中道左派ではあるが，ALより中国に近いとされる。こうした状況下，バングラデシュで総選挙が実施されるたびに頻発するのが「ハルタル」[9]と呼ばれるゼネストである。鈴木・安藤（2013：119）によれば，ハルタルは伝統的に政権与党に対する野党の対抗手段として行われ，ゼネストは通常6～18時の間に実施される。また，港湾の機能も停止するため輸出入手続きに遅延が生じ，納期の遅れにつながる可能性がある。但し，ハルタルに関しては，実施日以外は安全であり，ハルタルが起きる時は事前に通知されるため，危機の回避は可能であると考えられる。

 バングラデシュの労働組合[10]

　バングラデシュの労働組合は，19世紀末のイギリス領インド時代に，ベンガルの農業労働者の組織として誕生したとされる。バングラデシュは1947年にパキスタンの一部（東パキスタン）として独立するが（バングラデシュとしての独立は1971年），この地域では「東パキスタン労働組合連盟」など独自のナショナルセンターが形成された。その後，1971年の独立運動に労働組合が参加したことで，政党と深く関わるようになった。
　バングラデシュの労働組合は，独立後，組織の分散傾向と政党との系列化を強めていく。主な政党と組合の結びつきとして，アワミ連盟（AL）系の「全国労働者連盟」（JSL），ALに対抗するバングラデシュ民族主義党（BNP）系の「民族主義労働者連合」（BJSD），バングラデシュ労働者党（共

---

9　「ホルタル」とも呼ばれる。
10　本節における記述は別途引用を除き熊谷（2014：23）に基づく。

産党：WPB）系の「バングラデシュ労働組合連盟」（BTUK）がある。この他，「イスラム協会」（JP）など諸政党との連携も見られる。全国政党の数は 15 ほどであるが，労働組合のナショナルセンターの数は大小を含め 30 にも達する。なお，1983 年に，政策活動などで連携する「労働組合統一協議会」（SKOP）が 17 の労働団体により結成された。一方，バングラデシュの使用者団体は「バングラデシュ使用者連盟」（BEF）に統一されている。最後に，国際的な労働組合組織とのつながりに関して言えば，ナショナルセンターのうち 6 つが「国際労働組合総連合」（ITUC）に，5 つが共産主義系の「世界労連」（WFTU）に加盟している。

## ❺ 労働法制の形成[11]

アジア諸国では，経済の発展に伴い労働法が分野別に制定される傾向があるが，バングラデシュも例外ではない。日本貿易振興機構（2013：3）によれば，かつてのバングラデシュでは，その時々の労働者の要求に応えるため様々な法律や規定がその都度制定されてきた。近年の労働法制の推移を見ると，1990 年代にそれまでの関連法規を統合する方向での検討が始められた。その結果，2006 年には「労使関係法」を含む 25 の法律を統合する形で，「労働法典」が制定・公布された。その後，労働法典は 2013 年に改正され 21 の章と 354 の条文を持つ総合的な法典となっている。

2013 年に労働法典が改正されたのは「ラナ・プラザ」の倒壊事故[12]を受けてのことである。改正のポイントとして，労働安全衛生対策の強化があり，具体的には，「安全委員会」の義務付けや利益の 5％を「労働者福利基金」へ積み立てることが規定された。また，集団的労使関係に関連する部分

---

11 本節における記述は別途引用を除き熊谷（2014：24）に基づく。
12 2013 年の 4 月 28 日にバングラデシュの首都ダッカの近郊のサバールにある 8 階建てのビル「ラナ・プラザ」が倒壊，ビル内の工場で作業していた労働者（1129 人）が死亡する事故が起きた。事故当時，ビル内には 5 つの縫製工場が入っており，就労労働者は全体で 3000 人を超えていた。この事故の反響は大きく，国際機関，国際労働団体が動き進出企業や現地企業との間で被災者の救済と今後の予防対策を含む国際的な協定が締結されるに至った（熊谷，2014：22）。

が改正され，労働組合の登録が以前より容易になる一方で，ストライキに関する制限が強化された。日本貿易振興機構（2013：26）によれば，労働組合の登録には従業員の3割の賛成が必要で，以前は賛成した従業員の名簿を会社側が確認することになっていたが，法改正により確認は不要になった。他方，外国人がオーナーである企業，または外国人との合弁会社である組織ではストライキが禁じられることになった。そして，個別的労使関係に関しても，労働法典の改正で使用者に厳しくなった。例えば，時間外[13] の賃金は通常の2倍となっており，有給休暇，臨時休暇などの特別休暇についても規定された（粟津, 2014）。

　バングラデシュでは，民間企業の最低賃金は，政府が管轄する最低賃金委員会の勧告により決定される。最低賃金委員会は生活費，生活水準，生産原価，生産性，物価，ビジネスの将来性，経済・社会情勢等を考慮して最低賃金を決定する。最低賃金は産業別で5年ごとに改定されるのが基本であるが，主要産業である衣料産業の最低賃金は，2006年に月額1662タカであったのが，その後のデモにより2010年に3000タカに改定された。そして，2013年11月，政府はストによる生産の混乱を受けて，5300タカへの変更を承認した。賃金体系について法令上細かい要求は存在しないが，実務上は，基本給，住宅手当，交通費，医療費手当，年2回の賞与（断食明け及び犠牲祭の際）という構成を採用することが多い（粟津, 2014）。

　また，外国企業に対しては，製造業の場合は外国人1人につきバングラデシュ人20人，サービス業では5人以上の雇用が義務付けられている。そして，役員を含めて外国人の従業員比率は15％を超えてはならない（粟津, 2014）。

　さらに，バングラデシュでは，労働者の定義についても要注意である。日本貿易振興機構（2013）によれば，バングラデシュの労働法典における「労働者」とは，あらゆる分野における被雇用者一般を指しており，それは直接雇用か間接雇用かに拘わらず，また技術者か非技術者かに拘わらず如何なる

---

13　バングラデシュの労働時間は1日8時間，週の労働時間の上限は48時間となっている。日本は1日8時間，週40時間が労働時間の上限である（粟津, 2014）。

形態に置いても有効とされる。但し，管理者や指導者として機能する従業員は「労働者」には含まないと解釈されている。つまり，労働者でない従業員に対してはバングラデシュの労働法典が適用されない。この「労働者」であるか否かの判別は対象者の日々の業務内容によって行われるので，実際の勤務記録や職務明細書などが重要となってくる。一方，非労働者に属するとされる従業員には「主従法」（master servant rule）の適用を受けるとの見解がある。主従法においては，雇用契約が全ての労使間における雇用条件を支配する。従って，従業員の権利や義務は全て同契約書に依拠することになる。

## ❻ バングラデシュにおける人事労務管理の実際[14]

本節では，バングラデシュ進出の日系企業と地場企業の賃金体系，配置転換，採用・昇進について比較し，バングラデシュにおける人事労務管理の特徴について見ていく。具体的には内田（2005a・2005b・2012）の一連の研究を参考にする[15]。

### 1. 賃金体系

はじめに賃金体系についてである。図表4-5は日系企業と地場企業の賃金体系を比較したものである。この中の資格給は職能給とも呼ばれ，従業員の職務遂行能力のランク（職能資格）で決まるのに対して（内田，2012：54；石毛，2013：104），能率給とは主に出来高に応じて給与を決めるものである。

図表4-5で注目すべき点は個人及び集団に対する能率給を導入している日系企業が殆どないのに比べ，地場企業では個人に対する能率給を導入している企業が81％，集団に対する能率給を導入している企業が38％に及ぶこと

---

14 本節における記述は別途引用を除き内田（2005a・2005b・2012）に基づく。
15 内田は日本の雇用システムが現地人の労働者の技能形成にどの程度寄与しているのかを目的として調査している。調査対象企業はEPZ内の製造業に限定しており，日系企業は12社，地場企業は16社である。調査実施時期は日系企業が2010年2月，2011年2月の2回，地場企業が2012年2～3月の1回である。

図表4-5　賃金や手当に関する状況

|  | 日系企業（n=12） | 地場企業（n=16） |
|---|---|---|
| 資格給 | 8社（67%） | 15社（94%） |
| 個人に対する能率給 | 0社（0%） | 13社（81%） |
| 集団に対する能率給 | 1社（8%） | 6社（38%） |
| 皆勤手当 | 11社（92%） | 15社（94%） |
| 技能手当 | 3社（25%） | 7社（44%） |

出所：内田（2012：54）をもとに筆者作成。

である。能率給の狙いは，労働者によって生産された量を給与に反映させ，労働意欲を高めることにある。その一方で，小池（1994：39-40, 211）は能率給の問題点として，第1に出来高によって収入を決定することから，労働者が経験の幅を広げて技能形成を図ろうとする誘因が働かなくなること，第2に労働者が自分の仕事のみに関心を持つようになり，労働者間の協調関係を損なう恐れがあることを指摘している。こうした点を踏まえると，図表4-5の調査結果からは，地場企業の方が日系企業に比して従業員を特定の職務に専念させるとともに，個人の活力を重視した人事労務管理を志向している様子が窺えよう。

## 2. 配置転換

次に日系企業と地場企業における一般労働者の配置転換の程度について検討する。図表4-6を見ると，全ての日系企業では，一般労働者に配置転換を

図表4-6　一般労働者の配置転換の程度

|  | 日系企業（n=12） | 地場企業（n=16） |
|---|---|---|
| 殆ど移動なし | 0社（0%） | 9社（56%） |
| 職場内の2～3の持ち場を移動 | 1社（8%） | 4社（25%） |
| 班長の単位内の移動 | 1社（8%） | 3社（19%） |
| 監督者の単位内の移動 | 5社（42%） | 0社（0%） |
| 部門を越えての移動 | 5社（42%） | 0社（0%） |

出所：内田（2012：57）をもとに筆者作成。

通じて複数の持ち場を経験させている。それは，日系企業が労働者の適材適所を見極めるとともに，緊急時の欠員補充要員として活用するための多能工化を図ろうとしていることを指し示している（内田, 2012）。

一方，地場企業においては同じ職場内での配置転換を実施している企業は「職場内の2～3の持ち場を移動」と「班長の単位内の移動」を合わせても44％に留まる。即ち，先の能率給の導入と同様，地場企業は配置転換を通じて技能の幅を広げるよりも，むしろ同じ職場内の限られた持ち場の職務に特化させて生産性を上げるという方針をとっているようである。

### 3. 採用・昇進

採用・昇進については，内田（2012）によれば，日系企業の新規労働者の入り口は，通常，一般労働職から始まる。そして，就業未経験者を採用することが多い。また，日系企業の管理職，技術職，監督職，班長職といった職位は主に内部昇進制度によって登用が図られている。日系企業が内部昇進を採用している理由として，第1にバングラデシュの教育水準が低いために，外部労働市場から質の高い労働力を採用することが困難であること，第2に内部労働市場から登用する方が労働者に関する情報も企業内で蓄積されており，登用のリスクが小さくなること，第3に調査した日系企業の業種[16]の中には現地ではあまり見られないものも多く含まれているため，他企業での就業経験を持っている労働者を見つけることができないこと等が挙げられる。他方，地場企業に関しては，管理職や技術職など企業組織の上位に位置する人材は内部昇進よりも外部市場から調達する傾向が強い。

### 4. 日系企業と地場企業の人事労務管理施策の比較

これまで見てきた日系企業と地場企業の人事労務管理施策をまとめると図表4-7のようになる。日系企業は従業員を一般労働職として採用し，内部昇

---

[16] 調査した日系企業の製造品目は船舶チェーン，液状電球（LED電球），ゴルフシャフト，女性用下着，カメラ部品，自動車部品，麻ロープ，皮革靴，半導体応用部品，研磨製品，縫製品の付属品などである。地場企業は縫製業，縫製品の付属品，生地を生産する繊維業，タオル製品，靴製造，ポリ袋製造である。

図表4-7　日系企業と地場企業の人事労務管理の比較

|  | 日系企業 | 地場企業 |
|---|---|---|
| 採用 | 一般労働職で採用，後に内部昇進 | 外部調達 |
| 賃金体系 | 能率給の設定なし | 能率給の設定あり |
| 配置転換 | 配置転換はある | 配置転換はあまり見られない |

出所：内田（2012）をもとに筆者作成。

図表4-8　一般労働職の1年以内の離職状況

|  | 0-9% | 10-19% | 20-29% | 30-49% | 50-69% |
|---|---|---|---|---|---|
| 日系企業（n=12） | 1社 | ― | 5社 | 3社 | 3社 |
| 地場企業（n=16） | 7社 | 7社 | ― | 1社 | 1社 |

出所：内田（2012：51）。

進で育成し，配置転換で経験を積ませて，多能工化を目指すという長期雇用に基づいたシステムになっている。一方の地場企業では，人材は外部から調達し，配置転換を行わず，持ち場の職務に特化，能率給の設定があるなど生産の効率を求めたシステムが主流であると言えよう。

但し，日系企業の長期雇用をベースとした人事労務管理システムがバングラデシュにおいて上手く機能しているか否かについては慎重に検討する必要があろう。この点に関して，内田（2012：51）は，第1に一般労働職の離職率が低く，企業内に長期競争モデルがあること，第2に内部昇進が学歴などに規定されずに縦のキャリアが伸びていること，という2点が満たされて初めて，内部昇進制度が労働者の技能形成を促進させると指摘している。

そこで，第1のポイントである離職率を見ると，図表4-8から明らかになるのは，一般労働職の1年以内の離職率は日系企業の方が高いということである。日系企業で一桁台（5%）の離職率は1社しかない。離職に関して，縫製品を生産しているある日系企業の経営者は「バングラデシュの一般労働者は労働条件に対して満足しないとすぐに他の企業へ移るが，その内の何人かは他の企業での労働条件に対しても満足せずに，また日系企業に戻ってく

るなど出入りを繰り返している」と述べている（内田, 2012：52）。

続いて，第2のポイントである内部昇進が学歴に規定されずに縦のキャリアが伸びているかどうかを検討するため，労働者の学歴別昇進の度合いについて見ていく。バングラデシュでは初等教育の5学年が義務教育となっている。その後の中等教育は3段階に分かれており，前期中等教育が6学年から8学年，中期中等教育が9学年と10学年，後期中等教育が11学年と12学年となる。中等教育のうち6学年から10学年は中学校と高校で学ぶ。後期中等教育の期間（11学年と12学年）は中間カレッジや学位授与権を持つカレッジで学ぶ。そして，高等教育は基本的に4年間で学士号を取得するプログラムで，国公立や私立の大学で教育の機会を提供している（日本貿易振興機構, 2012）。こうした中，日系企業は12社中10社が採用予定者に要求する学歴水準として「教育歴通算年数10年以上」（中期中等教育以上）を挙げており，初等教育修了（教育歴5年）の労働者を採用しているのは2社しかない。しかしながら，日系企業において中期中等教育修了の労働者が管理職まで昇進している企業は僅か1社であった（図表4-9）。

以上，内部昇進に関する状況をまとめると，日系企業は一般労働職の1年

**図表4-9　労働者の学歴別昇進レンジ**

| | 教育歴 | 一般労働職 | 班長職 | 監督職 | 管理職 |
|---|---|---|---|---|---|
| 日系企業 | 初等教育修了以下 | ──────────→ | | | |
| | 中期中等教育修了 | ──────────────────── - - - - - →  | | | |
| | 後期中等教育修了 | ──────────────────────────→ | | | |
| | 高等教育修了 | | | - - - - - →  | |
| 地場企業 | 初等教育修了以下 | ──────────────── - - - - - →  | | | |
| | 中期中等教育修了 | ──────────────────────────→ | | | |
| | 後期中等教育修了 | - - - - - - - - - - - - - →  | | | |
| | 高等教育修了 | | | | →  |

注：実線は多数の労働者がその職位まで昇進していることを示す。点線は昇進可能だが昇進している労働者は少数であることを意味する。
出所：内田（2012：53）。

以内の離職率が地場企業に比べ高く，中期中等教育修了以下の労働者のキャリアに限界がある様子が窺える。即ち，内田が，内部昇進制度が機能する条件として掲げた①離職率が低い，②学歴に規定されずキャリアが伸びている，という２点が満たされていないということである。こうした中，日系企業の長期雇用のシステムが機能不全を起こしている可能性が指摘できよう。

## ❼ むすび―バングラデシュにおける現地経営上の留意点―

　本章では，はじめにバングラデシュのビジネス拠点としての魅力と課題について検討した。具体的には，日本貿易振興機構（2014a）の調査から，バングラデシュの魅力は主に市場規模・成長性と従業員の雇いやすさにあることを指摘した。一方，ビジネス上の課題としては，政策や政情に対する不安，インフラの不備が挙げられる。労使関係面では，ハルタルと呼ばれる政権に対するゼネストに注意を要するが，これについては実行前に情報が周知されるので，事前に対応策が取りやすいものと言える。但し，新しい労働法典も政府の運用によっては，人事労務管理上の問題が発生する恐れがある。例えば，日本機械輸出組合（2014）によると，バングラデシュでは，法律や制度が突然変更されたり，法規則改正の周知が適切に行われないといったことがある。

　最後にバングラデシュの日系企業と地場企業の人事労務管理について比較した。日系企業は長期雇用に基づいたシステムであるのに対して，地場企業は生産の効率を求めた雇用システムを採用している点に違いが見られた。しかし，日系企業の方が１年以内の離職率は地場企業より高く，また昇進についてみると，中期中等教育修了者以下の労働者のキャリアの伸びが，あまり見られない様子が窺えた。このように，日系企業では長期雇用に基づくシステムの一部機能不全が見受けられることから，今後は現地の従業員の離職率の改善やキャリア形成について留意していく必要があるだろう。

## <参考文献>

粟津卓郎（2014）「バングラデシュの基本法制に関する調査研究」（法務省ウェブサイト http://www.moj.go.jp/content/000123990.pdf：2015年2月12日最終アクセス）。

石毛昭範（2013）「人事考課と給与制度」白木三秀編著『新版 人的資源管理の基本』文眞堂，89-110頁。

内田智大（2005a）「バングラデシュにおける人的資源管理・開発と技能形成―企業票からの分析（上）―」『関西外国語大学 研究論集』（第81号），127-139頁。

内田智大（2005b）「バングラデシュにおける人的資源管理・開発と技能形成―企業票からの分析（下）―」『関西外国語大学 研究論集』（第82号），85-105頁。

内田智大（2012）「バングラデシュにおける熟練労働力の形成―パネル調査による検証―」『関西外国語大学 研究論集』（第96号），43-61頁。

大西勝視（2014）「環インド洋経済圏で注目を集めるバングラデシュとスリランカ」『みずほ海外ニュース』（第76号），20-21頁。

小池和男（1994）『日本の雇用システム―その普遍性と強み―』東洋経済新報社。

熊谷謙一（2014）「アジアの労使関係，労働法と労使紛争（第19回）―バングラデシュ，新しい『労働法典』と労使関係―」『中央労働時報』（第1182巻），22-24頁。

在バングラデシュ日本大使館編（2013）『バングラデシュ経済概況』。

在バングラデシュ日本大使館編（2014）『バングラデシュ経済要覧』。

新宅純二郎・富野貴弘・糸久正人（2013）「バングラデシュのアパレル産業とものづくりの可能性」『赤門マネジメント・レビュー』（第12巻第11号），777-793頁。

鈴木隆史・安藤裕二（2013）「バングラデシュにおける日系企業の動向」村山真弓・山形辰史編『調査研究報告書 バングラデシュ製造業の現段階』アジア経済研究所，98-122頁。

日本機械輸出組合編（2014）『2014年版 バングラデシュにおける問題点と要望』。

日本貿易振興機構編（2012）『バングラデシュBOP層実態調査レポート 教育事情』。

日本貿易振興機構編（2013）『バングラデシュ労務管理マニュアル―改正労働法（2013）のポイント解説―』。

日本貿易振興機構編（2014a）『ASEAN・南西アジアのビジネス上の環境をどうみるか？―ビジネス上の課題を中心に―』。

日本貿易振興機構編（2014b）『在アジア・オセアニア日系企業実態調査』。

# 第5章　ブラジルにおける日系企業の人事労務管理
―「日系人活用」を巡る現状と課題―

<キーワード> ブラジル，日系企業，日系人，ジャポネース・ガランチード，デカセギ現象，日系コロニア，グラス・シーリング／第2のグラス・シーリング，賃金問題，日本語能力，日本文化

古沢　昌之

## ❶ はじめに

　「新たな成長のフロンティア」としてのブラジルに対する関心が高まっている。ブラジルは「豊富な労働力」「巨大な国内市場」（人口＝約2億人：2014年データ）と鉄鉱石・原油や砂糖・バイオエタノールといった「多様な天然資源・農産物」に恵まれるとともに，最近では小型・中型旅客機やITなどの産業で国際競争力を発揮しつつある。一方，かつて年率3000％近くに及んだハイパーインフレは収束し，対外債務問題もほぼ解消されたと言われる（鈴木, 2008；二宮, 2011；堀坂, 2012）。こうした中，近年世界の多国籍企業によるブラジルへの直接投資の動きが活発化している。そして，日本とブラジルの経済関係についても，ブラジルの経済危機と日本のバブル崩壊というブランクを経て，再び注目が集まるようになってきた。

　他方，ブラジルは世界最多の「日系人」（推定約150万人）を擁する国である。日系人は「海外へ移住した日本人とその子孫」（古沢, 2013）という定義が示唆するように，多くの「日本人駐在員」に比べると現地の言語や文化・社会に通じていると考えられる一方，日系以外の「現地人」と比較すれば日本語能力や日本文化に対する理解度・親近感といった点で優位性を保持した人材集団であることが推論される。しかし，先行研究によれば，在ブラジル日系企業の日系人に対する従来の人事労務管理は，必ずしも効果的とは

言えないものであった（古沢, 2013）。

かような問題意識のもと，本章ではブラジルにおける人事労務管理について，「日系人の活用」という視点を中心に考察する。具体的には，ブラジルにおける日系人を巡る歴史と日系企業の現地経営に関する状況に関して述べるとともに，筆者（古沢）が実施したアンケート調査及びヒアリング調査に基づき，在ブラジル日系企業の人事労務管理の現状と課題を論じる。

## ❷ ブラジルにおける日系人の歩みと日系人社会の課題

### 1. 日系人の社会的上昇

日本からブラジルへの移民は，日露戦争後の不況や当時最大の移民送出先であった北米における排日の動きといった日本サイドのプッシュ要因と，1888年の奴隷制廃止に伴うコーヒー産業の労働力不足というブラジル側のプル要因が相俟って1908年に始まった（Lone, 2001）。日本人移民は，当初，短期出稼ぎによる日本への「錦衣帰国」を目指していたが（前山, 1982・2001），ほどなくしてコーヒー農園の契約労働者（コロノ）ではそれが不可能であることを思い知らされ，長期的出稼ぎへと戦略転換する。具体的には，コロノとしての生活に見切りをつけて，「分益農」「借地農」へと転身を図りながら資金をコツコツ蓄積し，最終的には「自作農」を目指すというものである。だが，日本の敗戦により，移民たちは永住決意という再度の戦略変更を余儀なくされ，子女教育のために多くの人が都市部へと移住していった。移住先では小資本で開業できる洗濯業や青果商，あるいは近郊農業に従事する者が多かったという（前山, 1982・2001）。結果的には，戦前移民（18万8985人）に加え，戦後も日伯の国交回復を機に移民が再開された1953年から日本政府としての取り扱いが終了した1993年までの間に5万3657人が海を渡り，その総数の9割以上がブラジルに永住したと言われる（国際協力事業団, 1994；前山, 2001）。

上で論じた戦略転換とともに，ブラジルの日系人は社会的上昇を遂げていくが，その特徴は子弟の高学歴化を通した「ホワイトカラー・テクノクラー

ト型」の上昇にあると言える(前山, 1982)。事実, サンパウロ大学ほか難関校の統一試験合格者に占める日系人の割合は, 過去30年以上にわたり, 10%を超えているという[1]。ブラジル全体の日系人比率が推定0.8%程度であることを考慮すれば驚異的とも言える数字である。また, 高い「社会的信用」の獲得という質的側面も見逃せない。「ジャポネース・ガランチード」(日本人は信頼できる) という言葉に象徴されるように, 日系人は「勤勉・誠実・時間に正確」といった特性を通して, 「モデル・マイノリティ」としての評価を獲得していった(サンパウロ人文科学研究所, 2002; 梶田・丹野・樋口, 2005)。例えば, 日本の外務省が2013年にブラジルで行った「対日世論調査」によると, 「日系人がブラジルの発展に貢献しているか」との問いに「貢献している」「どちらかと言えば貢献している」と答えた人の割合が81.3%に達するとともに, 日系人のイメージとして「勤勉・能率的」「礼儀正しい・親切」「正直で約束を守る」などが上位を占めていることが示されている[2]。

## 2. デカセギ現象

ハイパーインフレに象徴される1980年代のブラジルの経済不況は, 日系人の多くが属していた中産階級を崩壊の危機に陥れた。他方, 日本では1980年代後半に始まったバブル景気のもと, 工場の非熟練工を中心とするいわゆる「3K労働」の人手不足が顕在化していた。

こうした中, 1980年代の半ばになると, 日系人の日本還流現象とも言うべき「デカセギ」が始まり, それは日本政府が入管法を改正して「定住者」という在留資格を新設した1990年以降に本格化する。「定住者」は「法務大臣が特別な理由を考慮し, 一定の在留期間を指定して居住を認める者」で, 「日本人の配偶者等」と同様に活動に制限がないことが日系人の単純労働を法的に可能にする根拠となっている(石田, 2009)。デカセギ者の特徴の1

---

[1] 筆者のサンパウロ人文科学研究所へのヒアリング調査による(2011年3月)。
[2] 外務省ウェブサイト「ブラジルにおける対日世論調査」(http://www.mofa.go.jp/mofaj/press/release/25/3/press6_000047.html) による(2015年1月30日最終アクセス)。

つは，ブラジルでの学歴が比較的高く，教員やエンジニア，弁護士，医師といった職業に就いていた者も珍しくないとされる一方，日本では多くがいわゆるブルーカラー労働に従事している点にある（堀坂，1995；三田，2009・2011）。

法務省の『在留外国人統計』（各年版）によると，在日ブラジル国籍者数（現在ではその多くが日系人であると推察される）は，1985年には2000人弱にすぎなかったが，入管法改正から5年を経た1995年には約17.6万人にまで急増，ピーク時の2007年には約31.7万人に達した。しかし，最近ではリーマンショックや東日本大震災を経てブラジルに帰国する者が目立ち始め，2013年末には18万人強にまで減っている。但し，日本とブラジルの間を行き来する「リピーター」も多く，デカセギ経験者は日系人の約1/3に達するとも言われている（二宮，2010）。

他方，デカセギ現象は，日本における差別や近隣住民とのトラブル，リーマンショック後の失業，帯同子女の不就学・不登校や犯罪，さらにはブラジル帰国後の再適応難・就職難など，日伯両国で社会問題を惹起している（渡辺，1995；梶田・丹野・樋口，2005；小島，2010；中川，2010；松尾，2010）。こうした状況下，「日系コロニア」と呼ばれるブラジルの日系人社会では，これまでデカセギ現象に対して肯定的な評価がなされることは少なかった。例えば，中隅（1998）は，「デカセギは金だけ持ち帰り，日本的なものは持ち帰らない」と述べている。事実，サンパウロ人文科学研究所（2002）の調査では，デカセギ帰国者が地域社会の活性化に貢献した具体的情報は殆どなく，そのインパクトは個人的な経済状態の多少の向上に留まることが報告されている。また，近年の傾向として前述した「リピーター」が多くなり，日本で稼いだお金を使い果たしたら再び行けばよいという怠惰な根無し草が増加することにより，日系人社会はかえって衰退するとの懸念も広がっている（宮尾，2002）。

## 3. 日系コロニアの課題

近年の日系コロニアが抱える第1の課題は，混血・同化の進展による日本

語能力の低下である。サンパウロ人文科学研究所（1988）の調査によると，日系二世の混血率は6.0%に留まるが，三世は42.0%，四世では61.6%に達している。また，同化に関しては，宮尾（2002）がブラジルにおいて日系人ほど急激に同化した人種はなく，各国の日本人移民の中でブラジルほど急速に現地社会と融合した例はないと述べている。そして，その理由について中隅（1998）は，ブラジルを何でも消化する「大蛇の胃袋」と描写し，固有の文化・価値観が他国からの侵略で捻じ曲げられた経験がなく無原理・無原則でタブーのない日本人の子弟が，無原理・無原則でタブーのないブラジルを母国としたことで掛け算の同化が進んでいると主張する。こうした中，日系人で日本語の「読み書き」が全くできない者は37.8%，「会話」が全くできない者は24.2%に及んでいる（サンパウロ人文科学研究所，2002）。

　第2の課題は，日系人関連団体の会員数減少や活動の低迷・衰退である。例えば，サンパウロ人文科学研究所（1988）によると，各種日系団体（宗教団体も含む）に全く加入していない世帯は都市で74.6%，農村でも49.3%に達する。その原因は，カリスマ的なリーダーシップを誇った一世の引退に加え，新規移民の途絶と世代交代により「相互扶助」の必要性が低下したことにあると考えられる。この点に関連して，宮尾（2002・2010）は，日系コロニアの諸団体は一世が異文化の慣れない環境下で相互に助け合っていくために生まれたものであり，心情的結びつきで成立している社会は，利害関係で結びついている社会に比べ麗しいが，それが永続するには心情を持って参加する後継者が常に必要であると述べ，「150万人の日系人」と言ってもそれは単に数としてのもので，そこに1つの社会が存在しているわけではないとの議論を展開している。事実，1990年代には，日系コロニアの成長・発展のシンボル的存在で，経済的基盤でもあったコチア産業組合や南米銀行が相次いで経営破綻するなど，日系人社会の求心力低下を内外に知らしめることとなった。

## ❸ 日本企業の対伯投資とブラジル現地経営

### 1. 対伯投資を巡る状況

　昨今の日本企業によるブラジル進出は，1950年代後半～1960年代前半のクビチェック政権下の「輸入代替工業化政策」時代に現出した第1次ブーム，1960年代後半～1970年代前半にブラジルが平均10%超の経済成長を遂げた「ブラジルの奇跡」時代の第2次ブームに続く「第3次投資ブーム」の様相を呈している。具体的には，日本からの対伯直接投資額は2005年には9.5億ドルにすぎなかったが，最近では2009年＝37.5億ドル，2010年＝43.2億ドル，2011年＝82.9億ドル，2012年＝41.1億ドル，2013年＝40.4億ドルと急伸している[3]。また，国際協力銀行（2014）が日本の製造企業に対して実施した調査では，ブラジルは「中期的（今後3年程度）に有望」な国・地域として第7位，「長期的（今後10年程度）に有望」では第6位にランクインしている。同調査によると，ブラジルを「中期的に有望」と回答した理由としては，「現地マーケットの今後の成長性」が82.3%と圧倒的に多く，第2位以下は「現地マーケットの現状規模」（29.1%），「組立メーカーへの供給拠点として」（16.5%），「安価な労働力」（11.4%）となっている（複数回答可）。そして，ブラジル日本商工会議所の日系進出企業会員数も一時は141社にまで減少していたが，2005年から回復基調に入り，2012年には200社を突破，2014年9月時点では最盛期の1980年（215社）を上回る230社まで増加してきている[4]。

　但し，欧米系企業に比べると，ブラジルにおける日系企業のプレゼンスは高くない。進出企業総数は400社程度で，米国系（約5500社）やドイツ系（約1600社）に遠く及ばない。業種別に見ても，例えば自動車では日系メーカー4社（トヨタ・日産・ホンダ・三菱）のシェアは合計で9%程度であ

---

[3] 日本貿易振興機構ウェブサイト「統計ナビ」（http://www.jetro.go.jp/world/statistics/）による（2015年1月30日最終アクセス）。
[4] ブラジル日本商工会議所ウェブサイト（http://jp.camaradojapao.org.br/）による（2015年1月30日最終アクセス）。

る。また，白物家電も米国のワールプールとスウェーデンのエレクトロラックスが市場の約7割を制圧していると言われる[5]。この背景には，欧米勢が「失われた10年」の1980年代も含め，ブラジルに粘り強く根を張り続けたのに対し（佐々木，2008），多くの日系企業は同時期に撤退または休眠状態に陥り（移民80年史編纂委員会，1991），ブラジル事業へのトラウマが最近まで残存していたことがあると考えられる（本書第11章参照）。また，日本企業では現地法人への権限委譲が十分でなかったために，1993年の「レアルプラン」（カルドーゾプラン）を契機とするブラジルの経済回復に対する反応が緩慢であったこともその一因と言えよう（小池，1995；佐々木，2008）。

## 2. 人事労務管理面での課題

在伯日系進出企業は，これまで雇用の増大や地域経済の発展といった直接的効果に加え，経営管理面を含めた技術移転の点でもブラジル社会に大きく貢献してきた。実際，QCサークルや提案制度，ジャストインタイムシステムなど日本的生産管理技術の科学的な有効性はブラジルにおいても広く受容されている（植木，1982；小池，1995）。

その一方で，日系企業の人事労務管理に関しては，ホワイトカラー人材に対する施策を中心として，批判的な見解が多いことも事実である。それらは，日系人を含めた現地人社員全体に関わる問題と日系人社員特有の問題に大別できる。まず前者については，第1に経営トップ及び幹部人材の「現地化」の遅れや「グローバルなキャリア機会」の欠如が挙げられる（植木，1982；田中，1998；二宮，2008）。例えば，水野（1978）は，企業経営を方程式に例え，インフレなど複雑な要素が絡み合うブラジルの「三次方程式」の経営を日本の「一次方程式」に慣れた駐在員が担うことは困難であること

---

[5] 日系・米国系・ドイツ系の企業数や自動車・白物家電のシェアについては，筆者のブラジル日本商工会議所へのヒアリング調査（2010年3月，2011年3月，2012年2月），同会議所ウェブサイト（前掲：2015年1月30日最終アクセス），及び曹（2010）による。なお，自動車に関しては，日本勢のシェアは徐々に拡大しており，トヨタ・ホンダ・日産のシェアの合計は2013年=11.0%，2014年1-9月=11.8%となっている（『日本経済新聞 電子版』2014年10月29日）。

から，現地化の必要性を説いている。他方，「グローバルなキャリア機会」に関しては，田中（1998）が欧米系では本人の実力次第で現地法人のトップはもとより，本社のエグゼクティブにも登用されるチャンスが開かれるなど全世界的なキャリアシステムが構築されていることを紹介している。第2は「賃金」の水準が欧米系企業に比して低く，その体系が年功的という指摘である（日本貿易振興会, 1975；移民80年史編纂委員会, 1991；田中, 1998）。賃金問題については，日本在外企業協会（2008）の調査が示唆的である。それによると，日系企業に対して「マネジャーの採用に関する問題点」を尋ねたところ，「優秀な人材が応募してくれない」が41.9％で最も多く，「効果的な募集ルートが確保できていない」（38.7％），「現地企業との人材獲得競争が激しく欲しい人材が採れない」（33.9％）が続いた。一方，「日系以外の外資系との人材獲得競争」を挙げる企業は21.0％に留まっている（複数回答可）。こうした結果を受けて，同調査報告は，一般的にマネジャークラスの賃金水準は外資系より一部の有力企業を除いて現地企業の方が低いことから，現地企業と競合するということは賃金や昇進において日系企業は魅力が不足しており，逆に外資系との競合があまり見られないのは欧米系の待遇が日系よりも優れ，初めから競合する関係にないからではないかという推論を展開している。但し，上述した「現地化の遅れ」「グローバルなキャリア機会の欠如」や「賃金問題」は，ブラジルに限らず，在外日系企業の人事労務管理面での課題として従来から議論されてきた事項でもある（白木, 1995・2006；古沢, 2005・2008）。

次に，日系人特有の問題としては，第1に「日本語能力」に関する日系人との意識のギャップがある。即ち，日系企業側は「日系人は日本語能力を有して当然」と考える傾向があるのに対して，日系人サイドには「世代交代が進む中，日本語能力は特殊技能」という想いが存在する。例えば，宮尾（2002）は，日本語能力手当を支給する日系企業は少なく，日本語教育に注力する姿勢も見られないと述べている。一方，植木（1982）の調査によると，取締役会での使用言語は日本語が圧倒的に多く，日本側がマジョリティを出資している企業では「日本語だけ」が15社中10社に達する。これは，

日系企業の経営においては日本語能力を有する日系人への依存度が高いことを物語るものである。こうした状況下，先に論じた現地化の遅れや権限移譲問題，さらには日本人駐在員との待遇格差もあり，日系人の心の中には「便利屋」として使い捨てにされているという不満が鬱積する（二宮，2008）。第2は日系人社員に対する「日本人駐在員の態度・言動」問題で，職場外にも上下関係を持ち込むことや権威的で尊大な態度，残業・休日出勤を当然視することなどがある（日本労働協会，1975；植木，1982；斉藤，1983；日本在外企業協会，2008）。別言すれば，駐在員が日系人に対して，その外見ゆえに心情や考え方も日本人そのものであるという先入観を持って接することである（田中，1998）。駐在員は日系人を自分と「同類」と錯覚しやすく，日本人同士という仲間意識を抱き，先輩・後輩の気安さを持つ（斉藤，1983）。そのため，非日系人社員には決して取らないような言動をついしてしまい，それが日系人の不満を増幅させる。そして，非日系人に対しては「仕方がない」と諦めることでも，日系人には「これくらいできるはずだ」という思い込みがあるためか，期待が裏切られたと感じるなど感情的な溝が生じる場合がある（植木，1982；日本在外企業協会，2008）[6]。こうした中，若年層の日系人は日系企業を敬遠し，欧米系や政府系企業への就職を目指す傾向が強いとされる（小池，2008）。

## ❹ 在ブラジル日系進出企業及び在日日系人に対するアンケート調査報告

　本節では，筆者が実施した2つのアンケート調査の結果を報告する。1つ目のアンケートは，ブラジル日本商工会議所の日系進出企業会員180社を対象として2011年に実施したもので，Eメールでアンケート票の送付・回収を行った。有効回答数は65社（回収率=36.1％）で，回答企業の主な属性

---

[6] この他，日本人駐在員に対しては，かねてより「ポルトガル語を覚えないし，その努力もしない」「ブラジルの文化を理解しようとしない」といった批判もなされている（移民80年史編纂委員会，1991）。

は，製造業=69.2%・非製造業=30.8%，完全所有=90.8%・合弁=9.2%であった。もう1つは，同じく2011年に群馬，愛知，岐阜，滋賀，兵庫，富山など日系人集住地に在住する日系人（成人）を対象に実施した調査で，原則として各地のブラジル関連団体が関与するイベントや会合等に筆者が出向いて回答してもらうという形式を採用した。有効回答数は157名で，その内訳は一世=0.6%・二世=51.3%・三世=46.2%・四世=1.9%，純血=76.0%・混血=24.0%であった[7]。

## 1. 日系企業による自社の日系人社員に対する評価

在ブラジル日系企業における日系人の雇用は，日本企業のブラジル現地経営における1つの共通パターンであり（植木，1982），日本在外企業協会（2008）の調査では，日系企業の日系人社員比率は平均23%に達している。こうした中，日系企業が自社の日系人社員に対して如何なる認識を有しているのか，次の2つの視点から尋ねてみた。第1の視点は日系人の「社会的信用」の基盤とされる「勤勉・誠実・時間に正確」等の特性に関するもので，非日系人社員と比較して5点法（5=全くそのとおり，4=どちらかと言えばそのとおり，3=どちらともいえない，2=どちらかと言えば違う，1=全く

図表5-1　自社の「日系人社員」に対する評価：
1)「日系人の特性」に関する評価

| 項目 | 全体 | 製造業 | 非製造業 | t値 |
|---|---|---|---|---|
| ①日系以外の現地人社員と比べ「勤勉」である | 3.85<br>（第1位） | 3.91 | 3.70 | 1.014 |
| ②日系以外の現地人社員と比べ「誠実・正直」である | 3.74<br>（第2位） | 3.73 | 3.75 | -0.092 |
| ③日系以外の現地人社員と比べ「時間に正確」である | 3.63<br>（第3位） | 3.64 | 3.60 | 0.215 |
| ④日系以外の現地人社員と比べ「協調性」がある | 3.55 | 3.58 | 3.50 | 0.406 |

---

[7] 両調査結果の詳細については，古沢（2013）を参照されたい。なお，本章では，ブラジルの日系人社会における「混血」の進展を踏まえ，混血に対置する概念として，議論の便宜上，日系コロニアでも聞かれる「純血」という用語を使っている。

違う。以下，同様）で評価してもらった。結果は，提示した4項目ともに全体の平均値が3.50以上を記録した（図表5-1）。進出企業が自社の日系人社員の中に上記特性を明確に見出していることが分かる。なお，「製造業─非製造業」間に統計的有意差はなかった。

　第2の側面は，日系人社員の能力や資質・行動等に関するもので，先行研究を踏まえ，肯定的側面と否定的側面の双方から尋ねている。例えば，肯定的側面としては日本労働協会（1988）で示された「定着率」「忠誠心」の高さなどについて，否定的側面に関しては田中（1998）が論じた「リーダーシップ」の欠如のほか，ブラジル日本商工会議所（2004）や日本在外企業協会（2008）で日本人駐在員が批判している「言い訳が多すぎる」「グローバルな視野が不足している」といった事項に関して質問した。5点法による回答の平均値は「日本語能力に優れる」（4.20）がトップで，「定着率が高い」（3.63），「忠誠心が強い」（3.45）がそれに続いている（図表5-2）。他方，「言い訳」や「グローバルな視野」「リーダーシップ」の欠如など否定的側面については，いずれも平均値が2点台であった。即ち，今回の調査では，先行研究で示された肯定的側面を積極的に評価する一方で，否定的側面を問題視する様子は見受けられなかった。以上のことから，回答企業は自社の日系人社員の能力や資質・行動等に対しても高い評価を下していると言えよう。

## 2．日系企業の人事労務管理の実態

　ここでは，日系企業の人事労務管理面での課題とされてきた「現地化」「グローバルなキャリア機会」及び「日本語能力に関する施策」について見ていきたい。まず，現地化に関しては，社長の84.6％を「本社から派遣された日本人（駐在員）」が占め，「日系人」「非日系の現地人」は各々9.2％・6.2％に留まった。即ち，日系企業には依然として「グラス・シーリング」が残存している様子を看取できる。なお，現地化の進展度については，各企業の操業年数が影響を与えることが予想されるため（Harzing, 2004），設立時期別の分析を行ってみた。紙幅の関係上，表の掲載は割愛するが，50年代～70年代に進出した長い歴史を有する企業においても経営トップの

**図表5-2 自社の「日系人社員」に対する評価:**
**2)「能力や資質・行動等」に関する評価**

| 項目 | 全体 | 製造業 | 非製造業 | t値 |
|---|---|---|---|---|
| ①日系以外の現地人社員と比べ「日本語能力」に優れている | 4.20<br>（第1位） | 4.09 | 4.45 | -1.674 † |
| ②日系以外の現地人社員と比べ「会社への忠誠心」が強い | 3.45<br>（第3位） | 3.44 | 3.45 | -0.032 |
| ③日系以外の現地人社員と比べ「定着率」が高い | 3.63<br>（第2位） | 3.62 | 3.65 | -0.152 |
| ④「会社と労働組合の調整役」として活躍している | 2.52 | 2.44 | 3.00 | -1.096 |
| ⑤「日系コロニアの団体（文協・県人会・援協など）とのパイプ役」として活躍している | 2.43 | 2.27 | 2.80 | -2.000 † |
| ⑥（日本人の感覚からすると）「言い訳」が多すぎる | 2.91 | 2.89 | 2.95 | -0.220 |
| ⑦（日本人の感覚からすると）「自己主張」が強すぎる | 2.68 | 2.71 | 2.60 | 0.473 |
| ⑧（日本人の感覚からすると）「グローバルな視野・知識・スキル」が不十分である | 2.78 | 2.87 | 2.60 | 1.149 |
| ⑨（日本人の感覚からすると）「法令順守」（コンプライアンス）に対する意識が不十分である | 2.57 | 2.62 | 2.45 | 0.695 |
| ⑩日系以外の現地人社員と比べ「リーダーシップ」が不足している | 2.65 | 2.67 | 2.60 | 0.316 |
| ⑪日系以外の現地人社員と比べ「英語能力」が不十分である | 2.57 | 2.62 | 2.45 | 0.754 |

注：†：$p<0.1$。

90.9％を日本人駐在員が占めていることから，日本企業の「現地化の遅れ」は時間的要因では説明しえない事象であると考えられる。また，この点に関連して，筆者が2011年3月にブラジル日本商工会議所へヒアリングしたところ，会員企業で日系人がブラジル現地法人のトップに登用された例は過

**図表5-3 現地人の「グローバルなキャリア機会」を巡る状況**

| 項目 | 全体 | 製造業 | 非製造業 | t値 |
|---|---|---|---|---|
| ①現地人社員が「日本本社へ逆出向」する機会が頻繁にある | 1.71 | 1.67 | 1.80 | -0.437 |
| ②現地人社員が「他の南米諸国へ異動」する機会が頻繁にある | 1.60 | 1.60 | 1.60 | 0.000 |
| ③現地人社員が「日本・南米以外の地域（北米や欧州など）へ異動」する機会が頻繁にある | 1.54 | 1.51 | 1.60 | -0.396 |

去・現在を合わせても18名にすぎないとのことであった。

次に，「グローバルなキャリア機会」に関して，現地人（日系人を含む）の日本への逆出向や他の海外子会社への異動の有無を尋ねた。回答の平均値は提示した3項目ともに1点台で，「国境を越えた人材の活用・登用」が極めて限定的である様子が窺える（図表5-3）。つまり，古沢（2008）が日米欧多国籍企業に対する実証研究を通して明らかにしたように，日本企業には現地人のキャリア機会が当該現地法人内に限定される「第2のグラス・シーリング」が存在することを改めて確認する結果であったと言えよう。また，この点についてもブラジル日本商工会議所へヒアリングしたところ（2011年3月），日系人の本社役員への登用は過去に1件あったのみということであった[8]。

一方，社員の日本語能力に対する施策に関しては，「金銭的手当」を支給している企業は僅か3.1％であった。日系人社員や日系コロニア側からの批判にも拘わらず，状況は変化していないということである。では，社員の「日本語能力向上」に対する支援策等はどうか。結果は「全くない」とする企業が全体の6割に及んだ（図表5-4）。この点でも，先行研究で指摘された状況と同様であるように思える。実施している施策で最も多かったのは，「日本本社への研修派遣」（24.6％）で，「社員の自己啓発による日本語学習

---

8 その後，2014年にホンダサウスアメリカ・リミターダ社長等を務める日系人のミゾグチ・イサオ氏が本田技研工業の執行役員に就任した。

図表 5-4 「日本語能力向上」のための支援策等　　(単位：％)

| 項目 | 全体 | 製造業 | 非製造業 |
|---|---|---|---|
| ①社内で日本語学習教室を開講 | 9.2 | 8.9 | 10.0 |
| ②社員の自己啓発による日本語学習への支援（補助金の支給や勤務時間の配慮） | 23.1 | 20.0 | 30.0 |
| ③受講料を会社が負担して社外の日本語学校等へ派遣 | 9.2 | 11.1 | 5.0 |
| ④日本の研修機関（AOTS：海外技術者研修協会など）へ派遣 | 13.8 | 20.0 | 0.0 |
| ⑤日本本社（事業部・関連会社を含む）への研修派遣 | 24.6 | 26.7 | 20.0 |
| ⑥その他 | 1.5 | 2.2 | 0.0 |
| ⑦支援策等は「全くない」 | 60.0 | 57.8 | 65.0 |

注：複数回答可。

への支援」（23.1％）がそれに続いている（複数回答可）。なお、「社内日本語教室の開講」や「社外の日本語学校への派遣」は実施企業比率がいずれも1割に満たなかった。

## 3. 在日日系人の来日後の変化

　続いて、在日日系人に対する調査に移ろう。ここでは、まず彼（彼女）らの初来日前と現在の「日本語能力」「生活状況」に関して見てみたい。最初に初来日前と現在の日本語能力（話す・読む・書く）について、5点法（5＝問題なくできる、4＝まあまあできる、3＝少しできる、2＝ほんどできない、1＝全くできない）による回答を求め、その平均値を算出した（議論の便宜上、サンプル数が極端に少なかった一世と四世のデータ掲載は省略。以下、同様）。初来日前の全体平均値は「話す・読む・書く」ともに2.50以下であった（図表5-5）。また、日系コロニアでは世代交代や混血の進展に伴う日本語能力の低下が懸念されてきたが、それを裏付けるように、3側面の全てで二世が三世を、純血が混血を上回り、統計的有意差が検出されるなど、属性別の差異が大きいことが分かった。一方、現在の日本語能力は、「初来日前」と比べて「話す」が1.59ポイント、「読む」は1.36、「書く」は1.22アップしており、自己申告による回答とは言え、日系人の日本語能力が向上

第5章　ブラジルにおける日系企業の人事労務管理　119

**図表5-5　初来日前と現在の「日本語能力」**

| | | 全体 | 二世 | 三世 | t値 | 純血 | 混血 | t値 |
|---|---|---|---|---|---|---|---|---|
| 話す | 初来日前 | 2.50 | 2.97 | 2.03 | 4.405*** | 2.82 | 1.46 | 7.257*** |
| | 現在 | 4.09 | 4.21 | 3.99 | 1.466 | 4.14 | 3.86 | 1.570 |
| 読む | 初来日前 | 2.11 | 2.35 | 1.86 | 2.325* | 2.30 | 1.43 | 4.596*** |
| | 現在 | 3.47 | 3.37 | 3.57 | -1.100 | 3.53 | 3.23 | 1.423 |
| 書く | 初来日前 | 2.07 | 2.26 | 1.86 | 1.947† | 2.26 | 1.40 | 4.597*** |
| | 現在 | 3.29 | 3.19 | 3.40 | -1.166 | 3.37 | 3.03 | 1.650 |

注：***：p<0.001，*：p<0.05，†：p<0.1．

**図表5-6　来日前と現在の「生活状況」**

| 項目 | 来日前の状況 | | | | | 現在の状況 | | | | | t値（全体：来日前-現在） |
|---|---|---|---|---|---|---|---|---|---|---|---|
| | 全体 | 二世 | 三世 | 純血 | 混血 | 全体 | 二世 | 三世 | 純血 | 混血 | |
| ①家庭内の会話は日本語が中心である | 2.55 | 3.00 | 2.08 | 2.70 | 2.05 | 2.60 | 2.82 | 2.36 | 2.67 | 2.31 | -0.522 |
| ②日本語の新聞をよく読んでいる | 1.78 | 1.87 | 1.65 | 1.76 | 1.78 | 2.05 | 2.09 | 1.97 | 2.08 | 1.92 | -3.743*** |
| ③日本語のテレビやラジオをよく視聴している | 2.57 | 2.85 | 2.26 | 2.63 | 2.35 | 3.60 (第1位) | 3.88 | 3.26 | 3.67 | 3.32 | -9.076*** |
| ④日本の歌謡曲やJポップをよく聴いている | 3.15 (第1位) | 3.53 | 2.73 | 3.27 | 2.78 | 3.39 (第3位) | 3.56 | 3.17 | 3.35 | 3.49 | -2.524* |
| ⑤スポーツの試合では，ブラジルとの対戦を除き，日本をよく応援している | 3.12 (第3位) | 3.38 | 2.83 | 3.15 | 2.97 | 3.51 (第2位) | 3.68 | 3.31 | 3.59 | 3.24 | -4.491*** |
| ⑥家庭内での食事は日本食が中心である | 2.78 | 3.11 | 2.44 | 2.95 | 2.22 | 2.96 | 3.11 | 2.81 | 3.06 | 2.62 | -2.233* |
| ⑦正月・盆など日本の伝統的風習を強く意識して生活している | 3.13 (第2位) | 3.56 | 2.72 | 3.36 | 2.35 | 3.24 | 3.53 | 2.99 | 3.41 | 2.68 | -1.244 |
| ⑧日本人のビジネスパーソンや日本の企業と交流する機会がよくある | 2.31 | 2.58 | 2.08 | 2.45 | 1.89 | 2.54 | 2.58 | 2.47 | 2.60 | 2.27 | -2.356* |

注：***：p<0.001，*：p<0.05．

している様子が窺える。また，注目すべきは，「二世―三世」間及び「純血―混血」間の統計的有意差が検出されなかったことから，日本での生活・労働を経て属性間の日本語能力の格差が縮小傾向にあると考えられる点である。「読む」「書く」の面では有意差はなかったものの，三世のスコアが二世を逆転している。

次に，来日前後での生活スタイルの変化を探るべく，「家庭内の言語」「日本語メディアへの接触」「家庭内の食事」「日本の伝統的風習を意識した生活」等に関する質問を行った。結果は，全8項目で現在のスコアが初来日前を上回り，うち6項目で有意差が示された（図表5-6）。当然かもしれないが，来日前に比べると日本語や日本の文化に触れる機会が増大していることが分かる。

## 4. 在日日系人が有する日系企業の人事労務管理に対するイメージ

ここでは，在ブラジル日系進出企業の人事労務管理に対するイメージについて，2つの視点から尋ねた。第1の視点は，欧米系企業と比較した場合のイメージで，日本企業・在外日系企業の人事労務管理に関する代表的研究（Dore, 1973；植木, 1982；安室, 1982・1992；林, 1985・1994；White & Trevor, 1985；Bartlett & Yoshihara, 1988；吉原, 1989・1996；石田, 1994・1999；白木, 1995・2006；藤野, 1995；安室・関西生産性本部, 1997；古沢, 2008；Furusawa, 2014 など）に基づき，その特性と考えられる事項を肯定的側面・否定的側面の両面から20項目提示した。分析の結果，全体の集計では，10項目で平均値3.50以上を記録したが，それらはいずれも日系企業の人事労務管理の「弱み」（否定的側面）に関するものであった（図表5-7）。最もスコアが高かったのは「規則が細かく，厳しい」で4.04に達した。また，「人間関係が複雑で雰囲気が堅苦しい」も平均値が4.00を超え，「残業・休日出勤が多く，労働時間が長い」（3.99）がそれに続いている。この他，「現地化の遅れ」や「社内コミュニケーションがスムーズでない」「日本人駐在員との待遇格差」「グローバルなキャリア機会の欠如」「低い賃金水準」「（日系人を含む）現地人マネジャーへの権限委譲が不十分」「人事制度が年功序列的」といった項目が上位に入った。他方，在外日系企業の「強み」（肯定的側面）と捉えられてきた項目に対する評価は必ずしも高くなかった。具体的には，「ホワイトカラーとブルーカラーの格差が小さい」以外はスコアが2点台であった。例えば，「一般従業員のアイデアを上手く吸い上げている」は2.67に留まるなど，「衆知を集める経営」（加護野・関西

第5章　ブラジルにおける日系企業の人事労務管理　121

**図表 5-7　日系進出企業の「人事労務管理」のイメージ：1）欧米系企業との比較**

| 項目 | 全体 | 二世 | 三世 | t 値 | 純血 | 混血 | t 値 |
|---|---|---|---|---|---|---|---|
| ①経営幹部人材の現地化が遅れている | 3.91 | 3.84 | 3.94 | -0.661 | 3.83 | 4.11 | -1.499 |
| ②現地人マネジャーの賃金水準が低い | 3.56 | 3.65 | 3.47 | 1.139 | 3.57 | 3.44 | 0.705 |
| ③人事制度が年功序列的である | 3.51 | 3.51 | 3.53 | -0.130 | 3.55 | 3.31 | 1.260 |
| ④経営理念の共有化が不十分である | 3.24 | 3.29 | 3.19 | 0.652 | 3.22 | 3.28 | -0.347 |
| ⑤グローバルなキャリア機会が少ない | 3.72 | 3.74 | 3.68 | 0.338 | 3.66 | 3.89 | -1.208 |
| ⑥現地人マネジャーへの教育訓練が不十分である | 3.35 | 3.36 | 3.35 | 0.064 | 3.40 | 3.28 | 0.552 |
| ⑦駐在員と現地人マネジャーの待遇格差が大きい | 3.74 | 3.73 | 3.76 | -0.235 | 3.70 | 3.89 | -1.065 |
| ⑧社内コミュニケーションがスムーズでない | 3.83 | 3.81 | 3.81 | 0.044 | 3.85 | 3.73 | 0.575 |
| ⑨人間関係が複雑で，雰囲気が堅苦しい | 4.02（第2位） | 3.89 | 4.14 | -1.726† | 4.06 | 3.86 | 1.150 |
| ⑩社内の規則が細かく，厳しい | 4.04（第1位） | 3.93 | 4.14 | -1.362 | 3.96 | 4.22 | -1.435 |
| ⑪仕事の進め方や手続きの文書化・標準化が進んでいない | 3.03 | 2.93 | 3.11 | -1.183 | 2.95 | 3.32 | -2.033* |
| ⑫責任や権限があいまいである | 2.83 | 2.86 | 2.79 | 0.437 | 2.81 | 2.81 | 0.006 |
| ⑬現地人マネジャーへの権限委譲が不十分である | 3.54 | 3.54 | 3.56 | -0.077 | 3.48 | 3.75 | -1.598 |
| ⑭残業や休日出勤が多く，労働時間が長い | 3.99（第3位） | 3.85 | 4.13 | -1.772† | 3.99 | 3.95 | 0.242 |
| ⑮雇用が安定している | 2.92 | 2.90 | 2.94 | -0.214 | 2.96 | 2.89 | 0.276 |
| ⑯一般従業員のアイデアを上手く吸い上げている | 2.67 | 2.80 | 2.55 | 1.430 | 2.68 | 2.57 | 0.547 |
| ⑰ホワイトカラーとブルーカラーの格差が小さい | 3.25 | 3.28 | 3.28 | -0.016 | 3.21 | 3.32 | -0.542 |
| ⑱学歴不問でマネジャーに登用される | 2.75 | 2.80 | 2.74 | 0.362 | 2.78 | 2.68 | 0.500 |
| ⑲労働組合との関係が良好である | 2.92 | 2.95 | 2.92 | 0.221 | 2.91 | 2.89 | 0.128 |
| ⑳レクリエーション活動が充実している | 2.95 | 3.05 | 2.90 | 0.762 | 2.93 | 2.97 | -0.182 |

注：*：$p<0.05$，†：$p<0.1$。

生産性本部，1984）が日系企業の特性として浸透していない様子が窺える。なお，「二世—三世」間，「純血—混血」間で有意差が検出されたのが3項目のみであったことから，これらのイメージは属性を越えて概ね定着しているものと思われる。

　第2の視点は，日系人に対する人事労務管理のイメージである。先述したように，在ブラジル日系企業に関しては，日本語能力を巡る日系人との意識のギャップや日本人駐在員の日系人に対する態度・言動など日系人社員に特有の問題点が指摘されてきた。こうした中，提示した6項目に対する在日日系人の回答は，「日本語能力に対して十分な手当を支払っていない」「日系人を日本語能力だけの便利屋として使い捨てにしている」が平均値3.50を超えた（図表5-8）。一方，「デカセギ帰りの活用」については2点台と低かった。ここでも属性間の有意差は認められなかったため，こうしたイメージが「二世—三世」「純血—混血」を問わず浸透していると考えられよう。

**図表 5-8　日系進出企業の「人事労務管理」のイメージ：2）日系人に対する人事労務管理**

| 項目 | 全体 | 二世 | 三世 | t 値 | 純血 | 混血 | t 値 |
|---|---|---|---|---|---|---|---|
| ①日系人社員を「日本語能力だけの便利屋」として使い捨てにしている | 3.53<br>（第2位） | 3.45 | 3.58 | -0.653 | 3.56 | 3.41 | 0.673 |
| ②日系人社員の日本語能力に対して十分な手当を支払っていない | 3.57<br>（第1位） | 3.43 | 3.68 | -1.439 | 3.58 | 3.49 | 0.454 |
| ③日系人社員は，「文化の橋渡し役」として活躍している | 3.04 | 2.97 | 3.11 | -0.760 | 3.06 | 3.05 | 0.030 |
| ④日系人社員は，日本人と現地人社員の「板ばさみ」となり苦労している | 3.22<br>（第3位） | 3.13 | 3.26 | -0.951 | 3.19 | 3.25 | -0.359 |
| ⑤デカセギ帰りの日系人の知識・スキル・経験を十分に活用している | 2.85 | 2.91 | 2.83 | 0.451 | 2.82 | 3.00 | -0.890 |
| ⑥日本人駐在員は，横柄な態度で日系人・日系コロニアを見下している | 3.06 | 2.99 | 3.11 | -0.862 | 3.09 | 3.06 | 0.170 |

## ❺ むすび―日本企業に求められる変革―

　本章では，ブラジルにおける日系企業の人事労務管理の現状と課題について，筆者が実施した2つのアンケート調査に基づき，「日系人の活用」という視点を中心に考察してきた。その結果，ブラジル進出日系企業は「勤勉・誠実・時間に正確」といった特性のほか，「日本語能力」や「定着率」「忠誠心」などの面でも自社の日系人社員を高く評価していることが分かった。しかし，かねてより問題視されてきた「現地化の遅れ」や「グローバルなキャリア機会の欠如」に関して大きな進展は見られなかった。また，「社員の日本語能力に対する施策」の面でも変化はないと言える。具体的には，「日本語能力手当」を支給している企業は殆ど皆無で，日本語能力アップのための支援策を講じている企業も少数派であった。一方，在日日系人に関しては，先行研究で示されたデカセギ現象に対する否定的な論調とは異なり，彼（彼女）らの多くが日本での生活・就労を経て，来日前に比して日本語能力を大きく向上させると同時に，日本文化との接触機会を増やしている様子が明らかになった。こうした日系人の「質的変容」は，日伯文化の「バウンダリー・スパナー（橋渡し役）」（古沢, 2013）となりうる人材プールの拡充に資するものと言えよう。その一方で，在日日系人の日系企業の人事労務管理に対するイメージは，属性を問わず芳しいものでなかった。回答者の頭の中には，これまで日系コロニアにおいて指摘されてきた諸問題や日系企業に勤めて苦労した親世代の背中を見て育った自身の経験等の影響もあり，マイナスのイメージが形成されているのかもしれない。そして，今回の調査で析出した日系企業が自社の日系人社員を高く評価しているにも拘わらず，日系企業の人事労務管理に対する日系人サイドの評価が良好でないという事実は，両者の間の「心理的契約」（Schein, 1978）の機能不全を意味し，日系企業がより有為な日系人を確保・活用する機会を逸してきたことを示唆しているように思える。

　こうした状況下，今後日系企業には以下のような改革が求められよう。第1は人事労務管理施策面の変革で，具体的には「現地化」の推進や日系人を

含めた現地人社員への「グローバルなキャリア機会」の付与，さらには「賃金問題」の改善などに取り組み，自らの「エンプロイメンタビリティ」（選ばれる雇用主となるための企業としての魅力度：高橋，1999；佐々木，2003）を強化して有能人材の採用・定着・活性化を図る必要がある。また，日本語能力に関する施策面での対応も求められよう。ブラジルにおける日本語学習者数は，最近数十年間において全く増えていないが（1965 年 = 約 2 万 2000 人→ 2009 年 = 約 2 万 1000 人[9]），日系企業の日本語能力に関する施策が変われば，日系人の「就職先としての日系企業」を見る目が変化し，それが日本語学習へのインセンティブとなり，ひいては「バウンダリー・スパナー」としての人材プールの拡大・強化につながる可能性もあると考える。そして，日系企業はそうした人事労務管理面での変革を日系コロニア及びブラジル社会全体に情報発信することで，マイナスイメージや先入観の払拭に努めねばなるまい。既述のように，日系人の雇用は日本企業のブラジル現地経営の共通様式であるが，有能な日系人にとって職業とエスニシティは無関係であり，「勤勉・誠実・時間に正確」といった特性を有する日系人は，日系以外の外資系企業や政府系企業からも歓迎される経営資源であることを忘れてはならない（日本労働協会，1988；Cardoso, 1998）。加えて，「便利屋」として扱われたり，人間関係に苦悩してきた親達の姿を知る日系人の中には日系企業を敬遠する傾向すら存在することを認識すべきである（日本在外企業協会，2008）。

　第2に日系企業は日系コロニアとの連携強化を図る必要があると言えよう。その具体的な協力分野の1つは，「デカセギ帰国者の活用」に関わるものである。梅棹（1993）は，移住先における出身民族の文化的特質を支えるものは，文化の源泉地あるいはオリジンとしての出身地との連帯にほかならないと述べ，そうした文化的特質によってこそ現地社会への貢献が可能になると主張している。この視点に立てば，日本からブラジルへの移住が殆ど途絶している今日においては，日系人のトランスナショナルな移動とも言うべ

---

[9] 筆者のブラジル日本語センターへのヒアリング調査による（2011 年 3 月）。

きデカセギ現象は,長年にわたり日系コロニアを悩ませてきた日本語能力や日本人の子孫としてのアイデンティティの低下傾向を反転させる可能性を内包した事象と捉えられる(宮尾,2002)。他方,リーマンショックや東日本大震災以降,ブラジルへ帰国する日系人が目立ち始めている。ブラジル事業展開の拡大が予想される状況下,日系企業と日系コロニアが連携し,デカセギを通して「質的変容」を遂げた日系人の日系企業への就職ルートを構築していくことは人材獲得戦略上も意義あることであると言えよう。

　最後に,上で論じたような諸問題の解決は,中長期の視点によるアプローチを必要とするものであり,現地法人への権限委譲が問題視され,駐在員が数年単位で交代する現状においては,各海外子会社の責任に帰されるべきではない。即ち,日本本社が問題解決にコミットし,日系人・日系コロニア,さらにはブラジル社会との win-win の関係構築に取り組むことが望まれるところである。

### <参考文献>

Bartlett, C. A. & Yoshihara, H. (1988) "New Challenges for Japanese Multinationals: Is Organization Adaptation Their Achilles Heel?," *Human Resource Management*, Vol.27 (1), pp.19-43.

Cardoso, R. C. L. (1998) *Estrutura Familiar e Mobilidade Social: Estudo dos Japoneses no Estado de São Paulo*, São Paulo: Kaleidos-Primus Consultoria e Comunicação Integrada. 二宮正人編・訳(1998)『家族構造と社会的移動性―サンパウロ州に在住する日本人の研究―』Kaleidos-Primus Consultoria e Comunicação Integrada。

Dore, R. P. (1973) *British Factory-Japanese Factory: The Origins of National Diversity in Industrial Relations*, Los Angeles: University of California Press.

Furusawa, M. (2014) "Global Talent Management in Japanese Multinational Companies: The Case of Nissan Motor Company," in A. Al Ariss (ed.) *Global Talent Management: Challenges, Strategies, and Opportunities*, Heidelberg: Springer, pp.159-170.

Harzing, A. W. (2004) "Composing an International Staff," in A. W. Harzing & J. V. Ruysseveldt (eds.) *International Human Resource Management*, Second edition, London: SAGE Publications, pp.251-282.

Lone, S. (2001) *The Japanese Community in Brazil, 1908-1940*, New York: Palgrave.

Schein, E. H. (1978) *Career Dynamics: Matching Individual and Organizational Needs*, Reading, MS: Addison-Wesley.

White, M. & Trevor, M.（1985）*Under Japanese Management*, London: Heinemann Educational Books.

石田智恵（2009）「〈日系人〉というカテゴリーへの入管法の作用—1990年以降の出稼ぎ日系人に関する研究動向—」『Core Ethics』（Vol.5），427-434頁。
石田英夫編著（1994）『国際人事』中央経済社。
移民80年史編纂委員会編（1991）『ブラジル日本移民八十年史』移民80年祭典委員会・ブラジル日本文化協会。
植木英雄（1982）『国際経営移転論—ブラジル日系企業における日本的経営技術移植の実証的研究—』文眞堂。
梅棹忠夫（1993）『世界体験』（梅棹忠夫著作集第20巻）中央公論社。
加護野忠男・関西生産性本部編（1984）『ミドルが書いた日本の経営』日本経済新聞社。
梶田孝道・丹野清人・樋口直人（2005）『顔の見えない定住化』名古屋大学出版会。
小池洋一（2008）「ブラジルの日系企業と労使関係」『月刊グローバル経営』（第316号），4-9頁。
国際協力銀行編（2014）『わが国製造企業の海外事業展開に関する調査報告—2014年度海外直接投資アンケート調査結果（第26回）—』。
国際協力事業団編（1994）『海外移住統計（昭和27年度〜平成5年度）』。
小島祥美（2010）「在日日系子弟への日本語教育の現状と課題」『季刊海外日系人』（第67号），8-12頁。
斉藤広志（1983）『新しいブラジル（新版）』サイマル出版会。
佐々木直彦（2003）『キャリアの教科書』PHP研究所。
佐々木光（2008）「ブラジル投資事情—本格化しつつある日本企業の製造業投資—」『日本貿易会月報』（第662号），30-32頁。
サンパウロ人文科学研究所編（1988）『ブラジルに於ける日系人口調査報告書—1987・1988—』。
サンパウロ人文科学研究所編（2002）『日系社会実態調査報告書』。
白木三秀（1995）『日本企業の国際人的資源管理』日本労働研究機構。
白木三秀（2006）『国際人的資源管理の比較分析—「多国籍内部労働市場」の視点から—』有斐閣。
鈴木孝憲（2008）『ブラジル 巨大経済の真実』日本経済新聞社。
曹希貞（2010）「後発企業の新興市場戦略—ブラジル・サムスン電子の事例を中心に—」『横浜国際社会科学研究』（第15巻第4号），11-28頁。
高橋俊介（1999）『成果主義』東洋経済新報社。
田中信（1998）『地球の反対側から見た「日本」—ブラジルの日本企業を通して考える—』日本図書刊行会。
中川柳田郷子（2010）「『デカセギ』の流れの中に巻き込まれた児童・青少年たち」原田清編著『ブラジルの日系人』トッパン・プレス印刷出版会社，275-293頁。

中隅哲郎(1998)『ブラジル日系社会考』無明舎出版.
二宮正人(2008)「ブラジル労働訴訟の実態と労働法制」『月刊グローバル経営』(第316号), 10-15頁.
二宮正人(2010)「デカセギ現象の過去, 現在および未来」原田清編著『ブラジルの日系人』トッパン・プレス印刷出版会社, 221-268頁.
二宮康史(2011)『ブラジル経済の基礎知識(第2版)』日本貿易振興機構.
日本在外企業協会編(2008)『海外派遣者ハンドブック―ブラジル編―』.
日本貿易振興会編(1975)『ブラジルにおける外資系企業等の人事・労務政策の実態』.
日本労働協会編(1975)『わが国海外進出企業の労働問題―ブラジル―』.
日本労働協会編(1988)『ブラジルの労働事情―日系企業と労働・社会の実態―』.
林吉郎(1994)『異文化インターフェイス経営』日本経済新聞社.
ブラジル日本商工会議所編(2004)『日本からの進出会員企業の現地化に関する第3回調査結果』.
藤野哲也(1995)『比較経営論―ソトに出た日本型経営と欧米多国籍企業―』千倉書房.
古沢昌之(2005)「日本企業の国際人的資源管理における『第二のグラス・シーリング』―『世界的学習能力』構築に向けての課題―」『大阪商業大学論集』(第1巻第1号), 75-90頁.
古沢昌之(2008)『グローバル人的資源管理論―「規範的統合」と「制度的統合」による人材マネジメント―』白桃書房.
古沢昌之(2013)『「日系人」活用戦略論―ブラジル事業展開における「バウンダリー・スパナー」としての可能性―』白桃書房.
法務省編『在留外国人統計』(各年版).
堀坂浩太郎(1995)「出稼ぎ現象と日伯の国際化」水野一監修・日本ブラジル交流史編集委員会編『日本ブラジル交流史―日伯関係100年の回顧と展望―』日本ブラジル修好100周年記念事業組織委員会・日本ブラジル中央協会, 354-365頁.
堀坂浩太郎(2012)『ブラジル―跳躍の軌跡―』岩波書店.
前山隆(1982)『移民の日本回帰運動』日本放送出版協会.
前山隆(2001)『異文化接触とアイデンティティ―ブラジル社会と日系人―』御茶の水書房.
松尾隆司(2010)「『ガラスのコップ』が壊れる時―国際金融危機と日系南米人の生活―」加藤剛編『もっと知ろう‼ わたしたちの隣人―ニューカマー外国人と日本社会―』世界思想社, 122-145頁.
三田千代子(2009)『「出稼ぎ」から「デカセギ」へ―ブラジル日本移民100年にみる人と文化のダイナミズム―』不二出版.
三田千代子編著(2011)『グローバル化の中で生きるとは―日系ブラジル人のトランスナショナルな暮らし―』上智大学出版.
宮尾進(2002)『ボーダレスになる日系人』サンパウロ人文科学研究所.
宮尾進(2010)「ブラジル日系社会の特徴と日伯学園創設の意義」丸山浩明編著『ブラジル日本移民―百年の軌跡―』明石書店, 255-266頁.

安室憲一（1982）『国際経営行動論』森山書店。
安室憲一（1992）『グローバル経営論』千倉書房。
安室憲一・関西生産性本部編著（1997）『現場イズムの海外経営』白桃書房。
吉原英樹（1989）『現地人社長と内なる国際化』東洋経済新報社。
吉原英樹（1996）『未熟な国際経営』白桃書房。
渡辺雅子編著（1995）『共同研究 出稼ぎ日系ブラジル人（上）論文篇・就労と生活』明石書店。

## コラム① 次世代の BOP 戦略

山部　洋幸

### 1. BOP とは何か

　BOP とは，Base of the Economic Pyramid または Bottom of the Pyramid の略で，所得水準で区分した経済ピラミッドの最下層部分を指す（図表①-1）。その基準は年間所得が 1500 ドル未満であることとされ，全世界で BOP 層に属する人々の数は約 40 億人に達し，総人口の約 70%を占めると言われる。こうした中，BOP ビジネスとは BOP 層をターゲットとした事業活動を意味する。また，BOP ビジネスは Inclusive Business（包括的ビジネス）と呼ばれることもある。

### 2. BOP ビジネスに関する議論

　従来，BOP 層は先進国の企業にとって購買力の問題から市場として取り扱われてこなかった。また，販売チャネルがないため，効果的に接近することもできなかった。しかし，Prahalad & Hart（2002）が BOP 層に事業機会があることを訴え，そのアプローチ方法を提示したことで BOP ビジネスに対する関心が急速に高まった。BOP ビジネスに関する議論を時系列に整理すると，「バージョン 1.0」と呼ばれる初期段階では「40 億人に対するビジネス」という表現が用いられた。これは BOP 層で生活している人々が買えそうな商品を販売するというもので，例えば

図表①-1　経済ピラミッド

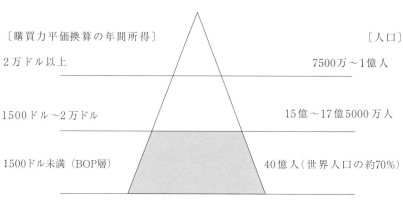

出所：Prahalad & Hart（2002：4）に基づき筆者作成。

シャンプーを洗髪1回分だけ提供するといったアプローチが見られた。しかし，こうした考え方で供給された商品は失敗に終わったものが多く，経済的利益が見込めないため慈善事業に転換したケースもあった。曹（2011）によれば，バージョン1.0に対しては，BOP層の市場規模の算出に問題があるのではないか，BOP層にモノを売りつけるだけで生活水準が上がるのか，といった批判が投げかけられた。これらの批判は，BOPビジネスに関して，経済的利益の追求だけでなく，社会的課題の解決も期待されていることを示唆するものであった。

　こうした中，BOPビジネスの新しい方向性を示したのが，London & Hart (2004) である。London & Hartは24の事例を分析し，多国籍企業がBOPビジネスを行うには「社会的埋め込み」(social embeddedness) の能力が必要であると主張した。「社会的埋め込み」は，①NGOや地元のコミュニティグループといった非伝統的パートナーと協力する，②非伝統的パートナーと現地の実情にあったソリューションを共同開発する，③共同開発したソリューションによってBOP層の自立化を促すローカルキャパシティを構築するという3点で構成される。London & Hartによれば，BOP市場に進出した多国籍企業で成否を分けたのはこれら3つの諸要素の差異であるという。即ち，それは多国籍企業がBOP層の社会状況を深く理解し，BOP市場を動かしている現地特有の経済原理を知ることの重要性を述べたものと言える。別言すれば，London & Hartはバージョン1.0で見られたBOP層にモノを販売するだけのスタイルから脱皮して，地元のコミュニティをはじめとするパートナーとの共同開発やローカルでの能力構築という新たな方向性を指し示したのであった。さらに，Hart（2007：255）は，BOPビジネスの目標は，地域の市場や文化を理解・育成し，地域特有のソリューションを活用して富を創出することにあると主張した。これは，BOP層に対して安価な製品を提供するだ

**図表①-2　BOPビジネスの変化**

| バージョン1.0 | バージョン2.0 |
|---|---|
| ・消費者としてのBOP層<br>・耳を傾ける<br>・価格を安くする<br>・パッケージの再設計や流通網の拡大<br>・NGOによる適切な市場取引関係の成立 | ・ビジネスパートナーとしてのBOP層<br>・対話する<br>・イマジネーションを拡大する<br>・能力を合わせ，共有されるコミットメントの構築<br>・NGOの助けを得て，直接または個人との関係をつくる |
| 「貧しい人に売る」 | 「共同ベンチャービジネス」 |

出所：Simanis & Hart（2008：2）。

けで終わるのでなく，企業がBOP層と協力し，持続可能な経済社会のモデルを構築することが主眼となっている。この持続可能性という点はバージョン1.0であまり触れられていない部分であり，企業とBOP層が共同で価値を生み出す方向に舵を切ったという意味で，London & Hart（2004）やHart（2007）の所説は「バージョン2.0」として類型化されるようになった。つまり，それはBOP層で暮らす人々を販売市場のエンドユーザーという立場に留め置くのでなく，価値連鎖の様々な部分（調達，生産，流通，販売など）におけるビジネスパートナーとして捉える考え方である。以上のようなBOPビジネスの変化は図表①-2のとおり示される。

## 3. むすび

これからの国際経営においては，BOP層を「貧困層」として否定的に見るのでなく，「最も巨大な市場のニーズを知っている人々」と認識することが肝要である。BOP層の人々は価値連鎖のエンドユーザーであると同時に生産者であり，イノベーターでもある。それ故，BOP層とのネットワークを如何にして構築していくかが今後のBOP戦略のキーになると考えられよう。

### ＜参考文献＞

Hart, S. L. (2007) *Capitalism at the Crossroads: Aligning Business, Earth, and Humanity*, New Jersey: Pearson Education. 石原薫訳（2007）『未来をつくる資本主義』英治出版。

London, T. & Hart, S. L. (2004) "Reinventing Strategies for Emerging Markets: Beyond the Transnational Model," *Journal of International Business Studies*, Vol.35 (5), pp.350-370.

Prahalad, C. K. & Hart, S. L. (2002) "The Fortune at the Bottom of the Pyramid," *Strategy + Business*, issue 26

(http://www.cs.berkeley.edu/~brewer/ict4b/Fortune-BoP.pdf：2015年4月9日最終アクセス)．

Simanis, E., Hart, S. L., & Duke, D. (2008) "The Base of the Pyramid Protocol: Beyond "basic needs" Business Strategies," *Innovations*, Vol.3 (1), pp.57-84.

曹佳潔（2011）「BOP研究の系譜と今後の展開―BOP企業戦略の発展パス―」『京都マネジメント・レビュー』（第18号），97-121頁。

## コラム② 新興国市場におけるイノベーション活動について
―リバース・イノベーションの事例―

山部　洋幸

### 1. リバース・イノベーションとは

　新興国市場の重要性が増す昨今，新興国市場で発生したイノベーション[1]を先進国に移転させる動きが見られる。こうした中，注目を集めているのが「リバース・イノベーション」という概念である。リバース・イノベーションに関する定義は，図表②-1のように整理されるが，これら定義の共通点として，従来型のイノベーションの国際移転とは逆の流れであることが指摘できる。即ち，従来型のイノベーションが先進国市場で開発された製品を新興国（発展途上国）に移転することを想定しているのに対して，リバース・イノベーションは新興国向けに開発された製品の先進国への還流現象を意味する。

　本コラムでは，リバース・イノベーションの事例として，米国のGEヘルスケアと日本のホンダのケースを取り上げ，新興国市場におけるイノベーション活動と先進国市場への移転について考察していく。

図表②-1　リバース・イノベーションの定義

| 文献 | 定義 |
| --- | --- |
| Immelt, Govindarajan, & Trimble（2009：124） | 新興国市場に向けた製品の開発とグローバル化のプロセス |
| Govindarajan & Ramamurti（2011：191） | 豊かな国で採用される前に貧しい国で最初に採用されるイノベーション |
| Govindarajan & Trimble（2012：6） | 途上国で最初に採用されたイノベーションであり，先進国へと移転していくことがある |
| 榊原（2012：24） | 新興国に焦点を当てて製品開発し，その後，それを新興国に限定せず先進国へ展開する戦略 |

出所：筆者作成。

---

1　後藤・武石（2001）によれば，イノベーションは製品や技術が市場で受け入れられて初めて実現するものである。よって，本コラムでは，市場で受け入れられている新しい製品や技術をイノベーションとして取り扱う。

## 2. GEヘルスケアの事例

　Govindarajan & Trimble（2012）は，米国の医療機器メーカーであるGEヘルスケアの事例を取り上げている。GEヘルスケアは，インドでの事業展開に当たり，同国の地方の診療所では心電計が設置されていないことに気付いた。従来のGEヘルスケアの心電計は，価格が3000~1万ドルに達し，プリンターやディスプレイとセットになっているため，大きく重い機器であった。また，その使用には熟練した技術が必要で，修理や交換にも多大な費用がかかった。他方，インドの市場環境を見ると，診療所の数は少なく，開業医は大きな設備投資ができず，患者も所得が低く高額の診療費を払えないという状況にあった。さらに，高度医療器を修理できる技師が不足していることに加え，電力不足のため大型機器の運用自体が困難であった。こうした中，GEヘルスケアは，インド市場に適合した価格とスペックの製品を開発するため，特別チームを編成した。この特別チームは「ローカル・グロース・チーム」と呼ばれ，新興国市場でのソリューションを生み出すためのチームであった。このチームの特徴は，GEヘルスケア本社の経営陣直属で，独自の権限を有し，ゼロから製品開発に取り組む点にある。

　その結果，800ドルの携帯式心電計が完成した。部品は自社の専用部品を用いず，汎用部品を使うことによりコストと修理・メンテナンスの問題をクリアした。また，携帯式にしたため，医師が患者のもとを訪問して診察することが可能になった。さらに，バッテリーを搭載した充電式とすることで，電力が不安定な状況下でも作動するようにした。本製品はインドで受け入れられた後，先進国市場であるアメリカにおいても救急医療の現場で用いられるようになった。それは，携帯式であるため，救急車の中での簡易診察という潜在的な需要を満たすものであったからである。また，このモデルは先進国の開業医にも安価な心電計として受け入れられ，194ヶ国で発売されるようになった。

## 3. ホンダの事例

　榊原（2012）は，中国におけるホンダの二輪車事業の事例を取り上げている。日本の二輪車事業は成熟して久しく，かつては長らく世界第1位の生産国であったが，1993年に中国が日本を抜き去った。中国が生産量を拡大させた背景には，日本品を模倣して作った二輪車の存在があった。こうしたコピー二輪車は「安かろう，悪かろう」の域を出るものではなかったが，所得の低い中国の消費者にとっては価格面での訴求力が大きかった。低価格の原因は，その設計思想にある。つまり，従来の日本の二輪車が部品の「すり合わせ」を特徴とするのに対して，中国のコピー車はブロックを組むように部品を組み合わせただけの「モジュラー型」の製品であった。その利点は，すり合わせの手間がかからず，他の部品と互換性もあり，大量生産による規模の経済が働いて低コストで製造できる点にある。そ

の結果，中国では模倣自動二輪メーカーが多数出現し，日系の二輪企業は業績を悪化させていった。こうした状況下，ホンダはコピーメーカーに対して商標権の侵害等の訴えを起こしたが，さして効果がなかった。そこで，ホンダは方針を転換し，2001年に中国の大手コピー自動二輪メーカーの1つである海南新大洲と合弁会社「新大洲ホンダ」を設立した。ホンダはこの合弁事業を通して，部品を安く調達できるようになった。さらに，海南新大洲と取引のあるサプライヤーに技術指導し，中国のコピー車に迫る低価格と先進国基準の品質の両立を実現させた。そして，2002年には新大洲ホンダから中国市場と日本市場の双方に向けた原動機付自転車である「トゥデイ」が発売された。このモデルは当時の日本の相場の半額程度（9万4800円）で提供され，現在でも定番商品の1つとなっている[2]。

## 4. むすび

GEヘルスケアとホンダの事例における共通点は，新興国市場で開発された安価な製品が先進国市場でも受け入れられていることにある。GEヘルスケアのケースは，先進国の救急医療現場で用いられるといったニッチのニーズを掘り起こしたものであり，ホンダのケースは，コピーメーカーが持っていたサプライヤーネットワークと自社の技術力を統合し，低価格で良質の製品を新たに開発したものである。

両社の事例は，多国籍企業に対して，新興国市場の活用に関する新たな視点を提供していると言えよう。即ち，これからの企業経営においては，新興国におけるイノベーションを当該国での市場の創出に留まらず，先進国における新たな市場創出の可能性をも内包した事象として捉えることが肝要である。そして，こうしたリバース・イノベーションが企業のグローバルな競争優位に資することになろう。

**＜参考文献＞**

Govindarajan, V. & Ramamurti, R. (2011) "Reverse Innovation, Emerging Markets, and Global Strategy," *Global Strategy Journal*, Vol.1(3-4), pp.191-205.

Govindarajan, V. & Trimble, C. (2012) *Reverse Innovation: Create Far from Home, Win Everywhere,* Boston: Harvard Business Review Press. 渡部典子訳（2012）『リバース・イノベーション』ダイヤモンド社．

Immelt, J. R., Govindarajan, V., & Trimble, C. (2009) "How GE is Disrupting Itself" *Harvard Business Review*, Vol.87 (10), pp.56-65. 関美和訳（2010）「GE: リバース・イノベー

---

[2] ホンダウェブサイト「製品情報」（http://www.honda.co.jp/TODAY/）による（2015年4月15日最終アクセス）．

ション戦略」『DIAMOND ハーバード・ビジネス・レビュー』（1月号），123-135頁。

後藤晃・武石彰（2001）「イノベーション・マネジメントとは」一橋大学イノベーション研究センター編『イノベーション・マネジメント入門』日本経済新聞社，1-23頁。
榊原清則（2012）「リバース（反転）イノベーションというイノベーション」『国際ビジネス研究』（第4巻第2号），19-27頁。

## コラム③ 新興国での事業展開に際する危機管理・安全対策

古賀　賢次

### 1. 「危機管理・安全対策」はなぜ必要か？

　海外出張・渡航時に，何もその国・地域のことを知らないで出かけるか，知って出かけるかでは大きな差がある。最近，邦人が海外で事件・事故に巻き込まれた報道がインターネット，テレビ，新聞等で大きく取り上げられているが，わが国の外務省は毎年『海外邦人援護統計』を発表している。2013年において日本政府の在外公館などが取り扱った海外における事件・事故などに関わる総援護件数は1万7796件で総援護対象者数は1万9746人であった。うち死亡者数は601人で，過去10年間で3番目に多かった。死因のトップは「疾病」で422人，以下「自殺」62人，「レジャー・スポーツ事故」44人，「交通機関事故」29人，「殺人」10人，「テロ」10人の順になっている。

　今日，出張者・渡航者が最も心配な海外リスクとして，「殺人・強盗などの犯罪」「政変やデモに伴う暴動」「国際紛争やテロ・誘拐」「交通事故や労災事故」「感染症の流行」「大規模自然災害」「メンタルヘルス」などを順に挙げている。もちろん国・地域によっては訴訟や差別・セクハラ・パワハラ問題までリスクの幅は広がる。

　多くの大企業は「危機管理・海外安全対策マニュアル」を作成し，安全対策の専任者を配置するなど組織態勢を強化している。また邦人のみならずナショナル・スタッフの安否確認も対象に取り組んでいる企業もある。企業がかけがえのない社員を海外へ派遣する場合は，安全配慮義務として本人と家族に赴任先事情を指導・周知しなければならない。

### 2. 新興国における治安状況とその対処方法

　外務省は2013年1月アルジェリア南東部イナメナスでのイスラム武装勢力による人質テロ事件，そして2015年1月シリアでのイスラム過激派武装組織「イラク・レバントのイスラム国（ISIL）」による邦人殺害事件，さらに3月チュニジアのバルド国立博物館での武装集団による銃撃テロ事件などを契機に邦人の海外安全に関わる取り組みをより強化している。外務省は海外安全ホームページで，「危険・スポット情報」とともに，「安全対策基礎データ」「テロ・誘拐情勢」「安全の手引き」「医療事情」まで幅広く最新情報を提供している。アクセスして，現地情勢を確認し，どんな注意が必要かを把握していただきたい。また必要によっては英国外務省の渡航情報や米国国務省のそれも参考にされると良い。

本書の対象国の直近の治安状況全般とその対処方法について見てよう。以下は外務省の2015年6月現在の海外安全ホームページから抜粋している。

(1) ベトナム：「近年の経済発展に伴うインフレや地方貧困層の都市部流入等に伴い治安状況は悪化傾向にあります。現在のところ，殺人，強盗等の凶悪犯罪の発生は少ないものの，外国人住宅への忍び込み，屋外でのひったくり，置き引き等が発生しています。日本人旅行者も，空港，市場，路上，ホテル，レストラン等で旅券，現金などの貴重品の盗難に遭うケースが頻繁に報告されています」。

(2) インドネシア：「デモ関係としては，2012年からは，労働団体による賃金引上げ及びアウトソーシング（派遣社員）反対のデモが活発化し，現在に至っています。テロ関係としては，2002年10月のバリ島爆弾テロ事件以降に大規模な自爆テロ事件が4年連続して発生した後，2005年以降3年間は発生していませんでした。しかし，2009年7月，ジャカルタ市内のホテル2ヶ所において同時爆弾テロが発生し，外国人6名を含む9名が死亡，多数の負傷者が出ました。国家警察によるテロ関係者の取り締まりが進められていますが，今なお，テロへの警戒は必要です」。

(3) インド：「宗教間対立や多民族といった複雑な国内事情からジャンム・カシミール州のカシミール過激派を含むイスラム過激派，アッサムやマニプール等北東部諸州における少数民族過激派，また，西ベンガル，ビハール，ジャールカンド等中東部諸州の森林地帯におけるナクサライト武装グループ等のテロ組織が存在し，引き続き活発なテロ活動を行っています。また，インドの大都市においてもイスラム過激派によると見られる連続爆破テロが発生し，多くの市民が死傷しています。従って，日常生活においてもテロの標的となるような危険な場所に近づかない，多数の人が集まる場所では警戒する，公共交通機関の利用や繁華街等への外出の際は周囲の状況に注意を払う等，安全を心掛けるようにして下さい」。

(4) バングラデシュ：「国内のテロ組織と国外のテロ組織とのつながりを指摘する報道や，治安当局の取り締まりでテロ組織が隠し持っていた大量の武器や弾薬などが押収されたとの報道もあるなど，国内においてもテロ組織が存在しており，新たなテロを計画している可能性もあります。シリアにおいて日本人が殺害されたテロ事件をはじめ，ISIL等のイスラム過激派組織またはこれらの主張に影響を受けているとみられる者によるテロが世界各地で発生して

いることを踏まえれば，日本人，日本権益がテロを含む様々な事件に巻き込まれる危険があります」。

(5) ブラジル：「世界的に見ても非常に高い頻度で一般犯罪が発生しています。また，麻薬に絡む組織的な犯罪も多発しています。これらの犯罪の手口は凶悪で，多くの犯行に拳銃等が使用され，抵抗すると殺害される可能性があります。観光地においても凶悪犯罪が多発しているため油断できません。また，ファベーラと呼ばれる貧民街は犯罪の温床地域であり，立ち入った者が殺害されることもありますので，絶対に立ち入らないで下さい」。

## 3. 企業が海外進出時にやらねばならないこと

　企業は進出前に必ずフィージビリティ・スタディを行っている。同じように海外勤務予定者のための住宅，学校などのインフラ，そして治安面なども調査すべきである。赴任先で戦争，クーデター，テロ・誘拐事件，あるいは社員が重篤な病気に罹った場合など，いわゆる緊急事態発生前，発生時，発生後において企業がどこまで迅速かつ的確に対応できるかが重要となる。企業が行うべき危機管理・安全対策については，図表③-1に示した3段階に整理して明確にしておくとよい。
　企業は経営戦略として「危機管理・安全対策」を講じて社員への安全配慮義務と責任を果たさねばならない。その目的は次の3点である。

**図表③-1　段階別の危機管理・安全対策**

| | 緊急事態発生前 | 緊急事態発生時 | 緊急事態発生後 |
|---|---|---|---|
| 日本企業<br>（危機発生国・地域） | ・在外公館と連絡体制構築<br>・模擬訓練（マニュアル）<br>・情報収集 | ・在外公館，相手国政府等関係機関に連絡<br>＜マニュアルに従い対応＞<br>・本社への連絡／滞在者数の確認／安否確認／避難 | ・本社への連絡／滞在者数の確認／安否確認／避難<br>・犠牲者の遺体の搬送<br>・危機発生に伴う当該国政府との折衝支援 |
| 日本企業<br>（　日本本社　） | ・マニュアル作成<br>・日本政府との連絡体制構築<br>・マニュアルに基づく模擬訓練 | ・海外拠点等からの連絡発生時の政府連絡の確認（24時間体制）<br>・外務省に連絡（連携）<br>・必要に応じて所管官庁に連絡<br>・報道対応 | ・人命を失った被害者家族への精神的なケア<br>・被害企業への補償制度<br>・契約履行中断での経済的損失や危機発生時に生じる費用<br>・報道対応 |

出所：『在留邦人及び在外日本企業の保護の在り方等に関する有識者懇談会報告書』(2013)に基づき筆者作成。

①事件・事故や危機にできる限り遭わないように，また起こさぬように対策を取る
②事件・事故や危機が発生したら，被害を最小限に食い止めるように対策を行い，企業価値を高める
③事件・事故や危機に再び見舞われないように対策を取り，業務の早期復旧と事業継続を図る

さらに次のことも肝要である。
①赴任前研修を実施し，危機管理・安全対策について教育する
②定期的に危機管理・安全対策をアセスメントする
③万が一，国外へ脱出する事態になった場合，普段より海外拠点の安全対策をローカルスタッフにも周知徹底することで，日本人勤務者の国外退避策が選択肢であることを理解せしめる

## 4. リスクを正しく認識して備える

海外勤務者本人は，「自分と家族の安全は自分で守る」という認識と自覚が必要である。そのためにも次のことに留意していただきたい。

(1) 未然に防ぐ心構え
　①常に慎重に落ち着いて，細心の注意を払い行動すること
　②身の周りで普段とは違う兆候を察知すること
　③治安情報をできるだけ幅広く収集すること

(2) 常日頃から不測の事態への準備
　①防犯体制（自宅，勤務先）の整備
　②2週間程の備蓄品（食料・水など）の準備
　③緊急連絡先（本社，在外公館，危機管理会社，保険会社など）の整備
　④情報収集手段（衛星電話，インターネット，ラジオなど）の確保
　⑤国外脱出方法の確認及びパスポート・現金などの管理

(3) 事件・事故発生時の適切な対応
　①被害届を速やかに最寄りの警察署へ届ける。同時に在外公館にも報告する
　②些細な事件でも日本本社に報告する

## 5. 外務省の安全対策強化の取り組み

2015年2月に外務省は在外邦人の安全対策強化のために直ちにとりかかるべき

施策を公表した。その骨格はつぎの通りである。
(1) SMS（ショートメッセージサービス）による在留邦人への緊急一斉通報システムの運用開始
(2) 短期渡航者のための登録システム「たびレジ」の利便性向上・広報強化
(3) 海外安全ホームページのスマートフォン対応
(4) 日本人学校の警備強化
(5) 在留邦人向け安全対策セミナーの実施

また5月には，「在外邦人の安全対策強化に係る検討チーム」による提言が，外務大臣に提出された。これにより邦人の安全対策はさらに強固なものになっていくと期待される。

## 6. むすび

今後，新興国へ企業の進出がより活発化していくと予想されるが，そこには海外リスクも伴う。特に，インドネシアでは，イスラム過激派武装組織「イラク・レバントのイスラム国（ISIL）」のジハードに参戦後帰国したイスラム教徒によるテロのリスクが高まっているので事前の安全査定が必要である。テロの対象として日本を名指しするなど，今後も日本人が被害に遭う可能性は排除できず十分な警戒が必要である。またインドに進出する日系企業が一層増加し，工場等が地方に拡散して行く傾向にある。治安の面からはアルカイダがインドに拠点を構築しているとの情報があるほか，共産ゲリラ（マオイスト）の動向も注視していくことが肝心である。前述したように，海外へ出張・渡航前に外務省の海外安全ホームページから渡航先国を選択し，現地の治安状況や情勢を正しく理解していただきたい。危険な国・地域では自分が標的になるかもしれないという警戒心も忘れてはならない。

今後，過激派武装組織 ISIL などテロの脅威が高まる可能性から，海外の最前線で活躍している企業の方々と在外公館とが情報を共有することはもちろんのこと，連携強化がより重要になっていくと思われる。「危機管理に王道はない」と言われるが，異国では悲観的に準備して楽観的に行動したいものである。

# 第2部

# 事例研究編

# 第6章 ベトナムにおける人事労務管理の実際

―カネカ・ファーマ・ベトナムにおける
採用・教育・評価・処遇と定着率向上に向けた取り組み―

カネカ・ファーマ・ベトナム
元工場長　津田　正彦

 カネカ・ファーマ・ベトナムの概要

## 1. 事業内容

　私は1985年に鐘淵化学工業（現カネカ）に入社し，高砂工業所で「カネカロン」という合成繊維の研究室に配属された。その後，カネカ・ファーマ・ベトナム（Kaneka Pharma Vietnam Co., Ltd. 以下，カネカ・ファーマ）のマザー工場となる大阪工場の医療器課に転勤となり，国内関連会社への出向を経て，2006年から約2年半，カネカ・ファーマに工場長として赴任した。カネカ・ファーマは，2006年2月に設立されたカネカの100％出資子会社で，ホーチミン市の北方約17kmにあるビンズオン省「ベトナム・シンガポール工業団地」（VSIP-1）に入居している。事業内容は心臓手術に使われるカテーテルの製造である。具体的には，原材料を日本から免税で輸入し，半製品（約9割の完成度）を組み立て，それをカネカの日本の工場に送って最終製品として仕上げる。

## 2. 工場建設と立ち上げ

　私は，カネカ・ファーマの工場建設から携わった。2006年4月にボーリング調査を開始し，地質の確認をした。そして，翌月から工場建設に入り，2007年1月に完成，7月から商業生産を開始した。なお，起工式の様子は地元のテレビで放映された。

　工場の建屋は平屋で，半分がオフィス・実験室・会議室・食堂等で構成さ

れるアドミニストレーション・ゾーンで，残り半分が製造現場である。現場はクリーンルームで原料・鋼材倉庫と製品倉庫を併設している。

工場のオペレータは全員女性であるが，ベトナムの女性は身長が低く，細身の人が多いので，作業机を日本の工場より低くした（日本=750〜800mm→ベトナム=700mm）。その他の設備は天井材から床材まで全て大阪工場で使用しているものを持ち込んだ。但し，エアチューブは大阪工場では青色であったが，ベトナムでは国旗に使われている赤色にした。

## 3. 組織概要

日本人駐在員は，会長，社長と工場長の3名であった。会長は品質保証，社長はアドミニストレーションとアカウンティング・人事労務管理の責任者を各々兼任することとした。工場長（私）の職務は工場全体の管理及び運営であるが，1人で何役もこなさなければならない。具体的には，まずISO13485に準拠した製造業務の管理・監督が挙げられる。これはISO9000・9001シリーズの医療器版である。また，設備の調達のほか，原料調達や製品輸出などの輸出入業務，さらには日本からの製造技術の移管，原価管理や在庫管理も担当した。加えて，人事労務管理関連では従業員の採用・教育・評価・昇格と現地化推進に向けた業務があった。

私が帰国する直前の2009年6月の時点で，オペレータ（ワーカー）は約45名で全員女性であった（2013年11月現在のオペレータ数は約90名）。また，エンジニアには日本のカネカに研修生として来ていた2名（男性）を採用した。そして，スーパーバイザー（係長）は日本語が堪能な女性を起用した。従って，クリーンルーム内での業務については，私が彼女に日本語で指示して，それを彼女からオペレータにベトナム語で伝えてもらうというスタイルを取った。その他の場面では，日本人駐在員とスタッフ（スーパーバイザー・エンジニア・アカウンタント以上のホワイトカラー）との会話は英語を用いた。

**人事労務管理関連の業務**

### 1. 従業員の募集

オペレータについては，会社の正門に採用案内を掲示して募集した。そこには，業務内容・勤務時間・給与のほか，18〜24歳の女性に限ること等が書かれてあり，仕事を探している人などがバイクでやって来て内容を読んで帰っていく。そして，それが家族や友達などに口コミで伝わり，応募者が集まるという仕組みである（履歴書は正門の守衛に届ければよい）。一方，スタッフの場合は，インターネットや新聞で募集したほか，人材会社を活用した。当時不足していたのはエンジニアで，1年くらいの間に賃金が約3倍に高騰した。また，アカウンタントについても採用に苦労した。

我々が求めたオペレータは，①真面目な人，②視力がよく，手先が器用な人，③落ち着いて根気よく持続して作業できる人，④丁寧な人，⑤頭の回転が速い人，⑥嘘をつかない人（正直な人），⑦ミスをしない人である。選考の手順としては，まず履歴書をチェックする。その際，丁寧に書いてあるかを確認し，書類自体が汚れていたり，破れていれば不可とした。また，提出日を記入していない場合や日付が数ヶ月前になっているケースもアウトである。その他，医師の診断書は正式なものか（医師のサインがあるか：ベトナムでは医師のサインのない偽の診断書が売られているという噂もある），職歴は正直に記入しているか，職を短期間で転々としていないか，年齢が記載されているかなどをチェックした。このうち，診断書については生産品目がカテーテルという医療器であるため，病気にかかっていないことを確認すべく，血液検査の結果を添付するよう求めた。内定後の健康診断で引っかかって採用を中止するとなると無駄が発生するので，書類選考の段階でチェックするようにしたわけである。また，同じ履歴書を他の会社にも使い回ししているような形跡が見られる人についても採用しないこととした。

### 2. 採用試験

採用試験では，数字の1〜10を5行にわたって記入させたり，アルファ

ベット（大文字のA〜Zと小文字のa〜z）を書かせる，四則計算や時間計算（10分間，40問）をしてもらうといったテストを課した。オペレータは職務として作業記録書を作成しなければならないゆえ，数字や文字を正しく記入できることを確認する必要があったのである。特に，ベトナム語には英語のfやzがないので，それらを書けるか否かをチェックした。また，手先の器用さを測定すべく，ビーズ（最大60個）をピンセットでつまんで，指定されたシートの上に置いたり（1分×3回），ビーズにテグスを通すといった「ビーズテスト」も実施した。その他，視力については，ベトナムの視力検査結果の表記は日本と異なるため（1〜10の10段階），我々は日本の視力検査表を使って運転免許が取れる0.7以上であることを求めた。身長に関しては，あまりに低いと棚から物を取れないので148cm以上とした。しかし，148cm未満でも優秀な人材が多くいることが分かってきたので，この基準は1回で廃止した。

　続いて，面接を実施した。当社側は会長，社長，工場長と通訳が参加し，1回に3人ずつ面接した。当初は日本語をベトナム語に通訳していたが，その後は英語からベトナム語へと変更した。内容は，①自己紹介，②職歴の確認，③志望動機，④当社のイメージ，⑤当社の事業内容（製品を知っているか），⑥自分の性格，⑦日常生活（掃除や裁縫をするか），⑧通勤時間，⑨将来の夢，⑩その他，である。性格や日常生活について尋ねたのは，クリーンルームでは衛生管理が重要で，細かい作業もあるためである。通勤時間については，なるべく1時間以内の者を採用した。これらに加えて，爪の長さと手のひらの発汗状態も大切なポイントである。カネカ・ファーマの作業では，親指と人差し指が非常に重要となるので，爪が出ていないか，爪の中にゴミが入っていないか，マニキュアをしていないかを確認した。また，発汗状態については，製品の汚れにつながる恐れがあるためチェックした。なお，これらの点については入社後も清潔な状態を保つよう折に触れて注意喚起をした。

　採否は，前述の数字記入などの筆記試験と面接に基づき判定したが，実際には応募者が100人いたとしたら，書類選考で60人に絞り，筆記試験を経

て30人を面接するという形で進めた。

## 3. 教育訓練
①導入教育

　入社内定者に対しては，就業規則や工場概要・製品の説明，環境・衛生ルールのレクチャーなどの導入教育を6日間実施した。製品に関しては，日本でテレビ放映されたカテーテル治療の様子のDVDを3例ほど上映して，自分たちの作る製品が患者の体内に入るものであることを認識してもらった。また，クリーンルームに関しては，日本で制作した手洗い方法に関するビデオを3回以上見せてトレーニングした。続いて，実技訓練として，製品の組み立て，部品の組み立て，チューブのカットや溶着，作業記録書の記入方法や作業標準書について教育した。例えば，「20mmにカットして下さい」という指示を出し，実際の結果との寸法差をチェックするとともに，30cmのJISの定規を渡して「(差を) 目盛り幅1つまでにしなさい」といった指導をした。また，作業標準書は日本語からベトナム語に翻訳したものを用い，その読み合わせした後，理解度テストを実施した。

　また，適性試験として，108ピースのパズルの組み立て (1時間) や，プレート載せテスト (1分×3回)，さらには入社試験で実施したビーズ置きやテグス通しを再度行ったりして，積極性，作業の精度，やる気，根気，本気，勇気，元気の状況をチェックした。パズルは風景画や花，ディズニーのキャラクターなど様々なものを用いた。私からは「外から組む方がやりやすい」ことをアドバイスしたが，いくら言っても従わず，真ん中から作ろうとして完成できなかった者がいた反面，素直に聞き入れた人は30分程度で完成した。プレート載せテストは，細いパイプを立てて，その上に薄いプレートを1枚ずつ載せていくというものである。これにもコツがあるが，このテストを通して，そうしたコツをすぐに会得できる人材か否かということをチェックした。なお，これらの導入教育においては，全員にペンとノートを渡して，メモを取ってもらいながら進め，最後にテストを実施した。

　こうした6日間の教育を経て，さらに本採用者を絞り込んだ。ベトナムで

はいわゆる「6日間ルール」と呼ばれるものがあり，内定後6日以内に正式の採否を決定しなければならない。但し，判断がつきにくい場合は，トレーニング期間として1ヶ月間雇用してみて，その結果，駄目な場合は採用しなくても構わない。本採用となった者については，労働契約を締結する。カネカ・ファーマでは，当初3年契約であったが，その後2年契約に変更した。労働法では，有期の契約の延長は1回限りとされており，2回目の更新からは期間に定めのない契約へと移行するので，人材をしっかり見極めることが肝要である。なお，カネカの大阪工場では毎年ベトナムからの研修生を受け入れていたが，彼（彼女）らに対してもカネカ・ファーマと全く同じテストを課して，スキルや性格を見定めていた。ベトナムでの経験・ノウハウが逆移転されたわけである。また，日本ではトランプの神経衰弱で記憶力を測定したり，ジェンガ（テーブルゲーム）を実施して手の震えや慎重さもテストしていた。さらに，実技訓練に入る前に，専門用語も含めて2ヶ月間日本語の研修を行っていた。

②配属後の教育

　内部教育としては，QAスタッフがISO等についてオペレータに教育したり，他のスタッフがオペレータに対する日本語教育を実施した。また，英語については外部講師に当社へ来てもらってスタッフとオペレータに3ヶ月間のトレーニングを施した。この他，ベトナムの公的機関から講師を招き，ベトナム語で5S（整理・整頓・清掃・清潔・躾）について教えてもらったこともあった。さらに，消防警察に依頼し，消火器の使い方を学ぶ訓練などをしていただいた。外部教育に関しては，VSIP-1内で開催されるリーダーシップ研修にスーパーバイザーとリーダー（職長）を派遣したこともある。

### 4. 勤怠管理

　カネカ・ファーマの勤務時間は7:30～16:30で，11:45～12:45を昼食休憩としている。交替勤務も試験的に導入し，残業に依存しすぎることがない体制を目指した時期もあったが，未だ本格的にはできていない。ちなみに，

ベトナム人社員の中には昼食後に15分ほど昼寝をする者が多かった。おそらく騒音など住環境が悪く，睡眠不足なのであろう。当初，社員たちはロッカールームの床の上で寝ていたので，私がたまりかねてスポンジ入りのマットを用意した。残業については，「2時間未満の場合は15分間の休憩，2時間以上では30分の休憩」という規則があり，割増は1.5倍である。また，当社では簡単な残業食（果物が喜ばれるのでバナナやリンゴ）も出していた。祝日の出勤は3倍の割増である。カネカ・ファーマの休日は，日曜・祝日と第1と第3以外の土曜日で年間90日未満であるが，ベトナムではこれでもまだ多い方である。完全週休2日制の企業はなかったように思う。当社が入居していたVSIP-1では日曜日だけが休みの会社も数多くあった。いずれにせよ，駐在員は日本勤務時よりも年間の出勤日が1ヶ月分以上増えるので，その点は覚悟しておく方がよい。また，ベトナムの産休期間は当時4ヶ月であった。カネカ・ファーマの場合，18〜24歳という若い女性が主力であるため，妊娠している者（未婚の場合もある）が全従業員の2〜3割に達したこともあり，その分を補う人員を確保しておく必要があった。また，妊婦に対しては，退社時間を1時間早めるといったルールが細かく決められていた。

## 5．賃金管理と人事考課

賃金は「基本給＋技能給＋役職手当＋諸手当」で構成される。等級は，1年目は初任，2年目は中堅，3年目はベテランという区分けにした。基本給については，カネカ・ファーマは高度医療機器の部品製造を行うため，政府が定める最低賃金よりも若干高めに設定した（当時の最低賃金であった約60ドルに約10ドルを上乗せ）。技能給は，技能レベルを「見える化」するために各人（顔写真入り）の星取表を作成し，それに基づき算出した。星取表には作業の難易度に応じた加算係数（1〜4）が記載してあり，技能レベルがポイント化されるとともに，ポイントごとの技能給を示した付表も掲載されている（技能レベルの認定制度については後述）。役職手当は，トレーナー（班長），リーダー（職長），スーパーバイザー（係長）に対して，5〜

20ドルを支給した。諸手当には，通勤手当（10ドル程度）のほか，皆勤手当（7ドル程度），さらには残業手当が含まれる。その他，臨時手当（ボーナス）として1ヶ月の給与相当分を支払った。

人事考課は，オペレータは半年に1回，スタッフは年1回実施した。また，オペレータの契約更新は毎年9月と3月に行った。

## 6. 離職率低減に向けた取り組み

私が駐在した操業開始当初，ローカル社員の離職率は，オペレータが年50％，スタッフも年20％に達していた。一生懸命教えても，半年や1年で辞めてしまうので悲しい気持ちにもなったが，赴任後1年が経った頃からは，若年層が全人口の30％以上を占めていることからも窺えるように，ベトナムの労働市場には豊富な人材がいるので，それを積極的に採りにいこうと気持ちを切り換えた。

一方で，離職率の低減に向けて次のような取り組みを行った。第1は給与に関するもので，先述したとおり賃金水準をVSIP-1の平均よりも10ドルほど高く設定した。第2は食事（会社負担）で，これもVSIP-1の平均は一食当たり1万ドンであったが，カネカ・ファーマは1.5万ドンのコストをかけた（1ドン＝約0.0054円：2015年10月時点）。ベトナムの会社運営では食事が重要なインセンティブであり，当社では最高レベルのものを提供して「おいしいご飯が食べられますよ」「会社には水も食べ物もあるので，来なさい」というメッセージを従業員に対して発した。第3は休日で，日曜日だけを休日とする企業も多い中，当社では既述のように土曜日を隔週で休みとした。第4は誕生日会や新年会，社員旅行など社内イベントの開催である。誕生日会は毎月1回実施し，昼食に特別料理とケーキを出して，記念品もプレゼントする（毎月2〜3名が対象）。新年会には殆ど全員が出席し，豪華な食事，コンテスト，カラオケ大会，大抽選会などを行う。全員正装で女性はアオザイで参加した。ゴルフ場の施設を貸し切って実施したこともある。抽選会で最も高価な商品は25型のテレビであった。加えて，お年玉も渡した。額は会社から10万ドン，私（工場長）から5万ドンである。何故5万ドン

かというと、ベトナムでは赤が縁起の良い色なので、赤色である5万ドン札とした次第である（10万ドン札は緑色）。また、従業員からはその日は化粧をしたいので、午後は休みにしてほしいという要望が出てそれを認めたりもした。テレビをもらった人などは家族がバイクで迎えに来て積んで帰る。社員旅行は毎年10～11月に日帰りバス旅行という形で、ホーチミンの南東約100kmに位置する海辺のリゾート地のブンタオなどへ行って、皆で美味しい料理を楽しんだ。この他、当社独自で記念日を設けるなどした。念願かなって目標達成した時に「＊＊達成記念日」、製造の開始から1年経過した時点で「製造開始記念日」を作るなど、できるだけ皆で達成感を味わえるようにした。これら記念日には従業員と食事に出かけたりした。例えば、達成記念日にはサイゴン川のサンセットディナークルーズに参加した。ベトナムの女性は小柄であるが、ビールをよく飲む。乾杯を1人ずつすると参加者が50人の場合は私1人で50杯以上のビールを飲むことになるので大変であったが、ともかくこうしたイベントの開催を通して懇親を図った。その他、従業員が若いので、2～3ヶ月に1回、結婚式に出席させていただく機会があり、ベトナムの田舎を知ることもできた。なお、私の送別会では、オペレータやスタッフとショーを観に行って、貝殻や卵の殻をボードに貼り付けたシェルアート、エッグアートと呼ばれる記念品をもらった。かなり高価なものと思うが、皆がお金を出し合ってくれたようである。

## 7. 人事労務管理のポイント

①人材を見極める能力

　カネカ・ファーマでは、QA・QC部門のスタッフの採用に苦労した。当時のベトナムではISO9001といった一般的なISOしか知らない人が大半であったので、その経験者を採用してISO13485が求めるレベルにまで引き上げていくという方法をとった。また、エンジニアについては、前述のとおり賃金が高騰しており、採用試験にはエンジニアとは呼べない人も来るので注意しなければならない。その他、アカウンタントに関しては、ボスクラスになると月給が駐在員と変わらないくらいにもなった。製造部門についても工

場ライン全体の管理ができる人材（私＝工場長の後任）を採用しようとしたが，上手く行かなかった。やはり，履歴書の記載内容をしっかりと読み込むとともに，実際に話をして人材を見極める力が必要であると感じた。

②英語力と異文化理解力

赴任に際しては，第1に世界共通語としての英語力が必要不可欠である。ベトナム語の習得は，オペレータも含めローカル社員全員が先生であるので，着任後でも可能である。カネカ・ファーマのスタッフなどは私のベトナム語の発音が悪いと，上手くできるようになるまで逃がしてくれなかったが，おかげで私も上達することができた。要は，英語にしろ，ベトナム語にしろ，自分の言葉で語り，相手を動かし，仕事をさせることが肝要である。第2はその国の国民性や文化を理解することである。相手を理解せずに，人を使うことはできない。身なりや言語，習慣なども含めて，その国の国民になりきるよう努めることである。頭ごなしに言うだけでは駄目で，ローカル社員と食事やカラオケに行ったりして，付き合いの中から国民性や文化を感じ取っていく。私の場合，ベトナム語の歌もたくさん歌えるようになった。

## ❸ 製造管理

### 1. 作業認定制度

オペレータには「作業認定制度」を導入した。これは，年初にオペレータごとに「何をどのレベルまで教えるか」というトレーニングニーズを設定した上で教育訓練を施し，ある作業ができるようになったと思われる段階で実施する卒業試験のようなものである。そして，合格すればその技能が星取表に加えられる。具体的には，作業標準書に基づいてトライアルで作業をさせ，その出来栄えを目視や耐圧試験，引張試験を通してチェックする。かなり厳しい制度で，トレーニングについても，その内容・実施日・指導員などについて記録し，工場長がサインした上で保管し，卒業試験の合格者だけがその作業に従事できるようにすることで製造品質を担保するようにした。

## 2. 工程監視と生産会議

　工程監視については，「決められた事を頑なに守らせること」「勝手に方法を変更させないこと」を目的とし，日常的にはそれをローカル社員9名（スーパーバイザー1名，リーダー4名，トレーナー4名）による体制で実施した。なお，これら9名には別々の色のリボンを着用してもらい，誰がどの工程にいるかが分かるようにした。

　また，毎月1回，スタッフとオペレータが全員参加して生産会議を開催した。ここでは各月の生産量のほか，試作や輸出入等に関わる特記事項を説明し，従業員の情報レベルを統一した。さらに，全体会議終了後は製造部門とQA・QC部門の者が居残り，前月度の製造不良率の報告に加え，不具合の内容解析，今後の対策等について話し合った。日本人駐在員からはQCの手法や活用法などを教えた。なお，生産会議では，当初は英語の資料を使用していたが，やがてローカル社員が主体となってベトナム語で資料を作成して会議を進めていけるようになった。

 ベトナムでの衣食住と生活面の留意点

### 1. 衣食住に関する状況

　ベトナムの衣服は非常に安く，例えばワイシャツは8ドルも出せば良質のものが買える。従って，駐在の際は現地で買った方が良い。但し，5ドル以下の服は1度の洗濯で駄目になることもあるので要注意である。通常勤務日の服装としては，半袖のシャツとスラックスで十分で，上着は不要である。また，休日はTシャツとジーンズ，サンダルで過ごす。ちなみに，ベトナムではこのスタイルが最も格好が良いと思われているらしい。

　食事は香草（パクチー）が苦手な人は慣れるまで少し時間を要するかもしれない。また，貝や魚，蟹，肉などは衛生面に気をつけて少しずつトライしていけばよい。海老を焼いたり，ココナッツベースでボイルした料理や山羊の胸肉などは美味であった。ベトナムで有名な魚醤（ヌックマム）は酸っぱいが，ピリッと辛いヌットゥーンという辣油ベースの醤油もある。飲み物に

ついては，ベトナムは硬水で生水は飲まない方がよい。また，氷は円柱形で中に穴があいているものは信頼できるが，それ以外のものは注意すべきである。アルコールには，ベトナムの地ビールである「サイゴン」の赤または青や「333」（バーバーバー）というブランドがあるが，冷えていないものも多く，現地の人にとっては氷を入れたジョッキにビールを注ぐのが通常である。シンガポールブランドのビールもある。その他，ネップモイと呼ばれるアルコール度数が45度にも達するウォッカ等がある。果物ではドリアンが良く知られているが，匂いが強烈なため当初は私も苦手であった。だが，次第に慣れて美味しく感じるようになった。

　住環境については，ホーチミンは暑いので冷房がないと夜眠れない。また，窓ガラスは一重なのでバイクの音をうるさく感じるだろう。私の場合，赴任してから最初の2ヶ月間はホテル住いで，その後ホーチミン市内のアパートに移った。当初は約40㎡のアパートであったが，閉塞感があり辛いので，約65㎡（2部屋）のところへ移動した。家賃は月1500ドルくらいであった。出勤の際は，社用車がカネカ・ファーマの日本人駐在員をホーチミン市内の数ヶ所でピックアップしてVSIP-1へ向かった。

## 2. 生活面の留意点

　まず留意すべきは盗難である。私の妻がスリにあって，現金と携帯電話を失ったという苦い思い出がある。また，交通については，車が歩道を走行したり，逆走したりするのが当たり前といった状況で，交通ルールが守られていない。一方，病気に関しては，食べ物や水，蚊などから感染することがあり，マラリア，破傷風，日本脳炎，デング熱になった日本人もいた。従って，森の中へ入る時などは気をつけた方がよい。A型及びB型の肝炎の予防接種も受けていただきたい。日本人の医師がいる病院もあるので安心だが，現金で治療費を支払った後に保険金を請求するという形になる。その他，ベトナムの通貨は50万ドン，5万ドン，10万ドン，2万ドン，1万ドンの紙幣があるが（硬貨は殆ど流通していない），描かれている人物は全て初代大統領のホーチミン氏で，特に2万ドン札と50万ドン札はいずれも青色

で間違えやすいので要注意である。

## 【質疑応答】

**Q1:** ベトナムの国民性についてお教えいただきたい。

**A1:** ベトナム人は，非常に真似ることが上手で，この点は中国と同じかもしれない。また，根気の必要な繰り返しの作業もできる。但し，自ら何か新しいことを行うというパイオニア的なものは苦手である。なお，一般的に男性はあまり勤勉でないという印象を受けた。街中でも昼間から酒を飲んで，タバコを吸いながらバイクの上でひっくり返っているような男性をよく見かける。対照的に，女性は真面目で手先が器用で有能な人が多い。明るい性格で，かつ勉強熱心である。終業後に日本語や英語，会計などの学校に通う人も珍しくない。

**Q2:** 従業員の退職理由と流出先についてお教えいただきたい。

**A2:** 退職理由としては，第1に給与が挙げられる。先述のとおり，当社の基本給は近隣他社より10ドルほど高かったが，企業によっては基本給に諸手当を加えた額を提示して従業員を引き抜こうとしているところもあった。手当込みにすると，当社の水準（手当を含まない額）を上回ることになる。こうした見かけ上の差異が従業員に動揺を与え，実際に退職していった者もいる。退職を考えている従業員については，他社の面接に行くために午後から休んだりするので，それとなく分かる。この他，命令違反や記録書の虚偽記載等で辞めてもらったこともある。その場合，警告3回で解雇するが，極めて劣悪な場合は2回目で解雇したこともあった。マニキュアをしたり，爪を伸ばす者も解雇対象である。私はポケットに爪切りをいつも入れていて，毎日の朝礼時に抜き打ちで爪をチェックし，ルールを守っていない場合には「切るか，辞めるか」を迫ったこともあった。泣きながら爪を切るオペレータもいたが，躾だけは徹底した。

流出先は日系企業だけではない。英語が話せる者はどこへでも行ける。また，終身雇用の慣行がないベトナムでは，同じ企業に長年勤める者は能力がないと考える人も多い。そして，カネカで働いていたこと自体が転職に向けたステータスとなる。履歴書にその一行を書けるか否かで労働市場における評価が大きく違ってくるのである。

**Q3:** 当社の中国現地法人でもベトナムと同様に冠婚葬祭等で日本人駐在員が個人的にお金を出すケースがある。しかし，従業員数が多いとそうした機会も増えるので，それがボディブローのように効いてきて駐在員の不満が蓄積していく。冠婚葬祭への対応に関して，カネカ・ファーマではルール化をされていたのか。

A3: 冠婚葬祭については，会社は慶弔規則に則して一定の金額を支給するが，駐在員は役職者として結婚式などに招待されるため，個人の祝い金を別途負担していた。私の場合，例えば結婚式の祝儀は 50 万ドンあるいは 100 万ドンであった。いずれの額にするかは，本人の職務（役職）に応じて判断した。

Q4: ベトナムへは家族帯同での赴任も可能とお考えか。
A4: ホーチミン市の場合，配偶者が買い物に出かけるにしても，バイクの逆走やスリに遭うといった危険性がある。また，排気ガスで空気も悪い。子供に関しては，ハノイとホーチミンに日本人学校があり，現在では各々約 220 人の生徒を擁していると聞く。ホーチミンには補習校もある。私の息子は当時中学生で，高校受験を控えていたので，妻も子供も帯同せず，2 回ほど家族を呼び寄せただけであった。逆に言えば，小学生までであれば帯同も可能と思う。一方，単身赴任の場合は，ストレスが大きいので病気をしないよう心身の管理が重要となる。

Q5: カネカ・ファーマの労働組合はどのような活動をされていたのか。また，委員長はどのような役職の方が務めておられたのか。
A5: 日常の活動としては，勤怠関係や処遇面・福利厚生面での会社側への要望が主である。例えば，先述の「誕生日会」は組合からの要求である。また，通勤手当の見直しを求められたこともある。オペレータは皆がバイクで通勤してくるが，ガソリンが高騰した時期があり，会社として組合の求めに応じて手当を引き上げた。当時は 60 名ほどの会社であったので，風通しも良く，スピーディに対応した。組合の執行部は，スタッフから 2 名，オペレータから 5 名を選抜して構成した。初代の委員長は，チーフアカウントが務めた。

Q6: 賃金水準を他社より高めに設定されていたとのことだが，改定はどのように行うのか。
A6: 毎年，テト（旧正月）の 1 ヶ月前に政府から最低賃金の改定が発表されるので，当社ではそれを踏まえ，経済成長率（インフレ率）を勘案して決定していた。従業員数が多くないので，他社より賃金水準を高くしても人件費負担は大きくない。少数精鋭の工場を目指したわけである。

Q7: オペレータの評価は差をつける方がよいのか，カネカ・ファーマでの対応についてお教えいただきたい。
A7: 現地で採用した 1 期生と 2 期生については，当初は半年ごとにメリハリの効いた評価をしていたが，評価結果を伝えるとクリーンルームで泣き出す者もい

て困った。オペレータ同士で評価結果を見せ合っているらしかった。そこで，入社後1年間はあまり差をつけないように変更した。そうすると，今度は逆に有能な従業員から不満が出て，それで辞めていく者も現れた。また，大きな差をつけないといっても，月給で50〜250円の違いは出るので，「私はなぜ低い」と怒って，評価結果を渡した日から1週間くらい話をしてくれない者もいた。星取表を見せても納得せず，クリーンルームで私が孤立するといった状況で辛かった。このように，オペレータの中には少し子供っぽい者もいるので，しっかり説得する必要がある。また，スーパーバイザーも評価結果についてオペレータから突き上げを受けているようであった。

Q8: スタッフの評価基準はどのようにされていたのか。
A8: スタッフに対する評価制度はややアバウトで能力をざっくりと評価していた。従って，オペレータのようなポイント化はしていなかった。但し，現実には流出を防止する目的と，エンジニアの採用難といった事情もあったので，相応の水準の賃金を支給した。

Q9: 職種ごとの学歴及び能力要件についてお教えいただきたい。
A9: スタッフは大学卒，オペレータは基本的に高卒である。スタッフは英語力と専門能力（経理など）を要件化した。但し，既に述べたように，QA・QC関係ではなかなか良い人材が採れず，関連の知識を持っていると自己申告する者でも，面接してみると疑問に感じる場合が多かったので，専門性については採用してから教えることとした。

Q10: 最近は海外駐在を希望しない若者も多いと聞くが，そうした状況に対するアドバイスがあれば頂戴したい。
A10: 私の場合は，カネカとして初めて医療器の海外工場を持つということで，夢の工場を作りたいとの想いで赴任した。従って，モチベーションも高かったし，絶対成功して帰ろうと考えていた。しかし，長い歴史があり既に軌道に乗っているような海外子会社に赴任する場合はそのように行かないかもしれない。そこで，やはり駐在員に対する処遇がポイントになってくると思う。私の海外給与はアカウンタントのボスと月額で5万円ほどしか差がなかった。また，仕事の負荷についても考えるべきであろう。日本では4〜5人のチームで1つの仕事を行うが，海外では各駐在員が1人でたくさんの職務を担当するので負担が大きい。従って，仕事量と処遇のバランスが重要であろう。但し，海外勤務は言葉や文化など多くのことを学べるので，そうした魅力も同時に伝えていくべきである。

# 第7章　ベトナム事業展開における組織作りと日本人の役割
―CBSベトナムにおける人事労務管理を踏まえて―

CBSベトナム
会長　井上　学

## ❶ CBSベトナムの概要

　CBSベトナム（CBS Vietnam Co., Ltd.）は設計会社である。そのため，製造業とは人員構成が多少違い，多くが大学を卒業した技術者である。私がベトナムに関わるようになったきっかけは，2001年からボランティアでベトナムに行き始めたことにある。これはビジネスからスタートした多くの企業と異なるところである。2001年から障害孤児のための職業訓練センター設立の活動をスタートさせ，今日までホーチミン市人民委員会をはじめベトナムの色々な方々の協力を得て続けている。同センターの広大な敷地では現在150人の子供達が職業訓練を受けている。このようなことを行っていると，ベトナムの人達が協力してくれ，その間に協力してくれたベトナム人が偉くなり，その殆どが人民委員会の幹部，あるいは企業経営者になっている。こうした彼（彼女）らとのネットワークというのが今の私のビジネスの基礎になっている。

　CBSベトナムは2005年に設立された。実際はその2年くらい前から設計事業に携わっていたが，ベトナムのローカル会社との提携という形であった。また，2010年からはベトナムにない技術を持つわが国の中小建設会社を集めたプロジェクトを作り，ベトナムのインフラ整備ニーズと日本の中小建設会社とのマッチングを行っている（2014年8月にはベトナム初の上水道管施設のための地下トンネル工事を実施した）。さらに，2012年12月にはエキスペダイトを始めた。これは何かと言うと，例えば日本企業がベトナ

ムのローカル企業にタンクやボイラーのような量産品ではない単品の製造を委託する場合，日本人がいちいち製造現場を見に行くとコストがかかる。そこで，当社のベトナム人技術者が現場で図面を開いて設計どおりになっているかどうか，あるいは納期どおりに進んでいるかどうかを定期的にチェックし，日本に報告したり，改善指導したりするのがエキスペダイトである。定期的というのは1週間に1回，場合によっては2日に1回，あるいは数ヶ月間ずっと工場に張り付いてチェックをする場合もある。

そして，2012年からはホーチミン工科大学と共同で建築教育センター（技術専門学校）を運営している。同校には現在12クラス，350人強の生徒が学んでいる。ベトナムには優秀な技術者がたくさんいるが，実践を踏まえた即戦力となる人材は少ない。工科大学もその点をよく認識しており，特に建築関係の実践的技術者が少ないので同教育センターを開設したわけである。今後は機械設計やプログラミングなど他分野への拡大を考えている。

CBSベトナムはホーチミン市の中心街に近いところに会社がある。5階建のビル，まるごと当社である。約80名のベトナム人が在籍しており，日本人はいない。社員の2/3が大学卒業者で，ホーチミン工科大学やダナン工科大学の卒業者が多い。日本語通訳が8名，警備，清掃員，ITシステム管理者，設計技術者が70名で，平均年齢は28歳，男女比率は3：1，既婚者の方が多い。社長はベトナム人女性である。日本マーケット向けの図面を数多く手掛けているため，設立当初は日本人技術者が常駐していたが，今はもう日本人を置かずにやっている。新しい技術を導入する時には客先の技術者に出張で来てもらい，専門的な技術指導をお願いしている。

## ❷ ベトナムを理解することの重要性

### 1. ベトナムを知る手がかり

どこに行っても「ベトナム人って優秀で，まじめで，勤勉で，従順で，いい国民なんですよね」と聞かれる。しかし，各々個性があるので人によって違う。世界から見ると日本人はどうか。「日本人は勤勉です」となるが，周

第7章　ベトナム事業展開における組織作りと日本人の役割　　161

りを見ると必ずしもそうではない。従って，こうした質問はあまり意味がない。実際のビジネスにおいては個々を見ていかないといけない。開高健が『ベトナム戦記』の中でベトナム人の性格について書いている。開高はベトナム人を北部人，南部人，中部人に分けて，それぞれ全然違うと言っている。南部人は「お人好しで情熱的でなまけ者」とのことだが，必ずしもそうではない。北部人は「口が上手い」と書いているが，口の下手な人もいる。小説家の眼による分析は興味深いが，我々はビジネスの世界にいる。そういった固定概念をなくした上で，ベトナムへの進出に取り組む必要がある。「ベトナムってさあ」いうものに流されないで，ベトナムを知る，客観的に冷静に知る，というのが大切になってくる。

　ベトナム人によく言われることとして，「日本人駐在員は現地法人の社長クラスであってもベトナムの歴史を知っている人は少ないですね」というものがある。ベトナムの地名などは覚えにくいが，歴史を知っていると分かりやすい。しかし，そうした事柄を知っている日本人は少ない。となると尊敬の度合いが落ちる。ベトナムで尊敬されるには，明朗で，仕事に真面目で，付き合いがよく，さらに教養があることが求められる。『物語ヴェトナムの歴史』『人間の集団について―ベトナムから考える―』『黄金の島』『ベトナム戦記』は読んでほしい。このうち前出の『ベトナム戦記』は開高健の現地からのルポルタージュである。彼の眼から見たベトナム人，ベトナムの国家運動が鋭く描かれている。『人間の集団について―ベトナムから考える―』についても，司馬遼太郎がベトナムに行って書いている。2人の天才がベトナムに行って，実際に見聞きし，体験した事柄に分析を加えているので，非常に理解を深めるのに良い。真保裕一の『黄金の島』は，フィクションでサスペンス小説である。実際にベトナムに行ったのだろう，路地裏まで観察され，ベトナムの華やかな表の顔とは別のベトナムの暗いところを非常に上手く描いている。また，インターネットニュース（http://www.viet-jo.com/）もある。これはベトナムの新聞から主なニュースをピックアップしている日本語サイトで，政治・経済，社会，スポーツなどのジャンルに分けて，毎日配信されている。日常のベトナムについてよく知るための情報源として貴重

である。

## 2. ベトナム人の仕事観

　先ほど先入観にとらわれるべきではないと話したが，人間の考えや行動には，どこの国であっても，歴史，社会，風土といったものが影響している。歴史を見ると，ベトナムの1つの特徴が分かる。前掲の『物語ヴェトナムの歴史』によると，西暦0年頃の中国の前漢時代から近代に至るまでベトナムは中国の影響下にあって，常に中国からの独立運動といった話が出てくる。『物語ヴェトナムの歴史』では，独立や抵抗の対象となる中国は，漢から始まり，元であったり，宋であったり，明であったり，清であったりする。中国から如何にして独立を勝ち取ったか，その英雄伝が書いてある。どの英雄も抵抗と独立の英雄である。一方，日本においては，聖徳太子から始まり，鎌倉，室町，安土桃山，江戸と様々な時代があるが，日本の英雄は統一と治世の英雄であって，如何に上手く治世を行ったのかを重視して教えられてきた。そこはベトナムと日本では全く違う。ベトナム人は，独立の英雄たちについて教えられ育ってくる。例えば，後漢と戦ったハイ・バ・チュン（ハイは数字の2，バは女性の敬称。2人のチュン女史＝姉妹の意味）は，後漢を追い出すが，その2年後に態勢を立て直した漢軍に殺されてしまう（自殺したとの説もある）。故に，彼女たちは国を治めたわけではない。ベトナムの歴史教育に登場するのは多くがそのような英雄たちである。小さい頃からそういう人たちを「理想的な英雄」と教えられて育ってくるので，おのずと如何に抵抗し自主を取り戻すかがテーマとなるのだが，私はそれがベトナム人の弱いマネジメント力に結びついてくるのかなと勝手に推量している。

　ベトナムでは，歴史的にも，地縁，血縁，村，長老，家族が重視され，いわゆる家長の発言力が強い。また，ホーチミンという人は，民衆の代表で絶対的な存在として尊敬されている。今でこそ，ベトナムという国は国家として成り立っているが，中国のような共産党一党支配であるとはいうけれども，共産党がベトナムの全てを支配しているかというとそうではない。面白い事例として，バイクのヘルメット着用がある。これは2007年末から義務

第7章　ベトナム事業展開における組織作りと日本人の役割　　163

化されて，今は皆が街ではヘルメットを被っている。しかし実は，2004年にも着用義務化を試みたが守られなかった。2004年は07年に比べたら貧しい時代であり，一度に大量のヘルメットを準備できなかったというのが公の理由だが，実際は民衆に無視されてしまったというのが正しい。政府を信じるよりも，地縁，血縁を信じ，一般民衆（祖国戦線という強力な民衆組織がある）の声が強い点が日本とは大きく違うところである。法治国家というよりも人治国家と言われる所以で，現在でも，法律ができた後，反対が起こって施行保留になるといったことが度々ある。

　ベトナム人の仕事観であるが，仕事は，お金を稼ぐためだけにやっているのかというと，必ずしもそうではない。そこそこの収入は当然欲しい。だからといって，家族生活を犠牲にしてまでやりたくない。むしろ仕事を通じて，自分たちの夢が叶えられる，家族が幸せになれるということの方が大事である。また，男性も女性も2足のわらじが多い。土曜日・日曜日は別の仕事をしているとか，平日でも夜は別の仕事をやっているといったことが珍しくない。当社の場合，経理部長のシーは，ローカルの監査法人にも籍がある。班長格のダンは，縫製工場を経営している。日本企業であれば兼業禁止だが，ベトナムではそうではない。これは社会の構造であって，業務に支障がない限り許容すべきことで，むしろ応援してあげれば良いと考えている。

　この他，ベトナムに工場進出した場合，工場から廃棄物が出るが，日本人的な考え方では，廃棄物は会社のものである。ところが，ベトナムでは社員が自分で売って自分のお金にすることがある。日本人の社長は怒るが，そうではない。要らなくなった物を売るというのは彼らの文化の中にあるので，売っても構わないという制度をつくる。例えば，1人のポケットに入れるのではなく，皆のために使うとか，労働組合の予算に入れるといった制度作りも必要である。

　「ベトナム人は残業をあまりしないのではないか」とよく質問を受ける。確かにそういうところもあるが，全員がそうではない。当社は非常に残業が多い。1ヶ月平均では20～30時間，忙しい時は150時間もするし，休日出勤をする人もいる。忙しい時には自主的にグループで休日出勤しているような

ケースもあるし，奥さんには友人に会うとか嘘をついてまで残業している者もいるくらいだ。家族を犠牲にして仕事をさせる酷い会社だと奥さんに思われないように下手な嘘をついている。

## ❸ ベトナムにおける人事労務管理の留意点

　海外進出した際の人事労務管理の目標は何か。大体の会社は「現地化」と答える。現地化に関しては，2つの要素を考えねばならない。1つ目は，当然ベトナム人のこと，2つ目としては，忘れがちであるが，日本人についてである。多くの企業がベトナム人の育成はどうしたらいいのかという悩みを抱えている。しかし，ベトナム人だけでなく，現地に派遣する日本人はどうあるべきか，これが現地化には一番大切だと考えている。以下ではこの2つの点について説明する。

### 1. ベトナム人の雇用に関して

　ベトナムで人を採用するには新聞やインターネットなどで募集することが多い。日本と違い，募集をかける時に非常に細かい応募条件をつけても構わない。当社の場合は，何々大学出身で，こういう専門分野で，英語か日本語が少しは話せて，残業も厭わないといった細かい条件をつけている。その募集に対して，たくさんの応募がある。その後，書類審査を経て，当社は設計会社であるので，コンピュータ製図の試験をし，面接をして仮採用を決める。それから，トレーニングとして手当付きで教育訓練をする。そして，教育訓練で良い成績をとった人を本採用する。

　次に育成である。OJT は機能しにくい。日本の場合は OJT が中心であるが，ベトナムではなかなか難しい。日本の改善活動の訓練の1つとして，3人1組でレゴブロックを使って決められたカタチを組み上げ，それを何度も繰り返してスピードを測定するというものがある。日本人の場合，回数を重ねるにつれ目に見えてスピードが上がる。しかし，ベトナムでは当社の優秀なエンジニア達を3人ずつのチームに分けて実施したことがあるが，どの

チームも全然スピードが上がらない。どういうことをしているかというと，まず3人で役割分担を決め，1人が組み上げ，もう1人が問題点をチェックし，残りの1人がストップウォッチで時間を測っている。日本人ならワイワイガヤガヤと，ああしたら良い，こうしたら良いとチームとして取り組むが，ベトナム人は1回目が終わると，「今度は俺にやらせろ」となり，別の者が一からやり始める。そのため，ベトナム人のスピードは全然上がらない。そこには自分流（利己的ではない）がある。従って，OJTを通じて，自分流から抜け出させるのは一苦労だと感じている。

　また，ベトナム人は専門家意識が強い。当社の社員は一流大学を出たエリート層なので，その部分が特に強い。自分で何でもできると勘違いしてしまう。ちょっとできたら専門家である。通訳でも日本語を少し話せると日本語のプロだと言うが，フタを開けてみたらビジネス通訳など全然できない。ここも冷静な見極めと判断が必要である。エンジニアはエンジニアの仕事以外はしないし，私は通訳だから通訳以外はやらない，データ整理はしませんという感じである。従って，ゼネラリストにはなれないし，そういう思考が乏しい。しかし，経営者にはなりたい。そこに矛盾がある。

　会社は学校のクラスのようなもので，部長や課長は高等学校の学級委員長に近い存在である。そして社長は担任の先生である。このように，形だけは繕うが，中身は伴わない。こういった思考面を修正させ，辛抱強く育成することがビジネスでは大切になってくる。

　日本人は優秀なベトナム人に会うと実際以上に評価してしまう。確かに優秀なベトナム人は多いが，日本人は技術などの一面だけを見てベトナム人を評価してしまう。一方，日本人が日本人社員を見る場合はそうはならないはずだ。将来を見据えたマネジメント的視点，あるいは幅広い人格的視点，企画力やアイデア，そういった幅広い視点で評価している。ところが日本人は外国人に対しては，その一面だけを見てしまう。「彼は優秀だからマネジャーにしよう」とか，場合によっては社長にしてしまう。それでは上手くいかないのは明らかだ。冷静な目で評価する必要がある。日本人を処遇する場合，大学を出て1～2年でマネジャーにすることはまずない。ところが，ベトナ

ムの現地法人ではしてしまう。日本で2年間くらい教育して，ベトナムへ戻して，現地法人の幹部にしてしまう。

　少人数の優秀な（優秀と感じた）ベトナム人を日本に連れてきて育てようという発想も問題だと思う。殆どの企業がこういった計画を考えていて，確かに手段としてはあるだろう。しかし，リスクもある。日本に行ける人は現地では高学歴で，エリートである。彼（彼女）らにとって，日本のこの会社で研修し，勤めていたというのは，大きなキャリアとなる。当然日本語を話せるようになっているので，現地では引く手あまたである。かつ，そうでなくても自分は何でもできると勘違いしている。その結果，他社へ行くか，独立したくなる。私が知っているホーチミン工科大学出身の人も，日本に研修に行って帰ってきたら独立した。多くが独立して商売をやっている。「せっかく育てたのに辞めてしまった」という声がよく聞かれるが，なるべくしてなったということである。それ故，ベトナム人を育てるならば，現地へ日本人が行って育てる方が効率的であるし，リスクも低い。そうすれば公平に，より多くの人間に同時に教えることができる。多くの者に教えれば1人くらい辞めても影響は少ない。「日本人が行けばコストがかかるじゃないか」と言われるが，ベトナム人を2〜3人連れてくるコストと日本人1人を派遣するコストは，それほど変わらない。特に技術者の場合，「技術」という在留資格で来日すると日本の法律に従って日本人並みの給料を出さなければならない。日本人並みとは大卒初任給，つまり20万円以上でないと法律に抵触する。20〜30万円の給与に加え，社会保険料等も必要である。さらに，現地に戻した後に，鼻高々になり，居残り組のスタッフ達と乖離してくる。それに対して，日本人が現地へ赴いて，より多くのベトナム人を対象に育成をすると後から効果が出てくる。従って，CBSベトナムでは，短期訪日は日系企業に勤めているというプライドを維持するためのインセンティブと割り切り，1年以上の訪日滞在者は，現地法人である程度の期間働いた管理職に限っている。

　先にお金だけで転職するのではないということを話したが，転職の原因は他にもある。日本の高校のクラスと同じようなことが起こる。社会人である

が，高校生みたいな感じである。従業員同士の中での好き嫌いができる。若い男女が共同でやっているので，三角関係になって辞めてしまうこともあった。このようなトラブルは，日本人のマネジャーが現地でいくら采配を振っていても気がつかないが，結構ある。「あいつは嫌い」とか，昨日までは仲良しだったのに次の日から絶交ということもある。

　加えて金銭問題がある。もともと金融システムが発達していなかったので，家長や母親・祖母が世帯全員のお金を集めてやりくりしたり，親戚との間で融通しあうこともよくある。また，お金を他人に渡すことにあまり抵抗がなく，むしろ断る方に抵抗がある。当社の場合は，技術部長が新人からお金を借りたということがあった。さらに賭博もある。しかしそれはヤクザがやるようものではなく，例えばワールドカップでの賭けといったもので，男性はよくやる。そうすると負ける者が出てくる。金銭感覚というか，南国で暖かいし，食べ物は周りに豊富にあり，お金がなくても死ぬことはないということもあって，賭け事をする。しかし，負けると借金を払えずに会社を辞めてしまう。これもよく見ておかないといけない点である。

## 2. 日本人の役割

　ベトナム人にとっては，仕事よりも家族である。しかし逆に言えば，企業経営の場ではそれを上手く利用すればよい。具体的には，経営者が従業員の家族とも親しくする，家族の理解を得る，会社も家族の一員だというように思ってくれるようにすることである。会社自体を家族に，従業員を家族の一員にしてしまえば，会社への愛着心が生まれる。結果として転職率が低くなる。組織作りは家族作りである。ベトナム人の場合，コミュニケーションが重要で，社長は社員の母親みたいなものである。恋愛問題，金銭問題，家族の誰かが怪我をした，好きな人ができたといった，色々なプライベートの話をよくするようになる。最近も，当社のある班長が休んだり，遅刻したりすることが多くなった。誰も知らなかったのだが，「どうかしたのか」と班長に聞いたら，「今，奥さんと離婚裁判にかかっている。それで裁判所に頻繁に行かなければならない」という。そういったものを聞いてあげないといけ

ない。通訳を介しては聞けないし，話さないので，日本人にはまず分からない。この件は，奥さんからも話を聞き，私が仲裁役になり，結局離婚せず，今は仲の良い夫婦に戻った。

また，手厚い福利厚生が重要である。当社は表彰制度，ヘルメット，昼食，習い事など給料以外のところで手厚く対応している。サッカーの試合，社員旅行には，家族や恋人も参加 OK としている。会社が全部面倒を見るという形である。特に，テト（旧正月）は重要な休暇である。テトは1週間から10日間ほどの休みで，ベトナム人にとっては家族・親族が集う非常に重要な行事であるので，会社もこのイベントを大切にし，プレゼントをするなり，手厚く扱ってあげなければならない。こうした取り組みを重ねていくと，社員が「会社がしんどい」「疲れた」と言ったとしても，「何言っているの。あの会社辞めたら駄目よ」と，母親や恋人が引き止めてくれる。こういった組織作りが大切である。

次に，「日本人の役割とは何か」という点である。多くの日系企業では，社長や工場長などの経営トップは日本人である。こうした中，ベトナム人から見て日本人の役割は何なのか，会社のトップとしての日本人に求めているものは何なのかという点を考えてみたい。日系企業に勤める現地人にとって，社内に日本人がいてほしいのは当然であり，それは安心感にもつながるし，プライドにもつながる。しかし，言葉も分からない，気持ちも分からない，相談にも乗ってくれない日本人がトップにいても意味がない。ベトナム人が求める日本人は，信頼・尊敬のできる日本人である。では，信頼でき，尊敬できる日本人とはどういう人か。明るい，賢い，付き合いがいい，気前がいい，よく働く，よく知っている人だと思ってもらえれば，日本人の役割は達成できる気がする。マネジメントに長けた人よりも，実は付き合いがよくて仕事が分からなくても，良い"おっちゃん"の日本人がいればいいのかもしれない。当社の場合，日本人はいない。全て現地人で運営している。しかし，私は毎月のように行って，当然現地人の社長とは色々と話をするが，社員とも無駄話をして，悩みを聞いてあげて，一緒にご飯を食いに行こうかと言って，いい日本人を演じている。但し，専門性の高い技術や専門知識

## 第7章 ベトナム事業展開における組織作りと日本人の役割

ついては，別途それらを教えることは必要である。その場合でもずっと駐在する必要はなくて，新しい技術が出たら，出張ベースでベトナムに行ってもらう。人選も難しくないし，コスト的にも負担にならない。

　ベトナムでのストライキは，最近減ってきているが，韓国企業では発生している。しかし，気づきの部分があれば，未然に防ぐことができるだろう。日本人が分からないことはたくさんある。日系企業のあるベトナム人社長から「ベトナム人は，多くの面で日本人のように優秀ではない。経済的・社会的・文化的成熟がなければ，ベトナム人は日本人のようにはなれない。気長に考えてほしい」という言葉を聞いたことがある。当社の社長からも次のように言われる。「ベトナム人の性格は日本人と似ているので日本のやり方を取り入れても問題はないと思う。1つだけ注意した方が良いのは，ベトナムは長く外国に侵略された歴史があるので，他人への反抗心がある。日本人は指導という言葉をよく使うが，それを聞いたベトナム人は支配されると感じてしまい，潜在的反抗心が現れる」。このことから，指導という言葉はあまり使わない方が良い。

　日本人駐在員に求められる資質に関してであるが，能力に対する楽観性と自信，高い目標設定と達成責任，自己責任で解決する力を持った人材で，誠実・情緒安定・外向性・積極性といった特性を有する人であると書物などには書かれている。確かに，こういう人材が必要であるが，実は日本でもなかなかいない。おそらく大企業でもそういう人材で，かつ海外で活躍できる人材を探すのは苦労する。このような人材は日本国内でも重要なわけで，次から次へと送り込むのは不可能に近い。日本国内ではバリバリやっていても，現地では，言葉も分からないし，寂しさ，恐怖感，プレッシャーもある。海外では日本からのバックアップをなかなか実感しにくい。そのこともあり，海外駐在員は精神的にやられるケースも多い。駐在員病，一種の鬱である。従って，日本本社側の体制についてもしっかり整えた方が良い。一方，あっけらかんと海外生活を楽しんでいる人間もいる。大概の場合，あまり仕事はできず，遊んでいる。日本にいたらまず会えないような社長などと食事をする機会も増える。何か自分が偉くなったと錯覚する。そういった人間は現地

化ならぬ，現地人化したと言える（現地の方には失礼で不適切な表現で申し訳ないが，企業人でないという意味の単なる語呂合わせである）。日本人駐在員はこの2つに分かれやすい。そして，こうした二極化を避けなければならないから，人材が固定化してしまう。日本人の人選は非常に難しい。日本における役割をそのまま持って行くのではなく，改めて役割機能の棚卸をすべきだ。それに相応しい人材を派遣すれば，赴く日本人にとっても，迎えるベトナム人にとっても幸せである。

## ❹ ベトナムの労働法制とCBSベトナムにおける人事労務管理の実際

　労働契約は社員一人ひとりと結ぶ。ベトナムには①期間無確定，②期間確定（1〜3年間），③1年間未満という3種類の契約があるが，CBSベトナムでは，②の期限付き契約にして，1年→2年のように順次契約期間を伸ばすようにしている。当社は未だ創業10年で，期間無確定契約の人はいない。ベトナムでも当然解雇（病気の時も可能）はできるが難しい。実際の労働契約書の内容としては，①業務内容，②業務時間，③報酬，④職場，⑤保険制度，⑥労働安全などが入るのが一般的である。

　試用期間は設ける方が絶対に良い。皆が家族の一員として受け入れないといけないので，入社試験だけではなく，試用期間を通じて品格や社会性などを厳しく見ていくべきである。高度専門業務では60日間の試用期間を設けることができ，当社も技術者や日本語通訳の試用期間は60日間としている。ワーカーの場合は30日間の試用期間である。その間は辞めさせてもいい（辞めさせることができる）。試用期間中の給与は，70％以上と決まっている。当社の場合は80％の給料を与えている。

　賃金については，2013年1月にホーチミン地区の最低賃金が上がった。月235万ドンである（2015年1月には310万ドンになった）。これは最低賃金であり，業務によって，それぞれの給料を決めるというのが通常である。給料の決定は時間で決めても，能力で決めてもいいことになっている。CBS

ベトナムの場合は各従業員と話をして「あなたはいくらです」と決める。なお，当社は技術者集団であるので，給与水準は最低賃金よりも高い。

労働時間は，CBSベトナムでは8時から17時にしている。土・日曜日は休みである。以前は8時から17時までで，土曜日は出勤日とし，その代わりに昼休みを1時間半取っていた。その後，従業員からの要望で土曜日を休みにし，昼休みを1時間に短縮した。

残業時間は年間で200時間，1日では4時間を超えてはいけない。当社は超えているが，お互いが納得しているから大丈夫である。しかし，残業が増えると人件費が高くつく。平日の残業は150％，休日は200％，祝日は300％，深夜になるとそれに30％プラスとなる。逆に，テト（旧正月）の前などはみんな手元のお金が欲しいので，あえて残業を増やすといった対応をしたこともある。

有給休暇は12日である。少ないが，5年働いたら1日追加されるので，10年後に14日になる。特別休暇は日本に準じるものが多い。祝日は非常に少ない。2013年のテトは，2月10日からの休暇であり，9連休となったが，このように長い休暇はベトナムでは珍しい。最近では，4月末から5月にかけての「フンボンの命日」や「南部解放記念日」といった祝日に合わせての連休や，年末年始の連休など，その都度政府が発表し，休日は増えつつある。

ボーナスは業績に応じて出すのもいいが，「13ヶ月目の給与」とも言われていることから，最低1ヶ月分は出す。CBSベトナムでは年2回支給している。9月の建国記念日に1ヶ月分弱，テトの前に1ヶ月分＋αを支給する。テトの前にボーナスを出す会社が一般的であるが，工場のワーカーは田舎に帰ったまま戻ってこないことも多い。従って，ボーナスをテトの前と後に分けて支給するといった工夫も必要かもしれない。ワールドカップ開催時などは注意が必要である。ワールドカップの賭けで負けて，ボーナスを待っている従業員がいる。そして，ボーナスで借金を返済した後，辞めてしまう人もいる。

昇給は日本と同じようなものである。当社は技術職が多いので比較的賃金

は高いが，ワーカーの場合，政府が最低賃金を毎年のように上げるので，これに準じる。先ほどホーチミン地区の最低賃金を235万ドンと述べたが，2012年は200万ドンであった。ベトナム人はパーセントをよく見ている。「最低賃金が17.5％上がったので，私の給料も同様に上げてほしい」といった考え方をする。韓国企業で2013年にストが起きたが，それは韓国企業が業績悪化で賃金を10％引き下げたことに反発したものであった。

　当社で働いている従業員の実際の昇給事例を紹介する。ある大卒技術者の2006年の給与は320万ドンであったが，その後部長に昇進したので，2012年は1420万ドン（2015年には1700万ドン）と4倍以上になった。会社の金庫の鍵を預かってもらうような業務をしている高卒の事務職員は2006年の280万ドンから2013年は750万ドン（2015年には1300万ドン）へと上がった。ベトナムでも女性を差別してはいけない，対等に扱わないといけないとされているが，実際には女性の給料は低い。女性には育児休業があり，そのために据え置いているというケースもある。しかし，当社では次のような事例がある。短大卒の女性で経理を担当する従業員の場合，270万ドンからスタートした。勉強熱心で終業後に学校に通って，2011年に会計士の資格を取った。2012年に経理の責任者となり，1200万ドン（2015年には1400万ドン）になった。こうした状況下，2012年まではドン安・円高によって給与上昇分を為替が吸収していたが[1]，これからはそうはいかない。2013年のレートは1ドル=96〜97円で，加えてインフレ率に応じて最低賃金が上がっている。かつ習熟やプロモーションをして昇給していくので，これからは大変になる。低賃金だけを目的にすると，近い将来成り立たなくなる。

　人事評価は半年に1回か，年に1回で，日本と同じである。他方，法定福利費としては厚生年金，健康保険，失業保険などがある。これらは意外と馬鹿にならない。法律では厚生年金は給与の24％で（2015年には26％），そのうち使用者負担が17％（2015年には18％），労働者負担が7％（2015年

---

1　ベトナムの通貨であるドンは，概ねドルにリンクしながら，ドン安の政策がとられている。2006年頃は，1ドル=115〜120円=1万6000ドン程度だったが，2012年は1ドル=80円近辺=2万1000ドンで，対ドンで見ると，2倍近い円高であった。

には 8％）である。健康保険は 4.5％（使用者：労働者＝ 3％：1.5％）である。当社の場合，厚生年金の労働者負担を 2％にして，会社負担分を増やしている。そのため，通常より手取りが多い。こういうことをするのは，転職を防ぐ目的もある。ヨーロッパ系の企業は，見かけ上の給料が最初は高いが，その後はそれほど上がらない。見かけの給料に魅力を感じている人間も当然いるが，「実は」様々な工夫があり，給料の額だけで比較しにくいようにしている。「ウチは低いんじゃないの」と言われても，「社会保険の本人負担は少ない」「昼食手当も支給している」「ヘルメットの購入費用を出す」「ガソリン代の補助もある」「夜間の学校に通う人には補助をする」と答える。

　労働組合は当社にもあり，会社側は福利厚生の一環として労働組合を支援している。社員旅行やサッカー大会などは労働組合からも補填するし，会社からも補填する。当社は残業が多いが，労働組合の委員長と話をして「みんな頑張ろうね」と協力関係にある。また，従業員を解雇する時は，法的に相談する必要はないが，委員長と話をする。なお，委員長はある程度年輩の人にしている。

　労働災害についても，診断・治療費を会社側が負担する。回復後は適当な業務に配置する。労働ができなくなった場合，月給の 30ヶ月分を支払う。労働者の不注意の場合でも最低 12ヶ月分は補償することになっている。

## ❺ 日本人駐在員の就労と生活について

　現地法人として日系企業が設立され，申請が通れば，外国人（駐在員）も仕事ができるようになるが，「これは確かにベトナム人にはできず，日本人にしかできない業務ですか」「その業務をずっと日本人がやるのではなくて，ベトナム人にどういう形で移行させるのですか」といった質問に対応できるようにしておかねばならない。また，外国に住所または居所を定めて 3ヶ月以上滞在する日本人を対象として，在外公館に速やかに在留届を提出することが義務付けられている。さらに，駐在員には労働許可証も求められ

るが，無犯罪証明書など色々な書類を取り寄せる必要があり面倒である。

　予防接種についてであるが，在ホーチミン日本総領事館から強く勧められるものとして，A型肝炎，B型肝炎，破傷風，日本脳炎がある。日系の病院担当者によると，日本脳炎は同時接種が推奨されていないことから省き，またホーチミンには野良犬や狂犬病の予防接種を受けていない犬が多いことから狂犬病を加えるのが一般的となっている。即ち，A型肝炎，B型肝炎，破傷風，狂犬病の4種類を受けることが望ましい。

　続いて，駐在員のベトナムでの給料と納税についてである。183日ルールがベトナムにも適用され，その場合は世界給与，即ち日本とベトナムの給与の合算で申告しないといけない。そうなると，非常に税率が高くなる。CBSベトナムでは当初日本人の技術者を教育のために派遣したが，実際の仕事内容は現地のエリート技術者と変わらないものであった。そうすると，日本人だからといって高い給料を支給することを現地のエリートたちが許容しない。論理的に考えればそのとおりである。そこで，日本人技術者の給料を例えば5万円（現地では高い方である）とし，それに加えて家賃補助として5万円を支給したところベトナム人の納得が得られた。しかし，これでは日本での社会保険料を払えないといった問題が出てくる。駐在員は一生現地で過ごすわけではなく，5年もすれば日本に帰る。現地給与が5万円だった場合，貯金もできない。日本にいたら，どれだけ貯金できるのかという問題が出てくる。例えば30歳の技術者で，日本にいれば年間150万円を貯めることができる人にとっては大きな損失になる。日本の税務署は税金を納めてほしいし，ベトナム側も納めてほしいし，租税条約もある。ここは難しい問題である。

　最後に，ホーチミンの病院についてである。外国人向けの病院があり，日本人のスタッフもいるし，日本人のドクターもいる。その点では，駐在員が安心して住める環境があると言える。

## 【質疑応答】

**Q1**: 中国ほど急速にベトナムが成長してこない原因はどこにあるのか。

**A1**: ベトナムは，ドイモイ以降成長しているが，その一番の要因は外国投資である。ベトナムにはお金がないので外国から投資してもらう。外国企業が工場を作って，ものを作って輸出する。輸出といっても日本・韓国・中国の成長期と比べるとライバルとなる新興国は多いし，工業製品に必要な部品などの生産はまだまだ遅れている。インフラ整備は世界銀行やアジア開発銀行からの融資が多い。やりたいことはたくさんあってもお金がなく，技術者もいない。

さらには縦割り行政の問題がある。それぞれやりたいことをやる。世界銀行からお金が入ってくると，それは有償の貸付資金である。その資金は，例えばホーチミン人民委員会の傘下にあるホーチミン融資投資公社が預かる。使い方は公社の総裁が提案して最終的には中央委員会が決める。人民委員会の部局は様々なことをやりたくて，「俺はこんなことをしたい」と，皆が言ってくる。「儲かるから，これは俺がやる」と有力者の仲間が加わってくることもある。その上，インフレ抑制のため，高金利である。つまり，資金調達が難しい一方，お金を貯めているだけで儲かるといった一面もある。このように，統一された計画がなく，部局ごとにやりたいことをやるので，優先順位がコロコロ変わり，1つのことを決定するのに時間がかかる。工業立国を目指しているが，もともと農業国で，工業のベースが未だに弱いといった国内事情があると言える。

**Q2**: ベトナムはコンセンサス社会で，意思決定が遅いと感じるが，その点はどうか。また，会社の中で何かを決めるときの足枷はあるのか。

**A2**: コンセンサス社会と言われるが，実際はコンセンサスではないと考えている。例えば，インフラ整備について，それがホーチミン市の1区の案件とすると，区の人民委員会が認可を出す。そして，「これでいこう」となったらホーチミン市の人民委員会に上げられる。市人民委員会はそれを受けて，「1区がやることを認める」のであるが，ホーチミン市人民委員会には，建設の部局，交通の部局，環境の部局，投資計画の部局などがあり，それらが順番にOKと言わないと進まない。コンセンサスではなくて，独立した親分が数多くいて，横の連絡がない。それぞれが勝手に様々なことを言う。認可申請においては，ある部局から受けたのと同じ質問を別の部局からされたり，時には正反対の指摘を受ける。縦割り行政の中での手続きの多さと，重複作業の多さを乗り越えて，関係各部署の考えを全て揃えて行くことに多くの時間がかかり，意思決定が遅いということになる。

また，次のようなこともある。日本企業が現地に会社を作ろうとして投資申請を出す。その時にどこに出すかというと，ホーチミン市に工場を作りたい場

合，ホーチミン市の人民委員会の中の計画投資省の窓口に行くことになる。そして，その担当者が一通り見て，「これはよく分からないから政府案件」となり，ハノイ政府に送られる。そうなれば1年経っても進まなくなる恐れがある。一方，「これはホーチミン市案件」となったら，比較的早く進む。まずそこで振り分けられる。日本企業が下手なのは，その担当者が分かるような言葉で書いていないことである。当社は設計会社であるが，設計と言われても窓口の担当者は分からない。そこで，担当者と話をして，担当者の分かる言葉で書き直す。例えば，「コンピュータでデータを加工し，加工したデータを日本に輸出する」としたら，「輸出加工型の案件」，即ちホーチミン市の人民委員会の案件となって話が進む。

他方，会社の中で決めることの足枷はない。役割分担がはっきりしており，技術者は技術者，社長は社長である。社長が言ったら誰にも相談しなくても，会社の指示になる。役所や国営企業の意思決定の遅さに対し，民間企業の意思決定は非常に速い。

Q3: ベトナムでは女性が働いて男性は働かないという印象を持っているが，男性の従業員の働きはどうか。
A3: 女性と男性では職種が違うことが多い。ベトナムの町では，昼間から男性がコーヒーを飲んだり，将棋をしたりして遊んでいるように見えるが，実は遊んでいるわけではない。ベトナムは職業がきっちりと分かれていて，警備員や運転手は男性の職業である。また，道路沿いには至る所に店舗があるが，そこの主は奥さんや従業員に店を任せているので時間がある。運転手は時間待ちが多い。そういう人たちがたむろしている。決して仕事をしていないわけではない。一方，工場や商店などでは女性が多い。常に作業や接客をしないといけないので，よく働いているように見える。勤務態度は，個々人によって当然違うので，男性だから働かない，女性だからよく働くということではない。但し，男性の場合，友人と飲みに行ったり，賭け事をしたりといった誘惑は多い。

Q4: ベトナムの賃金の昇給率は今後どうなるのか。賃金が上がっても並行して売り上げが伸びればいいが，このままでは行き詰まってしまうのではないか。
A4: 当社は特殊であると思うが，生産工場でなく図面を設計している。賃金も上がるが，それに合わせて技術レベルも，設計スピードも格段に上がっている。当社のクライアントの多くは時間で発注する。「この設計案件は300時間で発注します」といった感じである。従って，スピードが上がり，300時間分の仕事を250時間で終わらせることが当社のスキルである。短縮された分は利益になる。但し，クライアントにもメリットがないといけない。一生懸命やって技術レベ

ルを上げた後については，「次回から価格（発注時間）を下げていただいても結構です」としている。「今までは300時間の業務だったが，今年は250時間指定でも結構です」と言っている。但し，ご指摘のようにどこかで限界がくるので，さらなる技術向上による高付加価値化を目指す。現実に，賃金上昇を吸収できない繊維産業の中には，ベトナムからバングラデシュに生産を移管したところもある。コストメリットだけを追求したベトナム進出は止めた方が良い。

Q5: 生活水準が近いベトナム人がミャンマーやバングラデシュに行くという選択肢もあると思うが，現地化を越えた次のステップとしてどのようにお考えか。

A5: あるベトナム人事業家から，「ミャンマーは一昔前のベトナムと一緒だ。あそこに我々が出ていったら儲かるぞ」という話を聞いたことがある。加えて，ASEAN自由貿易地域の創設により，インドシナがEUのように自由に行き来できるようになる。そうなるとインドシナ半島で，国ごとの役割が出てくると思う。

Q6: 将来のヒューマンリソースを考えて行く際に，東南アジアでの分業において，ベトナム人の果たす役割をどう考えるか。

A6: ベトナム人がミャンマーやカンボジアに行く時，実はベトナム語を使っている。陸続きのインドシナ半島のどの国でもベトナム語を話せる人がいるのである。ベトナム人も多数ミャンマーやカンボジアへ行っている。そのため仕事がベトナム語でできる。また，直行便が多く出ていて，ジャカルタにもベトナム人が結構いる。日本人がラオスやミャンマーに出て行って新たに事業を始めるよりも，ベトナムを拠点にして，ベトナム人によって市場開拓して行くのも良いかもしれない。

　インドシナ半島で覇権を握るために，タイとベトナムはライバルである。ラオスという小さい国があるが，ラオス語はタイ語の方言で，タイ人は何も勉強しなくてもラオス語を話せる。タイ人から言わせると，「ラオスとタイは仲が良い」とのことである。一方，ベトナム人は，ラオスと政治的にずっとつながっているから，「本当は，ラオス人はタイ人が嫌いでベトナム人が好きなんだ」と言っている。

Q7: 日本人を現地採用することはできるのか。

A7: 現地で日本人を採用することはできる。労働許可証などの書類をそろえれば良い。現地で結婚していれば，さらに簡単である。実際，そういう人も多い。但し，経理部長はベトナム人でなければならない。なお，会社にとっての法的な代表者はベトナムに住まなければならない。日本人が出張ベースで来る場合，

その人は法的な代表者には原則なれないが，ベトナムを離れる際に委任状を出すといった裏ワザもある。

Q8: 当社は日本の会社なので日系の会計事務所の方が良いと考えるが，日系はフィーが高い。現地の会計事務所はどうか。
A8: CBSベトナムでは日常の会計事務は，会計士の資格を持つ社員が行っており，ローカル社員でも問題ない。外国企業の場合は年に1回，資格を持つ監査法人の監査を受け，税務署に届けなければならない。この場合，確かに日系監査法人は高い。当社は安いローカルの監査法人を利用している。通常のオペレーションができている場合，日系監査法人を用いる必要性は感じない。問題が起きた時に対応できるリスクマネジメントの一環としても，現地の監査法人の方がいいかもしれない。

　余談だが，ベトナムでは，税務署や労働局，消防署，警察などの立ち入り検査がある。当社はコンピュータを使っているので文化教育省の違法コピーのチェックなどが入るが，対応は現地人が心得ている。

Q9: ホーチミン周辺に数多くの工業団地があり，整備が進んでいるようだが，今後はどんな形で展開していくのか。
A9: ホーチミン市は最大都市であるが，周辺のビンズオン省，ドンナイ省，バリア＝ブンタウ省，ロンアン省に工業団地が広がっている。開発しているのは，省独自であったり，日系企業を含めた民間であったりする。様々な省が企業を誘致していて，工業団地を建設すると豊かになると思っているが，私はいずれどこかの工業団地が破綻するのではないかと考えている。

Q10: ホーチミンから港まで距離があるというのは，日本企業にとっても，ホーチミンにとっても弱点だと思うが，その点についての意見を聞きたい。
A10: ホーチミンは海から70kmくらいである。ホーチミンの港は河川港であるので，大型船は入りにくい。そのためにバリア＝ブンタウ省にあるカイメップ川，チーバイ川の河口地域を国際コンテナ港として建設している。年間200万トンの貨物を扱う大コンテナ港で，日本のODAである。まだ完成していないが，竣工式をやり運用も開始した。さらに，ホーチミン市や周辺の省への高速道路も整備されてきている。ホーチミンはサイゴン川に面していて，サイゴン川はドンナイ川の支流である。ホーチミン港というと，サイゴン川沿いの港だけではなく，ドンナイ川の港も含めた総称である。ベトナムの港湾は面白く，日本であれば，大阪港湾，神戸港湾のように一体で運営されているが，ホーチミン港には民間の港がたくさんある。何個かの港が合わさって1つの港を形成してい

る。そのため，どこで荷物を降ろすかで違ってくる。例えば，日本から輸出したものを問題なく届けようと思うと，ホーチミン港カトライターミナルが多い。そこで下すとスムーズにいく。

　物流の面で見ると，前出のカイメップ・チーバイ国際コンテナ港に加え，ホーチミンの隣のドンナイ省で新国際空港の工事が始まって，4000m級の滑走路が4本できると聞く。国際空港からホーチミン市内まで高速道路もできている。橋梁は日本のODAである。また，アジアハイウェイ1号線も，ホーチミンを通ってカンボジアに入り，プノンペンを経てバンコクまで1000km弱に及んでいる。既にそのプロジェクトは始まっていて（2015年にメコン川を渡す橋が開通した），物流がタイにもミャンマーにも陸路でつながることになる。

Q11: ホーチミンはバンコク，クアラルンプール，ジャカルタと並ぶ拠点となりつつあり，企業のアジアに対する見方が変りつつあると思うが，日本人駐在員の役割について，どのような変化が必要と考えるか。

A11: 現地で働く日本人に求められる機能を考えてほしい。かつて海外駐在は，大企業であればエリートコースに乗るということであり，処遇も手厚いものであった。しかし，これからはそれが足枷になる。例えば，1人の駐在員を派遣すれば1ヶ月で200万円以上はかかる。自然と企業はコスト削減に動くだろう。また，毎月200万円もかけて日本人を出すのであれば，その金を使って優秀なベトナム人を20万円で雇う方がはるかにコストは下がるし，20万円も出せば，非常に優秀なベトナム人が集まる。日本人は出張ベースでベトナムに行けば，お金もかからなくていい。出張ベースであれば，人選も簡単で，どんどん交代で行かせれば良い。例えば1ヶ月や2ヶ月の出張であれば税金や年金の問題に悩む必要もない。つまり，現地で日本人が果たすべき機能を考え，その時々に必要な役割を果たせる日本人を派遣することでコストを下げていけるはずである。駐在員コストが足枷になり，思い切った迅速な企業活動ができないとなると，韓国や中国，その他の国々とのグローバルな競争に勝てないであろう。

# 第8章　インドネシアにおける人事労務管理・現地経営上の留意点
—三ツ星ベルトの現地法人における「家族主義」経営の展開—

P.T. SEIWA INDONESIA
元社長　早川　剛

## ❶ インドネシア進出の経緯

　私が初めてインドネシアへ赴任したのは1995年のことである。現地で土地の契約を行い，工場を建設し，立ち上げ時の従業員は全員私が面接して採用した。その後，2005年2月まで約10年間駐在した。

　三ツ星ベルトのアジアへの進出は，1977年にシンガポールから始まった。従来は日本で生産して東南アジアへ輸出していたが，その一部をシンガポールへと製造移管したものである。その後，東南アジアでは輸入関税が20〜40％にも達したため，各国の国内市場を確保すべく，フィリピン（1984年）・タイ（1987年）・インドネシア（1988年）に工場を設立していった。

　さらに，1995年に為替レートが1ドル＝79円という記録的な高値になり，輸出用の生産工場を海外に設置する必要性が出てきた。そこで，中国・フィリピン・タイ・インドネシアの4ヶ国が候補に挙がったが，中国は政治面，フィリピンは治安上の懸念から候補を外れ，タイとインドネシアを比較した結果，賃金の安さと外資誘致の積極性の面で勝るインドネシアに決まった。また，丸紅が現地で運営するMM2100という工業団地（ジャカルタの東方約30kmのブカシ市に所在）に惹かれたことも理由の1つであった。

## ❷ 家族主義の工場管理

　こうして，三ツ星ベルトのインドネシアでの2つ目の工場として，自動車

用・産業用の伝導ベルトの製造・販売を行う P.T. SEIWA INDONESIA が1996年に設立された。工場の立ち上げに際して最初に行ったのは人事労務管理の基本方針の策定である。この点に関しては，インドネシアに40年以上在住している日本人の方（元駐在員）から聞いた「従業員数200人までの人事労務管理，1000人までの人事労務管理，1000人以上の人事労務管理は各々異なるが，インドネシアで基本となるのは『家族主義』である」という話を参考にした。P.T. SEIWA INDONESIA（以下，当社）は約300人の従業員でスタートしたが（2013年11月時点では約720人にまで成長），「従業員を家族のように扱う」ということは，実際にやってみると非常に難しかった。優しくすると目標が達成できず規律が乱れる，しかし厳しすぎると従業員が萎縮し，反発も出てくる。

　そこで，私は家族主義をベースに最良の人事労務管理を目指して次の3つの事柄を実行した。第1は「毎月の社長による全体朝礼」である。インドネシアの地場の企業では，通常，社長が全社員の前に出るというようなことはない。社長は雲の上の人で，従業員と話をしない。それが権威を保つ方法であると考えられてきた。これに対して私は，従業員と目標を共有し，目標を達成した時には従業員とともに喜ぶことを重視した。そのため，月1回の全体朝礼では従業員の目標達成に対するコメントを自ら行うようにした。そして，それが全従業員のモチベーションアップにつながったと考えている。第2は「全社員業績考課」である。従業員の公平な扱いと士気高揚のためには，業績考課が重要であることはインドネシアのみならずどの国も同じである。しかし，インドネシアの多くの企業では，一般オペレータの業績考課にあまり熱心でない。こうした中，私は一般オペレータで業績の良くない社員を抽出すべく，毎年11月に全社員の業績考課を行うようにした。A，B，C，D，Eの5段階評価で，優秀な人材に対しては賃金とボーナスの面で明確に差をつけて報いていく。一方，欠勤が多く，目標値に届かない，お祈りの後に意図的に遅れてくる，といった社員にはDやEをつける。そして，Eの者には，雇用契約の終了へと誘導するようにしていった。インドネシアでは，従業員が犯罪を起こすか，著しい規律違反を犯さない限り，解雇はで

きないが，様々な方法を考え，どうしても辞めない場合は掃除担当に回すなどの措置を取った。また，以前は優秀であった社員でも，勤続が10年くらいになると怠ける者が出てくる。これは，インドネシアの法律で1年勤務すると給与1ヶ月分の退職金が支給されるところに理由がある。つまり，10年勤めると10ヶ月分の退職金がつくことになる（会社都合の退職の場合はその2倍）。そこで私は不良社員には厳しく当たるようにした。それは「さぼっても真面目にやっても一緒」という雰囲気を蔓延させないためである。とにかく，規律を守らせるためには，優良な社員に対しては正当な評価をしてモチベーションをアップさせること，不良社員には厳しく対処することが必要である。そして第3は「全社員レクリエーション」で，日帰りのバス旅行，サッカー大会など年間に数回のレクリエーションを実施した。その際，小委員会を立ち上げ，メンバーは一般オペレータから募集して基本的に彼（彼女）らに企画を任せるようにしていた。また，各イベントが終わると，ご苦労さん会を開催し，社長（私）と夕食をともにすることで，会社への参画意識を育てようとした。

##  ジャカルタ暴動と危機管理

### 1. 暴動の経緯

　1997年にタイで起こった金融危機が翌年インドネシアへと波及し，同年11月，IMFの介入によりインドネシア政府は16の銀行を閉鎖した。翌1998年1月には為替レートが1ドル＝2300ルピアから1万7000ルピアに下落し，輸入品の価格がどんどん上昇した。特に，5月12日は翌日からガソリン価格が上がることが発表されたため，どの道路もガソリンを買い求める自動車で大渋滞になった。私の自動車もそれに巻き込まれ，午後5時に得意先を出て，帰宅したのは夜中の2時という有様であった。また同日，学生に率いられた民衆がインドネシア全域でスハルト政権打倒を叫びデモを行った。その際，ジャカルタにあるトリサクティ大学で学生が4人死亡し，学生は「警察による銃撃」であるとして（警察は否定），翌13日から各地で反政

府デモが激しくなった。14日早朝には暴動と化してそれがピークに達し，ジャカルタを中心に各地で多くの商店やビルが襲われた。数十ヶ所でガラス窓が破られ，特に華人系企業が狙われて多くの人々が死亡し，コタと呼ばれる中国人街は殆どの商店が焼けた。さらに，高速道路に人々が出て車を止め，金品を略奪した。三ツ星ベルトには2つの工場（タンゲランとブカシ＝当社）があり，午後3時に日本人社員には帰宅を指示したが，間もなく彼らは戻ってきた。高速道路でジャカルタ行き車線の逆走が始まり，危険を感じたためであった。そのため，同夜は皆家に帰れず会社で泊まった。また，ジャカルタの日本人学校でも約900人の生徒（小学生・中学生）が自宅に戻ることができなかった。そこで，日本大使館が150kgのお米を学校まで届け，それを高学年の生徒が中心になって家庭科教室の炊飯器で御飯を炊いて，おにぎりを作り，全員に1個ずつ配り，学校で一夜を明かしたのである。

## 2. 日本人の帰国

こうした危機に際して，各日系企業の責任者は，非常に難しい判断を求められた。具体的には，生産を継続するか，工場を止めるか，生産を続けるが日本人は帰国させるか，といった意思決定を迫られたが，多くの日系企業は本社の指示もあり，日本人（駐在員と家族）を帰国させた。まずは家族（配偶者と子供）から始まり，責任者を除く日本人駐在員，最後に責任者という順番であった。しかし，私が前掲の長年在住している方にアドバイスを求めたところ，軍部が割れなければ，大丈夫ということであった。即ち，陸軍特殊部隊を率いるプラボウ司令官とウイラント国軍司令官が対立しない限り，「内戦にはならない」というのである。そこで，私が下した決断は，家族は全員帰すが日本人社員は残留というものである。しかし，航空券の確保が大変であった。私は5月16日に日本航空のオフィスへ行き，社員の家族9人分のフライト（翌17日発，大阪行き）を予約したが，これが最後のチケットで，それ以降に航空会社へ行った人は全く切符が手に入らなかった。ちなみに，アメリカ政府の対応は早く，17日には政府専用機が来て家族が引き

上げた。アメリカ政府の情報収集能力の高さとアメリカ大使館の事前の準備，アメリカ人駐在員間の電話連絡網に驚かされた次第である。これに対して日本国政府が救援機を用意し日本人の引き上げが完了したのはそれから4〜5日後のことであった。また，帰国させた家族については，日本で賃貸住宅を解約して赴任してきたケースもあるなど，人によって事情が異なるので，帰国後の対応（住宅の確保など）に苦労した。結局，当社では14日，15日，16日の3日間は操業を停止したが，18日の月曜日から通常のオペレーションに戻った。

## 3. ジャカルタ暴動からの教訓

この事件から責任者の心得として次のことを決めた。これらは今でも現地法人の社長への申し送り事項となっている。

① 携帯電話のバッテリーは予備を持ち，予備のバッテリーも何時もフル充電にし，かつ充電器は会社・自宅の両方に置いておく。

② インドネシアでは，従来は安全対策として1人1000ドルを身につけるよう言われてきたが，暴動になるとルピアのATMが停止するので，むしろいざという時にはルピアの現金が必要であることが分かった。従って，ジャカルタ暴動以降は日本人責任者に常に日本円で10万円相当のルピアを持たせている。

③ インドネシアの航空会社の窓口で航空券を購入した際（土日は旅行代理店が閉まっている），インドネシアのクレジットカードは与信限度が低いので（20万円程度），日本人家族9人分の支払い（約100万円）ができず，結局日本のクレジットカードで支払った。日常は日本のカードはスキミングの危険性があるのでインドネシアのカードを使うが，非常時には日本のカードも有効である。

## 4. スハルトの辞任と労働組合の多極化

この一連の争乱で32年間続いたスハルト政権が崩壊した。スハルト氏はインドネシアでは「開発の父」と呼ばれ，32年間も政権の座にあった（初

代大統領のスカルノ氏は「建国の父」と呼ばれる）。もともとスハルトファミリーの汚職に対する国民の不満が鬱積していたところに，デモが発生して民衆の心に火がついたと言える。

　また，スハルト後のインドネシアでは，ILO の第 87 号条約（「結社の自由及び団結権の保護に関する条約」）が批准され，結社の自由が認められることになった。それまでは，労働組合のナショナルセンターは SPSI（全インドネシア労働組合）のみに限られていたが，団結権が認められたことで上部団体が多数設立された。その時期にできた KSPI（インドネシア労働組合総連合）傘下の FSPMI（インドネシア金属労働組合連合）は，最も過激な組織で，日系企業を悩ませている。

　一方，政治面では，ハビビ，ワヒド，メガワティと大統領職が引き継がれていく中で，議会制民主主義が確立するとともに，2004 年のユドヨノ政権誕生以降は安定した体制になっている（2014 年にはジョコ・ウィドド氏が大統領に就任）。

## ❹ インドネシア人とは

　インドネシア人とは，どんな人たちですか？とよく聞かれるが，ここでは 4 つの点を述べたい。

### 1. 家族主義の国民である

　インドネシアの家族主義は，戦前の日本と似ている。かつての日本では，家長の権限と責任が強く，困っている親戚がいると，自宅に寄宿させ学校にも通わせて就職を斡旋したり，お見合いや結婚の世話もしていた。インドネシアも同じで，若者が田舎からジャカルタへ出てくると，先にジャカルタに住んでいる家族はどんなに家が狭くとも一緒に住まわせて就職の世話をするとともに，金に困れば用立て，病気になれば看病もしている。このように，インドネシア人の家族に対する愛情には素晴らしいものがあり，非常に家族愛に満ちた国民であると言える。職場でも，家族が病気になると，社員は会

社を休んで一緒に病院へ行く。日本人は「そんな事で会社を休むとは何事だ？」と怒ってしまうかもしれないが，彼（彼女）らは一向にお構いなしである。日本人の優先順位は，①会社，②家庭，③神様であるが，インドネシアでは，①神様，②家庭，③会社である。

## 2. イスラム教に忠実である

インドネシアでは国民の約88％がイスラム教徒である。イスラム教は，自分に厳しい宗教であり，1日に5回，神に対するお祈りを捧げる。私が雇っていたメイドも，祈祷用の白衣に着替えて1回につき約10分間自分の部屋で熱心に祈っていた。また，イスラム教徒は修行の1つとして断食を行う。それは「ラマダン」と呼ばれ，1ヶ月間，日の出から日の入りまで，飲食をしない。

インドネシア人から「貴方の宗教は何ですか？」と尋ねられた場合，例えば「仏教です」とハッキリ答えた方がよい。インドネシアでは，宗教を明確に答えられない人は軽蔑される。それは「パンチャシラ」の精神に反するからである。パンチャシラとは，「建国の父」である初代大統領のスカルノ氏が打ち出した「建国5原則」のことで，「人道主義」「インドネシアの統一」「民主主義」「インドネシア全国民への社会正義」とともに「唯一神への信仰」が謳われている。

## 3. 個々人は大人しいが集団になると感情制御ができない

インドネシア人は，個別に話をすると，非常に優しい人が殆どである。しかし，集団の中で，例えば誰かが「会社が理不尽な事を押しつけた」と扇動すると，皆の感情が高まり止めようがなくなるという激しい一面を持っている。

## 4. 厳選された人は優秀

日本では新人（スタッフ・マネジャー）を採用する場合，書類審査・筆記試験の後，10人に面接をして1人を合格にするといったパターンが通常で

あろう。しかし、インドネシアでは1人を採用しようと思えば、日本の10倍の100人に面接する必要がある。それくらい良い人材に巡り会うことは難しい。従って、リクルート活動においては、辛抱強く、良い人が採れるまで決して諦めないことが大切である。それを適当に行っていると必ず後でツケが回ってくる。逆に、苦労して採った人材については、日本人と比べて何の遜色もないか、むしろ優秀な場合が多い。英語も日本人より遥かに流暢である。インドネシア人は愛社精神がないからすぐに辞めるという人もいるが、それは今の日本の若者も同じで、インドネシア人の方がハングリーであるだけにタフであり、日本人よりも余程頼りになる。但し、常に彼（彼女）らのことを気にかけ、モチベーションのアップを図り、給与水準は他社並みか他社以上にするよう留意しなければならない。これらを怠ると一切がご破算になり、入社後1年くらいで転職してしまう。

## ❺ 新会社の巡航運転時の経営課題

インドネシアでは、新会社設立から5年が経過して経営が巡航段階に入っても、日本人社長は以下のような事項で悩まされる。

### 1. 人事労務問題

継続的に発生する人事労務問題は次の4点である。

①労働協約の更新

労働組合と対峙する際には、労働協約に限らず、交渉を始めるまでに「交渉のルール」を文書で確認する必要がある。即ち、事前に、期間・出席者・議題等を明記し、双方がそれにサインして、さらに写しを労働事務所に提出してから協約交渉を始める。労働協約の改定は2年に1回で、交渉には3ヶ月ほどを要する。そして、双方に異議がなければもう1年延長することが可能である。インドネシアの労働組合は、まだ成熟していないこともあり、毎回100以上もの要求を出してくる。その中で衛生・環境問題は、企業側が率先して対応すべきマターであり、組合から指摘を受けな

いと職場環境が改善されないというのでは，会社の恥である。

②新年度の賃金交渉

　新年度の賃金の基本になるのが，毎年11月に決定される各地域の最低賃金である。最低賃金は，「KHL」（適正生活必要経費）と呼ばれる1日に3000キロカロリーを摂取するために必要な品目（鶏肉や野菜など）の価格を労働組合・経営者協会・地方自治体の三者が共同で調査した上で決定することになっている。ところが，2011年頃からこのシステムが形骸化してきた。当初は市場調査する品目は20程度であったが，最近では43品目，さらには60品目にまで増えてきた。しかも，その中には椅子や机などが含まれ，3年で償却するとして価格の1/36が計上されたりしている。即ち，KHLの協議の場面では組合が一方的に自治体の長を押し切り，意図的にKHLが引き上げられるというパターンが定着しつつある。かつてはCPI（消費者物価指数）の上昇が年率10％にも達していて，それがKHLと連動して労使双方にとって妥当な水準で最低賃金の改定が行われてきた。しかし，2011年はCPI上昇率が3.6％と低かったため，それに焦りを感じた労働組合が強引に高率の賃上げを求めた結果，システムが崩壊してしまったわけである。

　最近の組合活動は先鋭的であり，かつ一般の組合員にも携帯電話の普及が進んだので，SMS（ショートメッセージサービス）機能を駆使し，下位組織を強力に，またある時には「ピンポイント」で動かしてくる。労組は中国やインドでストによって大幅に賃金が上がったこと，タイの最低賃金が急上昇したことなどの情報を全て把握している。つまり，大衆が目覚めてきたのである。インドネシアで最近目立ってきているのは「スウィーピング」（sweeping）と呼ばれる闘争方法で，ある会社を狙い撃ちし，他社から大量の組合員をバイクで動員して，①高速道路の入口を封鎖する，②従業員に会社の外へ出るよう強制する，といったことを行う。その結果，工業団地全体の操業が止まってしまう。事実，当社でも日本人駐在員が2日間ほど社内に閉じ込められ，「契約社員を今すぐ全員正社員にせ

よ」との要求を突きつけられたという目にあった。しかも厄介なことにスウィーピングに対して警察はあまり動いてくれない。これは，インドネシアには人や器物に危害・損害を与えない限り何をやっても良いという文化があるためである。

③ボーナス交渉

ボーナスは法律に規定されているものではなく，各企業の自主的な判断に委ねられているが，日系企業では12月に組合と交渉するのが慣例となっている。金額としては通常給与の1ヶ月分であるが，近年は利益配分的な傾向も出ており，企業によっては多額（5〜6ヶ月分）のボーナスを支給するところもある。

④従業員解雇

前述のとおり，インドネシアでは従業員の解雇が難しいが，不良社員の一掃は企業の生命線であるため，解雇を行っていく必要がある。但し，それは法に則っていても慎重かつ理論武装をしてから実行に移さねばならない。実は私は，インドネシアで「不適正外国人」になりかけたことがある。これは非常に危険な事態で，もし不適正外国人に認定されてしまうと，国外退去を命じられ，インドネシアへの再入国ができなくなる（実際，そうした日本人もいる）。私のケースの場合，解雇した従業員から告訴されたことが発端であった。その者は係長であったが，それに相応しい仕事ができなかった。しかし，法律上解雇は難しいので，業績考課で悪い点をつけ，警告書を発行し，さらに退職に際するボーナスを上積みすることで契約解除の合意書にサインをもらう，といった手順を踏んで辞めさせたつもりであった。金額については，私自身が直接交渉したわけでなく，「会社と本人の希望の間をとって合意しました」との説明を総務課長から受けていた。ところが，しばらくすると，①労働省ブカシ支局，②入国管理局ブカシ支局，③ブカシ警察署，④ブカシ市役所，⑤人権擁護団体といった組織から次々と私に対する呼び出しが来た。会社が支払った退職時

のボーナスが彼の要求金額と乖離しているというのである。上記の各組織は，私の個人のパスポート・ビザ・登録資格をはじめあらゆる書類に不備がないか確認していた。万一，書類上の不備があれば，危うい状態となっていたであろう。最終的には労働省の係官がやって来て，当社の総務部の担当者に「早川とはどんな人ですか？」と質問をしたところ，その担当者は「すばらしい人です」と答えたそうである。ちょうど前週に社内の食事会があり，その時に撮った写真を見せて，皆の笑顔から「ほら，分かるでしょ？」と係官に説明し，先方も了解してくれたとのことであった。このように，私の場合は運も良かったが，我々は所詮外国人であることを忘れてはならない。公権力を敵に回すと，大変な事態になるし，インドネシアでは弁護士が活発に活動しており，告訴も簡単なため，書類が整えば「不適正外国人」となりかねない。国外退去はまだ良い方で，容疑者として拘束されると，なかなか解放してくれないし，投獄される。なお，日本人にはインドネシアの監獄は耐えられないと言われる。

## 2. 税務署の無理難題

　法人税（税率＝25％）については，前年の納税実績と同じ額が当年の暫定的な納税額になり，その1/12を毎月予定納税していく。そして，翌年の確定申告時に実際の利益から計算した税額との差異を調整し，追加納税するか，払い戻しを受けることになる。しかし，払い戻しを受けると必ず監査が入ってくる。その際，税務署の職員も監査に入るからには成果を上げる必要があるので，無理難題を要求する。また，最近では「移転価格税制」（本社への輸出販売価格・本社からの原材料仕入れ価格）や「ロイヤリティ」の本社支払いなどに関するチェックが厳しく，税務裁判でもロイヤリティが最終的に否認されるケースが多くなってきた。無理難題を突きつけられた場合は早い段階で会計事務所と相談をし，税務署と交渉の上，ある程度妥協して税金を払うか，徹底抗戦して税務裁判にまで持って行くか，腹を決める必要がある。他方，追加納税をすると監査は入らない。逆に，売上・利益が前年より落ちると，前述のとおり払い戻し・監査となるので，売上を伸ばしていく

ことが肝要である。

## 3. 税関の無理難題

インドネシアの企業には，国内販売用の普通企業と輸出を目的とした保税工場（PDKB）の2種類がある。税関とのトラブルは普通企業ではなく，当社のような保税工場で発生する。当社が進出した当初，保税工場の特典として「輸入関税については，原材料・機械ともにゼロとする。そして，前年の輸出実績の25％まで国内販売を認める」というルールがあった。その後，2005年には保税工場に対する国内販売枠が大幅に増え，「当年生産実績の60％（完成品は50％）まで販売可能」と改められた。ところが，2011年9月には，元の「前年販売実績の25％」までしか認めないという法律に戻った。そして，2012年3月に突然再び「当年の生産実績の60％」となった。このようにインドネシアの法律は常に変化していく。この背景には，商業省と国税庁の間の確執が垣間見える。加えて，インドネシアでは「省庁間の利害が相反する場合の調整」を行う大統領の「官房機能」が弱く，国家の意思決定が非常に曖昧である。法律改正の際も，一方の主張に押されてよく検討せずに拙速に新しい政策が実行に移され，もう一方から反対が出ると，また元の制度に戻ることがよくある。従って，インドネシアで新しく法律が施行または改正された時には，すぐに動かず，慎重に情報を収集してから対応することをお勧めする。

また最近，20年を超える中古機械は輸入禁止となった。20年までの中古機械もSGS検査（スイスに本社を置く世界最大の民間検査・認証会社による検査）等の要求が厳しくなっているので，注意する必要がある。

## 4. コンピュータの更新と維持管理

インドネシアでコンピュータに関連して問題がある，と言えば奇異に思われるかもしれない。通常は，現地法人ではインドネシア人のマネジャーがきちんと管理しているし，本社の情報システム部の担当者が常に監視していると考えるからである。しかし，現地法人を設立して5年も経つと，業務の改

善に伴いシステム全体が複雑になってくる。また，本社は現地の自立を期待して指導が十分でなくなってくる。こうした中，一番の問題は，現地法人の社長自身が「何が問題であるか」を知らないことである。コンピュータに関しては，潜在的なリスクが多くあり，通常稼働中は「一見問題がない」ように見えるが，水面下でジワジワと問題が大きくなっている可能性があることを理解してほしい。多くの社長は，情報システムに興味がないので見過ごしてしまうが，専門的でなくても問題の概要を把握し，システムの改善を繰り返し行わないと，ある日突然システムが停止して，業務が混乱してしまうといったことになりかねない。そして，社長自らが本社の情報システム部やローカルのマネジャーに問題点がないかを質問すべきであり，彼（彼女）らの方から教えてくれるようなケースは少ないことを肝に銘じなければならない。「全て本社が面倒を見てくれるはず」と思い込むのは無謀である。そこで，1つの解決方法として，地元の信頼できる外注業者を入れることも良いと思う。当然コストはかかるが将来発生するかもしれないトラブルの大きさを考えると，その方が相対的に安いと言える。但し，その場合でも社長は問題の概要について把握しておかねばなるまい。

## ❻ これからのインドネシア

　まず第1に，労務費が安いから進出するといった時期は終わったということである。別言すれば，これからはインドネシアの工場の現場力・工場力に魅力を感じて現地生産する時代である。賃金が上昇することで消費が拡大し，インドネシアの経済全体は今後も成長していくと考えられるが（1人当たりGDPは約3500ドル：2013年データ），一方で人件費の高騰により製造工場は大きなダメージを受けることになろう。事実，インドネシアで最低賃金水準が最も高く，当社も所在するブカシ市における自動車・電機セクターの最低賃金は，2011年に141万4163ルピアであったが，2014年には281万4562ルピアへとほぼ倍増している（1ルピア＝約0.0087円。2015年10月時点）。こうした状況下，今後の日系企業の現地経営を①進出目的（a.国内販

売志向＝自動車・二輪など，b. 輸出志向）と②製造形態（a. 設備の移転が比較的容易＝縫製・組立など，b. 設備の移転に費用がかかり，かつ生産技術の移転が困難）の面から分析すると，輸出志向で，設備の移転が比較的容易な製造業については，既にインドネシアから他国への転出が始まっている。他方，インドネシアでの国内販売が目的の会社は，他国へ移転するという選択肢はない。また，残りの企業に関しても，人件費の高騰を乗り越えてインドネシアに踏みとどまらざるを得ないであろう。こうした中，今後は要員の増加を抑えるべく，合理化に向けた設備投資が増大して行くものと思われる。

##  日本企業へのアドバイス

　今日のインドネシアでは，ジャカルタ近郊に関しては，日本で工場を立ち上げることと同じでないにせよ，日系企業が進出できる社会基盤が整っていると言える。具体的には，大手商社から銀行・損保，物流会社，部品メーカーに至るまで，殆どの業種で日本企業が進出してきている。生活面でもジャカルタには日本人医師が3人いる。また，インドネシアには日本大使館や領事館のほか，ジャカルタ・ジャパン・クラブ（JJC）のような組織があり，様々な相談に乗ってもらえる。インドネシアは東西約5100km（アメリカ大陸と同じ幅）に及ぶ国土を有し，1万7000を超える島々で構成され，1000以上の民族がいて人口は約2.5億人，200以上の言語が話され，多くの宗教（イスラム教，カトリック・プロテスタント，ヒンドゥー教，仏教，儒教など）が信仰されている多様性に満ちた国である。そのため，先述したような朝令暮改の政策も多く，情報の拠り所も少ないので，現地における日本人同士の絆が重要となるのである。私自身も先発の日系企業からインドネシアでの経営に関して色々な事柄を教えていただいたし，後続の企業に対しては種々アドバイスもさせてもらった。

　こうした状況を踏まえ，今後進出を検討される企業に対して，次の2点を助言したい。第1はイスラム教徒の考え方や習慣を理解し，認めてあげるこ

とである。例えば，ラマダンの時期にはインドネシア人の従業員は午後2時頃から朦朧としてくるので，あまり難しい会議は午後に入れないといった配慮が必要である。ある日系企業の社長がジルバップというイスラムの女性の被り物を「安全性に関わる問題だから取れ」と言ったところ大問題になったことがあったが，お祈りや食事制限，断食，服装などについて理解することは，日本人にとってそれほど難しいことではないと思われる。第2は上から目線でなく，インドネシア人とともに歩む気持ちを持つことである。インドネシア人と一緒に仕事をしていると，日本人を基準に判断しがちになる。そして，「遅い」「間違う」「言い訳を言う」といったストレスに悩まされる。しかし，勘違いしてはいけないのは，ここはインドネシアであるということである。彼（彼女）らがいて初めて当社があるのであり，上から目線ではいけない。また，インドネシア人は非常にプライドが高い人種である。相手が悪い場合には叱ってもいいが，プライドを傷つけると嫌われてしまう。日系企業の社長クラスの言い伝えで，5つの"あ"というものがある。「慌てず，焦らず，頭にこず，当てにせず，されど侮らず」というもので，心に留めておいてほしいと思う。

【質疑応答】
Q1: インドネシアにおける従業員の採用状況についてお教えいただきたい。
A1: オペレータレベルの労働力は豊富であるので採用しやすい。一方，大卒に関しては，同国 No.1 であるバンドン工科大学などの学生の採用は難しい。日本では，大学新卒者の給与水準は相場がほぼ決まっているが，インドネシアにはそのようなものはなく，個別の話し合いで決定される。そして，インフレ等で賃金が高騰していることを学生側もよく知っている。従って，金額によっては「それならお断りします」と言われることがある。

　先にも少し述べたが，大卒者の中には日本人が束になってもかなわないほど優秀な人がいる。例えば，当社のある課長（40歳）は，バンドン工科大学の出身であるが，通常6年を要する課程を4年で卒業した逸材である。彼は，取引相手との交渉でも物おじせず論理的に対応するなど非常に頭が良い。但し，前述したように，100人くらい面接しないとこうした人材には巡り会えない。多くの日系企業は採用活動が面倒なため投げやりになってしまうが，絶対諦めては

いけない。

Q2: 有能人材の育成や活性化はどのように行っているのか。
A2: それが一番難しい。評価を賃金に反映させることに加え，最近では三ツ星ベルトのグループ企業が一堂に会する世界会議に出席させるなどしている。育成のためのローテーションは当社レベルの規模の組織ではやりたくても困難である。また，昇進もさせているが，社長職を任せるとなると，日系企業では難しいであろう。

Q3: 家族主義的な経営の一方で，業績の悪い者を解雇していくという点について，労働組合や従業員から反発や不満は出ないのか。
A3: そのようなことはあまりない。それは課長や班長をはじめとする管理・監督者が不良従業員に困っているからである。班長は，彼（彼女）らのせいで出来高が上がらないために責められ，欠勤者が出たら自ら補充に入らないといけない。従って，辞めてもらいたい者に対しては，職場の中で何となくそういう雰囲気ができあがっていく。

　なお，解雇は困難でも人事異動は可能であり，それには労働組合も反対できないので，前述のように，成績不良者を掃除担当に回すといったことがある。しかし，長期勤続している人は賃金水準が高く，健康保険が付与されているし，子供もいるので会社を辞めようとしない。そういう人には反省文を書かせたりもするが，何をしても駄目な場合がある。そして，もともと入社時に厳選して採用し，さらに何十人かを辞めさせた上で残った従業員たちであるので，あまりリストラをやりすぎると社内の雰囲気がギスギスしてくる。そこに難しさがある。

Q4: インドネシアの労働法は労働者に手厚いが，この傾向は今後も続くと思われるか。
A4: メガワティ大統領時代，労働大臣であったヤコブ氏が全インドネシア労働組合総連合（KSPSI）の出身であったため，労働法が労働者・労働組合寄りに変わった。今後もこの傾向は続くと考える。

Q5: インドネシアの労働組合及びストライキやデモに関する動静はどうか。
A5: かつて日系企業では6ヶ月以上の労使紛争になったケースが2件あった。その結果，1社は撤退し，もう1社はいったん解散して再建することになった。その他の企業も1度や2度はストかそれに準じるトラブルを経験していると思う。但し，最近では，ストライキは収まりつつあるようである。労働組合の要求は

第8章　インドネシアにおける人事労務管理・現地経営上の留意点　197

大きく分けて，①派遣社員の雇用に関する法律遵守（企業が拡大解釈をしているので，法律どおりの運用を求める），②契約社員の正社員化，③賃上げ，の3点である。また，インドネシアのデモはある程度秩序だっていて，通常は暴動とは別物である。なお，スウィーピングについては，やり方が過激で労組が批判を受けているようだ。多くの派遣社員を活用している韓国のサムスンの工場などは，派遣を認めないのであれば，工場を閉鎖すると言っているが，それを受けて地域住民が逆に組合に圧力をかけるといった事態も発生しているとのことである。

Q6: インドネシア人の対日感情はどうか。
A6: 一般論としては良いと感じる。日本は第二次世界大戦時の占領中も酷いことをしなかったので，日本人に対しては好意的である。一方，アメリカはキリスト教文化圏でもあり，あまり好かれていない。但し，一般論で国民性を議論するのは危険である。どの国にも様々な人がいる。当社の場合は社員とともに目標を立て，レクリエーション活動も含めてモチベーションを保てるよう工夫をし，良好な関係を築いたので，インドネシア人従業員の日本人に対する感情は良かったものと考えている。そして，徐々に現地人のマネジャーも育ち，「一緒に頑張りましょう」という雰囲気になり，私もインドネシア人が好きになった。

Q7: 現地の日本人駐在員の給与はドル払いか，ルピア払いか。
A7: 当社は現地法人からドルで支給する。但し，現地人の人件費や国内経費はルピアで支払っている。一方，内販志向の企業は日本人駐在員に対してもルピア払いが多いと思う。

# 第9章　新田ゼラチンにおける
## 　　　グローカル経営とインドでの事業展開
―インドの経営環境とビジネス上の留意点を踏まえて―

新田ゼラチン株式会社<br>
代表取締役社長　曽我　憲道

## ① 新田ゼラチンの「グローカル」経営

　新田ゼラチン株式会社（以下，当社）は，1918年に創業した企業で，本社は大阪市にある。資本金は8億7500万円，連結従業員数は574人（持分法適用会社を含めると約1100人，単体では約300人），同売上高は279億円である。グループ会社は国内外を合わせて17社ある（いずれも2010年度データ。資本金については2013年8月に31億4400万円に増資）。

　当社は，ゼラチン，コラーゲン，コラーゲンペプチド，及びその関連製品の製造・販売をグローバルに展開しているが，原料調達から開発・生産・販売までを一貫して行い，トレーサビリティを完備させている点に強みがある。売上の51％を占めるゼラチンに関して言えば，日本国内でのシェアは59％でトップ，世界では6％で4位である。ゼラチンはグミキャンディやソフトキャンディ，コンビニの総菜のほか，医薬品のカプセル，さらには映画やレントゲンのフィルムなどに使われている。

　グローバル経営の展開については，日本本社が主に基礎研究と市場創造を行い，そのノウハウを海外子会社に移転していくという方式をとっている。海外拠点は，インド，米国，カナダ，中国に設置しているが（2011年時点。その後，2013年1月にはベトナムにも現地法人を設立），各子会社が安定期に入ると，現地人にトップを任せるようにしている。即ち，日々の経営は私（曽我）が指名した現地人が担い，日本本社は技術と財務面で支援する。従って，各現法には技術担当の日本人駐在員を置いているが，経営責任者は

派遣していない。また，各製品の販売価格といった細部に関して本社は一切口出しをしない。但し，本社の社長である私が月次の収益管理をするとともに，各現地法人のトップと月に2回英語でテレビ会議を実施し（1回につき2時間程度），報告を受けている。さらに，毎年2回，各トップを日本に呼んで，フェイス・トゥー・フェイスで私から指示を出すようにしている。こうした現地人社長との緊密なコミュニケーションを通して，新田ゼラチンは「グローカル」（グローバル＋ローカル）な経営を実現しているのである。

## ❷ インド進出の経緯と Nitta Gelatin India の経営概況

### 1. 進出の経緯

　当社のミッションは，動物資源（牛，豚，魚）の副産物（骨，皮）を精製・抽出し，付加価値の高いゼラチン，コラーゲン，コラーゲンペプチドとして社会に還元することにある。ゼラチンとコラーゲン，コラーゲンペプチドは分子構造が違うだけで，原料は同じである。

　こうした中，当社がインドに進出したのは1975年のことで，インド南部のケララ州コーチンに合弁会社 Kerala Chemicals & Protein Ltd. を設立した（2008年に Nitta Gelatin India Ltd. と商号変更）。日本企業のインド進出の先駆けとされるマルチ・スズキ・インディア社（スズキの合弁会社）の設立が1981年であるので，当社はそれより6年早かったわけである。

　インドに進出した理由は，当社製品の原料となる牛の飼育頭数が世界一であるという点にある。国民の約8割がヒンドゥー教徒であるインドでは，牛は神聖視されており（ヒンドゥー教徒は牛を食べない），自然と牛の数が多くなる。日本の牛の飼育頭数が500万頭弱であるのに対し，インドでは2.6億頭以上に達し，その数は全世界の約1/4を占めると言われる。次に，ケララ州に拠点を構えた背景には，第1に同州がインド南部における牛の骨の集散地ということがある。また，2点目として政府が産業振興に熱心であったことも大きい。3つ目は教育水準が非常に高いということである。識字率は90％に達し，インドの平均（65％）を大きく上回る。さらに4点目は生活水

準が高いことが挙げられる。ケララ州は緑が豊かで，米とココナッツオイルが豊富に採れる。そして，乳児死亡率は低く，平均寿命が長いほか，女性の社会進出も進んでいる。

## 2. Nitta Gelatin India の経営概況

　Nitta Gelatin India は，1975年に新田ゼラチンと三菱商事，ケララ州政府の外郭団体である産業開発公社の3社による合弁事業としてスタートした。その後，三菱商事は合弁から手を引き，当社がその保有分を引き受けた。現在，Nitta Gelatin India はムンバイの株式市場に上場しており，新田ゼラチンの出資比率は47％となっている（持分法適用会社）。資本金は8400万ルピー（1ルピー＝約1.84円，2015年10月時点）で，2010年度の売上高は21億ルピーである（2015年3月期には売上高が35億ルピーにまで増加している）。

　Nitta Gelatin India は，当初ゼラチンの原料となる牛骨オセインの加工のみを手掛けていたが，1999年からは最終製品であるゼラチンの製造も始めた。同ゼラチン工場は，新田ゼラチンの品質基準に沿って生産しているが，その分インドの同業他社と比べて，コストが高くなる。そのため，初期は価格面での競争に苦しんだが，近年ではインドの経済発展とともに，市場の状況が大きく変わってきた。特に，社名をNitta Gelatin India に変えた2008年の売上高は前年比2倍弱となった。これは，日本の品質，さらには新田ゼラチンのブランド力に対する高評価を示すものと考えられる。現在当社グループは，インドにおいてゼラチンの製造，あるいはオセインの加工を行う4工場を展開しており，その従業員総数は600人弱となっている。

## ❸ インドの経済社会の特質とビジネス上の留意点

### 1. インド人のコミュニケーションスタイルと契約に対する意識

　インドは日本の約9倍という広い国土を有することもあり，北部と南部の文化的な隔たりが大きい。北部はアーリア系の人が多く，お金に対してシビ

アである。他方，南部はドラヴィダ系が主流で，北に比べてゆったりしており，拝金主義的な考えの人は少ない。食生活は，一般的に北部は小麦中心，南部は米中心である。また，インドでは準公用語である英語を含めると各州が認めた公用語の数が 23 にも及び，かつては州をまたいだ物流に税金が課されていたほど地域性が強い。

　しかし，地域を越えて共通しているのは，インド人は基本的に大変議論好きであるということである。我々との商談でも話を始めると止まらず，英語で徹底的にまくし立ててくる。インドの連邦の公用語はヒンディー語であるが，ビジネスで必要となることはない。高等教育を受けた人の英語力はネイティブレベルであるので，どこへ行っても英語が通じると考えてよい。そのため，最近のインドはコールセンターやソフトウェア開発から新薬開発に至るまで，欧米企業のアウトソーシング先として注目されている。インド人の英語力のおかげで，インドはグローバルなビジネス展開や国際的な情報へのアクセスといった点で有利なポジションにあると言える。

　インド人の英語は，いわゆる「米語」でなく，「英語」（キングス・イングリッシュ）である。従って，単語や文法に非常に拘る。例えば，当社で経営理念の英語版を策定した際，各海外子会社の現地人社長に日本に来てもらって検討したのだが，Nitta Gelatin India の社長が米国子会社とカナダ子会社の社長が提示した文章の単語や文法を修正していったのには驚いた。そして，実際によく読んでみると，インド人社長が示した英語版の方が納得性の高いものであった。

　また，上記に関連してインドでのビジネスにおいては，契約書の作成に多大な時間を要する。それは前述のとおり細かな表現に固執するからであり，インド側が提示してくる契約書には普段使わないような単語が多く含まれている。そのため，日本側も辞書を手放せず，さらに時間がかかるのである。しかし，インド人はいったん契約書にサインすれば必ずそれを守ってくれる。その点は中国と異なる。なお，インド人とコミュニケーションをする際，彼（彼女）らはイエスの場合でも首を横に振るので日本人は戸惑うかもしれない。

## 2. カースト制度

　カースト制度は，ヒンドゥー教にまつわる「ヴァルナ」と呼ばれる身分階級の枠組みである。最上位は「バラモン」（僧侶・司祭）で，次に「クシャトリア」（王族・武士）が来て，以下「ヴァイシャ」（平民），「シュードラ」（隷属民）と続き，その下が「アウトカースト」（不可触民）となる。さらに，カーストに加え，「ジャーティ」という職業別の階級制度（サブカースト）があり，インドの地域社会はジャーティ間の分業体制（世襲制度）で成り立ってきた。そして，基本的にカースト間の移動は認められてこなかった。

　カースト制度そのものは，1950年に制定された憲法で全面禁止が明記されたが，現実には今日においてもインドの社会に深く根付いている。そのためか，インドでは殆どがお見合い結婚であるという。なお，現地の人に言わせると，名前を見ればカーストが分かるそうである。

　但し，こうした社会システムを大きく壊しつつあるのが，近年のIT産業の隆盛である。ITは全く新しい産業で，従来型のジャーティには存在しない職種である。それ故，今日のインドでは，カーストに関係なく，能力さえあればIT産業に従事することができ，お金を稼げるようになったのである。

## 3. イスラム圏との近接性

　インドは地理的に中近東に接しているため，イスラム圏とのビジネスチャンスも大きい。また，先述のとおり，インドの国民の約80%がヒンドゥー教徒であることは良く知られているが，次に多いのはイスラム教徒である。その比率は13.4%にすぎないが，人口で見ると約1.5億人にもなる。イスラム教の人々は「ハラール」と呼ばれるイスラムの教えに則り調理されたものしか口にしない。逆に言えば，ハラールの証明がついた食材は安心して食べてくれるということである。従って，インドでのビジネスを通してハラールに関するノウハウを獲得すれば，他のイスラム圏でも応用可能となる。そして，イスラム教は，中近東のみならず，人口約2.5億人を擁するインドネシアやマレーシアをはじめとする東南アジア諸国でも大きな影響力がある。

## 4. 近年の労働事情

インド人の博士号取得者は年間7700人に達している。そのうち、35％の人がインド国外でPh.D.を取っており、海外志向が強い。特に、米国の理工系の大学にはインド人の学生が多い。インドでは親が自分の子供に就かせたい職業の第1位は弁護士である。事実、インドの大臣の40％が弁護士資格を有している。ちなみにインドでは汚職が少なく、政治家や官僚に対する信頼・尊敬の念が強い。第2位はエンジニアで、特にケミカルや医療・医薬関係のエンジニアが人気である。米国の製薬会社の開発チームには驚くほど多くのインド人が働いている。

注目すべきは、そうした海外で学位を取得したり、勤務していたインド人の「Uターン現象」が最近目立つことである。その背景にはインド国内の給与水準が上がってきたことがある。例えば、IT関係の社長であれば、年収は1000万円～3000万円にもなると言われている。また、製薬関係も同じくらい高いとされる。そして、近頃のインドでは、給与以外のフリンジ・ベネフィットを充実させようという動きもある。とりわけ、グローバルに成長している産業では、人材の引き抜きが盛んに行われているために人件費の高騰に拍車がかかっている。但し、一般ワーカーレベルでは未だ年収は180万円程度であろう。

## 5. インドにおけるコーポレート・ガバナンス

Nitta Gelatin Indiaのケースで説明すると、取締役10名のうち、社長以外は全員非常勤である。但し、日本とは異なり、社外取締役に対する報酬は交通費程度である。監査役については1名のみで（個人でも会計事務所でもよい）、公認会計士の資格を必要とする。監査役の役割は会計監査であり、業務監査は監査委員会が別途行う。監査委員会は資本金5000万ルピー以上の上場企業に設置義務があり、それは取締役で構成されるが、独立性を担保すべく、常勤の取締役が多数メンバーとなることはできない。なお、社長の給与やフリンジ・ベネフィットは指名・報酬委員会で議論される。

株主総会の定足数は一律に5名以上と定められている（その後、2013年

に会社法が改正され，株主数に応じて定足数が決まるようになった）。それ故，例えば合弁会社で日本側が全員欠席であっても，インド側が5人以上出席していれば総会は成立する。そして，決議方法は，1議決権＝1票でなく，1人＝1票（出席株主の挙手）となるので，要注意である。こうしたインドのガバナンスシステムの特異性に起因するトラブルを防ぐには，定款において「株主総会の決議は挙手でなく投票で行う」ことを規定するといった工夫が必要となろう。また，決議事項は通常決議と特別決議に分かれる。通常決議は決算書や役員に関する承認で，過半数の賛成を必要とする。他方，合併や解散といった重要事項に関わる特別決議は3/4の承認が求められる。そのため，インドで合弁事業を立ち上げる際には相手側が26％の株式保有を強硬に求めてくる場合がある。

## ❹ これからのインド

　インドの人口は拡大を続けており（2010年時点で11.7億人），2030年には中国を抜いて世界第1位になると予想されている。人口ピラミッドは，今後の経済発展に向けて理想的な形をしており，国民の平均年齢は，日本＝43歳，中国＝33歳であるのに対して，インドは25歳と若く，19歳以下の人口が約4.6億人に達する。こうした豊富な若年層はインドの労働力・購買力の源泉として大いに期待できる。

　但し，私はインドが中国のような急成長を遂げるとは考えていない。それは，中国は共産党一党独裁で，政府の号令一下で道路等のインフラがすぐに整備されるが，インドは民主主義国家ゆえに何事も時間を要するからである。どんな土地にもその所有者がおり，かつての日本の地上げ屋のような人達もいる。従って，インドにも新幹線計画や高速道路計画のようなものがあるが，その実現までにはかなりの時間が必要であろう。例えば，立派な工業団地を作っても，空港・港湾や幹線道路から工業団地に向かう道路が昔のままといったケースが多い。それ故，コールセンターやソフトウェア開発といったサービス産業はともかく，ものづくり産業が本格的にテイクオフする

のは先のことになろう。また，インド人の気質にも保守的な部分がある。新田ゼラチンの本社にインドの子会社から2人（技術担当と財務担当）が研修に来たことがあるが，いずれもベジタリアンであった。そのため，社員食堂では一切食事を採ろうとせず，毎日コンビニ等で買ってきた牛乳とバナナを食べるという生活を1年間続けた。日本人であれば，そうした単調な食生活に耐えられず変化を求めると思うが，インド人は頑なである。

　対外関係の面では，英国の植民地であったという経緯もあり，歴史的に欧州との結びつきが強いが，最近では米国とも接近しつつある。一方，中国との関係は依然として良くない。実際，我々が中国の顧客に「インド製」の商品を売り込むのは難しい。また，その逆も然りである。その点，日本に対するイメージはポジティブである。日本の外務省が2009年に実施した「インドにおける対日世論調査」によると，現在の日印関係を「非常に良好」「良好」とする回答が76％に達している。また，日本企業のインド進出を「歓迎」「どちらかと言えば歓迎」する声は94％にも及んでいる。現状，日本企業の拠点は，ニューデリー周辺=30％，チェンナイ周辺=20％，ムンバイ周辺=16％，バンガロール周辺=13％という分布状況で，自動車関連や製薬関連が多いが，特にヘルスケア産業は有望であると考える。ヘルスケア関連の現在の市場規模は約6兆円でGDPの約5％を占めるにすぎないが，経済成長率を大きく上回る水準での拡大が続いている。その理由の1つは国内市場の潜在力が大きいこと，もう1つはインドが世界の製薬メーカーのジェネリック医薬品の生産拠点になりつつあるということである。前者については，インドの地方の農村部では薬を買えない人，病院に行けない人が多く，未だに加持祈祷に依存しているといった面もあるが，それだけポテンシャルがあると言える。後者に関しては，薬のカプセルはゼラチンでできているので，当社にとっても見過ごせない市場である。

　現在，インドの今後の経済発展を見越した各国首脳による「インド詣で」が活発であるが，インド人は非常に交渉上手であるので，1つの国や地域に肩入れするのでなく中立的な立場を守っていくと思われる。そして，世界の最先端の技術を手に入れたいという願望が非常に強い。この点は中国と同じ

で，古い技術や商品をインドに持ち込もうとしても，見向きもしてくれないであろう。

【質疑応答】
Q1: インドでの合弁事業の運営において，技術流出を防ぐためにどのような取り組みをされているのか。
A1: 先にも述べたように，当社から技術担当の駐在員を派遣しており，その者を通して技術を管理している。但し，インドは中国ほど人材の流動性が高くないので，技術情報の散逸の程度が小さいように感じている。州を越えて仕事を探すといったケースは珍しく，同業他社から流入したり，同業他社へ転職することも少ないので，その点で安心できる。当初は我々もゼラチンの技術を出すことを躊躇していたが（原料となる牛骨オセインに留めていた），結果的には心配するほどでもなかった。むしろ，当社の持っている技術を出せば，ローカルのスタッフが新しいマーケットを切り開いてくれるので，彼（彼女）らに任せることが大事であり，任せることで我々に対する信頼も勝ち取れるのではないかと思う。

Q2: 日本人駐在員に対する生活面でのケアはどのようにされているのか。
A2: かつて中学生の子供を帯同した駐在員がいて，現地校に通わせたところ，地元の新聞に取り上げられたことがあった。それくらいケララ州において日本人は珍しい存在であった。最近では生活環境が改善されつつあるが，それでも半年に1回，駐在員に対してシンガポールまたはタイへの買い出し休暇を付与している。ケララ州は米の産地であるが，日本米とは種類が違うので日本人の口に合わない。さらに，社費で日本から適宜食糧も送っている。

Q3: Nitta Gelatin Indiaの現地人社長はどのようなプロセスを経て登用されたのか。
A3: 前任の社長もインド人で，その定年退職に際して前任者と相談の上で内部登用することにした。社長職は3〜5年契約であるが，現社長は勤続30年以上で，Nitta Gelatin Indiaの生き字引のような人物である。先日もケララ州産業開発公社設立50周年の式典で，同州の産業発展に貢献した50人の1人に選ばれ，表彰された。

　ちなみに，当社では北米についても状況は同じである。米国の販売会社の社長は私が新卒で採用した者で勤続20年以上，カナダの社長も入社して17〜18年になる（彼らは2014年に新田ゼラチン本社の役員に就任した）。これは，新田ゼラチングループが，従業員に長く勤めてもらえるような環境作りに努めて

きた結果であると自負しており，そのためインドでも労使問題は発生していない。なお，インドでは1つの企業内に複数の労働組合が存在することも珍しくない。

**Q4:** Nitta Gelatin India に社名変更をされた年に業績が急上昇したとのことだが，そうした効果はインド特有のものであるのか。

**A4:** そうではないと思う。かつては当社のカナダの現地法人も別の社名であった。それを 2005 年に Nitta Gelatin Canada Inc. へと変えたことで業績が改善した。インドでも以前は「わが社はケララ州にあり，製品は新田ゼラチンのライセンスを受けており……」といった説明をいちいち行う必要があったが，現在は社名を言うだけで十分である。また，お客様に買っていただける価格とロットもアップした。それだけブランドとして認知されているということであろう。実は，米国市場では，当社の米国子会社の製品とインド子会社の製品がバッティングするような状況が生じている。これには，あえて競合させているといった面があり，お客様に「いずれの製品であっても新田ゼラチンとしてのバックアップがきちんとできていますよ」というメッセージを伝えるためでもある。逆に言えば，何か問題が発生すると，グループ全体に影響を及ぼすので，そういう意味での緊張感はある。

**Q5:** インドにおける B2C 市場を取り巻く状況はどうか。

**A5:** 日本では膝関節や皮膚に対するコラーゲンペプチドの効能が学術的にも証明され，関連商品の評判が良いが，インドでも膝関節の悪い人が非常に多い。そこで，新田ゼラチンが開発したコンシューマー製品をインドでも製造・販売している。但し，原材料は日本では魚由来であるのに対し，インドは牛由来となっている。

**Q6:** インドでの従業員の採用はどのようにされているのか。

**A6:** 採用方法は，新聞広告が中心である。また，新卒者の場合は大学を訪問して直接リクルートすることも多い。一般的に，インドでは日本のハローワークや民間企業が手掛ける各種の求人メディアのような雇用インフラが未だ発達していない。

**Q7:** インドでは，職場において男性と女性の暗黙の役割分担のようなものはあるのか。

**A7:** インドのレストランでは，ウェイトレスを見かけることは少なく，通常は男性がサービスするなど日本とは様子が異なる。Nitta Gelatin India の場合，事務

関係や経理関係に女性が多いが，製造現場にはいない（開発関係は女性が若干名働いている）。

# 第10章 バングラデシュの経営環境と物流事情
―「チャイナ・プラス・ワン」としての期待と鴻池運輸の取り組み―

鴻池運輸株式会社
国際物流関西支店営業部
課長　宮田　晃宏

 バングラデシュ初の日系物流会社

　私は1991年に鴻池運輸に入社し，最初の10年間は大阪で港湾関係の仕事をしていた。その後，2004～2008年までフィリピンの現地法人に出向し，現在は日本にいながらバングラデシュ及び周辺国の市場開発に携わっている。

　鴻池運輸は，2009年の10月に代理店であったバングラデシュの地場の運送会社（ユーロエクスプレス社）と合弁でコウノイケ・ユーロ・ロジスティクス社という現地法人を設立した（出資比率：鴻池運輸＝49％，ユーロエクスプレス＝51％）。本社は首都のダッカにあり，港湾都市のチッタゴンにも事務所がある。コウノイケ・ユーロ・ロジスティクス社は，日系初の物流会社であるが，資本金は500万タカ（当時のレートで約550万円）と当社のグループ会社の中で最も少なく，日本人駐在員も派遣していない。なぜこのような形態にしたのかというと，バングラデシュから日本向けに商品の輸出がなされる際，海上運賃の支払がFOB（Free On Board：本船甲板渡し条件）で行われるためである。よって現地でいくら営業をしても仕事が取れない。即ち，日本での営業が重要であり，現地法人の経営については出張ベースでフォローするのが良いとの判断が下されたのである。ちなみに，バングラデシュでは，駐在員のビザを取得する場合，1人につき最低5人（＝サービス業のケース。製造業では20人）のローカル従業員の雇用が求められる。ま

た，ビザの発給にも長い時間を要する。

## ❷ バングラデシュの経済社会

### 1. 一般情勢

　国の正式名称はバングラデシュ人民共和国という。首都はダッカ，面積は日本の約0.4倍である。しかし人口は日本を上回る約1億5000万人（2013年データ）に達し，人口密度が非常に高い。また，土地は平坦であるが，雨季には洪水が発生し，国土の20～30％は半年くらい水に浸かったままの状態となる。加えて，地権も複雑で土地が有効活用されていない。そのため，バングラデシュ政府は外資を誘致したくても工業用地が確保できないという悩みを抱えている。

　日本との時差はマイナス3時間で，気候は熱帯モンスーン気候（11～2月＝乾季，3～5月＝夏季，6～10月＝雨季）に属する。一方，民族はベンガル人が大部分を占め，インド東部の西ベンガル州（州都：コルカタ）で使われるベンガル語を国語としている。宗教はイスラム教徒が約9割で，ヒンドゥー教徒が10％弱，他に少数ではあるがキリスト教や仏教の信者もいる。バングラデシュが周辺国と異なるのは，民族間の対立が殆ど見られないという点である。ミャンマーとの国境沿いに仏教徒系のチャクマ族という少数民族がいて，若干不利な立場に置かれているが，それで民族問題が発生するかというとそうではない。爆弾テロなどもあまり聞かない。

　バングラデシュでは，国民の大部分がイスラム教徒であるため，金曜日が休日になる（バングラデシュのカレンダーは金曜日から始まる）。また，官公庁や金融関係等のオフィスは土曜日も休むところが多い。そして，日曜日は平日である。なお，多くの職場にはイスラム教徒用の礼拝室が設けられている。酒や豚肉は基本的にないが，イスラム教徒以外の外国人はホテルや許可を受けたレストランであればアルコールを飲むことができる。

　その他注意すべきは，電力事情が非常に悪いということである。特に，夏季の3～5月はエアコンの使用が増えるため，停電が頻発する。停電が発生

した場合，私はスマートフォンの懐中電灯アプリで対応している。

## 2. 経済・経営事情と日本との関係

バングラデシュのGDP総額は1156億ドルで，1人当たりでは960ドルにすぎない（2013年度データ[1]）。但し，最近では2009年度=5.7%，2010年度=6.1%，2011年度=6.7%，2012年度=6.3%，2013年度=6.2%と堅調な経済成長が続いており，「チャイナ・プラス・ワン」の候補地としての期待が高まっている。

バングラデシュの産業の柱は繊維である。ニットやTシャツ，セーター，パンツをはじめとするアパレル製品が輸出全体の約8割を占めており（2011年度），同年度の輸出額は前年度比で40％以上増えている。その他の輸出品も，麻やホームテキスタイル，皮革製品などの軽工業品が中心である。主な輸出先は，アメリカ，ドイツ，英国，フランス，オランダ，カナダの欧米諸国が6割以上に達し，日本は3％にすぎない（2011年度）。しかし，数年前までは1％未満であったので，少ないながらも日本向けが増えてきている。日本への輸出製品もアパレルや革関係が主である。同様に，日本からの進出企業についても繊維関係が多い。例えば，ユニクロは2008年に駐在員事務所を開設し，2011年にはグラミン銀行との合弁でグラミンユニクロを設立，2014年11月時点でダッカ市内に9店舗を展開している。

我々がバングラデシュのことをあまり知らないように，一般的にバングラデシュの人々の日本に関する知識も限られている。例えば，日本はお金持ちの国で，トヨタ，パナソニック，ソニーなどの企業があることは知っていても，一部の出稼ぎ経験者を除き，実際に日本へ行ったことのある人は非常に少ない。つまり，日本とバングラデシュの間の相互理解が不足していると言わざるを得ない状況である。実際，バングラデシュとのビジネスも上手くいかないことが多く大変である。しかし私は，現在は「投資の期間」と割り

---

1　バングラデシュの会計年度は，7月～翌年6月末である（2013年度は，2012年7月～2013年6月末）。

切って結果を焦らない姿勢が大切ではないかと考えている。

　日本が輸入している繊維製品の90％はメイド・イン・チャイナであるとされるが，中国製がこれほどまでに増えたのは，事業拠点としての中国が日本企業にとって魅力的であったからである。具体的には，日本からの距離が近い，様々な部材が調達可能である，日本語でどうにかコミュニケーションできるといったメリットである。その点，バングラデシュは，日本から遠く，現地の情報を入手するのは困難で，日本語を話せる人も限られている。従って，バングラデシュで事業を展開するなら，こうした現実を直視することが必要である。

　それでも，1億5000万人の人口を抱えるバングラデシュは，生産拠点として，また将来の消費市場としてもポテンシャルを有する。バングラデシュには最貧国というイメージがあるが，上流階級の人たちは豊かである。1億5000万人の1％としても150万人の市場があるわけで，このマーケットの消費は活発である。

　また，バングラデシュは非常に親日的で，この国では日本人であるために損をすることはない。あるインタビューで，バングラデシュ人に「どこの国に一番親しみがあるか」を尋ねたところ，アメリカなどを押さえて日本が第1位であったそうだ。事実，日本製品への憧れは強く，メイド・イン・ジャパンに特別な想いを抱いている。バングラデシュで走っている車の90％がトヨタの中古車と言われる。また，私が定宿にしているホテルでも，客室のテレビはソニーである（タイをはじめとする東南アジア諸国ではサムスンが圧倒的に強いと思われる）。さらに，サッカーのワールドカップ南アフリカ大会で日本代表の本田圭佑選手がゴールを決めた時は，翌日の新聞の一面で報道されたほどである。

## 3. 労働事情と企業経営

　ワーカーは，少しでも賃金が高いところがあれば，すぐに辞めて移動してしまう。そこに会社への忠誠というものはない。他方，バングラデシュ人の経営者にも問題がある。まず，インドの「バクシーシ」（施し）の考え方の

影響があり，採用基準に満たない場合でも人を雇うことがある。また，労働力が豊富で機械化よりも人海戦術の方がコスト的に圧倒的に安いので，経営者は1人でできない作業は3人でやればいいと考えている。そのため，技術や習熟のレベルが上がらない。その結果，製品は「安かろう，悪かろう」になってしまう。実際，バングラデシュでは，スーツのような凝った製品で良いものを作ることができない。別言すれば，できる土壌はあるのだが，経営者が人材を長期的な視点で育成し，製品の質を上げていこうという考えを持ち合わせていないのである。そのため，中国であれば30人のワーカーで編成していた製造ラインもバングラデシュでは100人が必要となるので，人件費の優位性を相殺してしまうのではないかという意見もある。しかし，私は5年後，10年後を見据えると，ミャンマーなどではある程度賃金が上がるであろうが，バングラデシュは依然として最も人件費の安い国であり続けると考えている。

　バングラデシュでは，近年多くのストライキが発生している。その原因は，繊維産業が好調で賃金も上昇しているが，それを上回る勢いで物価が高騰していることにある。また，労働組合の活動は激しく，1000人や2000人といった労働者を抱える大規模な縫製工場でよくストライキが起こっている。

## ❸ 鴻池運輸における合弁会社設立と現地経営の実際

### 1. 合弁会社設立の背景

　近年の中国では，急速な経済発展に伴い，人件費などの製造コストが上昇している。とりわけアパレル産業は，労働集約的な特性を有するので，賃金の安さが競争力を大きく左右する。こうした中，低廉で豊富な労働力を擁し，従来から欧米向けの縫製業が盛んなバングラデシュに新たな生産拠点としての注目が集まるようになってきた。しかし，中国からバングラデシュへの生産移管に際しては，材料の調達や製品の納期管理の困難さ，輸送日数の増加といった物流関連の不安が伴う。そこで，日本企業の間で日系の物流会

社を求める声が高まり，鴻池運輸では現地法人設立の検討が始まったのである。

その結果，冒頭で述べたように，地場企業との合弁による現地法人（コウノイケ・ユーロ・ロジスティクス社）を設立するに至るのであるが，その決断を後押しした要因としては，次の3つがある。第1は「情報不足」である。従来，鴻池運輸ではお客様の問い合わせを代理店に伝えて返答するというスタイルを取っていたが，お客様の要望に応えるには，代理店からの情報だけでは解決できない問題も多い。事実，当社自身も「本当かな」と思いながら仕事をしていた部分があり，顧客に対して十分なサービスが提供できていなかったということがあった。第2は「社員教育」である。やはり日本のお客様が求める日本式の物流サービスを提供しようと思うと，代理店の社員に対する教育や代理店とのメールのやりとりだけで対応するのは困難であり，我々が現地で直接雇用したローカルのスタッフを教育する必要性を感じていた。そして，第3は「現地の人脈」である。つまり，現地法人を設立して地元に根付くことで関係省庁や船会社・航空会社，さらには工場関係者との関係も密接になり，他社にはないサービスを提供できるのでないかという想いがあった。

## 2. バングラデシュにおける現地経営の実際

①関係省庁からの許認可の取得

日系初の物流会社ということもあり，関係省庁との交渉に時間を要した。特に，当社が許可申請した時期はラマダンに重なり，先方の動きが遅かった。ラマダンとは，年に1回，約1ヶ月の間，日の出から日没まで食事ができないという宗教的行為である。当然，その間は残業もしないので，社会全体の生産性が低下する。

②スタッフの採用

人口が1億5000万人にのぼるバングラデシュでは，労働力そのものは豊富である。しかし，当社が必要とする日本本社とのコミュニケーションがで

きる事務系社員になりうる人材（大学卒で英語が話せることは大前提）は非常に少ないと感じた。これはベトナムなど他の新興国でも同様であるが，ワーカーに比べると，スタッフの採用の方が難しい。バングラデシュでは，一般のワーカーの賃金レベルは月額4000タカ（1タカ＝約1.55円：2015年10月時点）程度であるが，当社の現地法人のスタッフの給与は約3万タカと決して安くない。採用方法については，バングラデシュでは，ホワイトカラーの場合，ネット経由の応募が多く，当社でも「ジョブドットコム」といった就職支援サイトを活用して募集をかけた。その後，応募者に対して一次選考，二次選考を行い採用した。なお，工場のワーカーについては，張り紙や口コミといった形式による採用が中心となる。

③女性を主任に登用

　バングラデシュはいわば男尊女卑の社会なので，通常，女性の指示に男性が従うことはない。会社のオフィスでは，秘書や受付に女性が見られる程度で，女性が中心的な地位に就くことは少ない。一般的に女性は工場のワーカーのような作業に従事している。縫製工場でミシンを踏んでいるのも大半が女性である。即ち，女性には男性から指示された作業を行う役割が期待されているのであり，女性が業務上不特定多数の男性と接したり，男性に面と向かって交渉するといったことは基本的に難しい。

　こうした中，当社の現地法人では，女性スタッフを主任に起用した。この点については，合弁パートナーから止めた方が良いとのアドバイスを受けたのであるが，私はフィリピンでの経験から，物流の手配のような事務作業は女性の方が優れていることを感じ取っていた。そこで，女性を育てる目的もあり，思い切って登用したのだが，お陰様で女性中心のオペレーションは上手く機能している。ただ，その女性スタッフがチッタゴンに出張する時，彼女のご主人を連れていきたいと言い出したことがあった。私は「旅行に行くわけではないのだから・・・」と反対したが，よくよく話を聞いたら「女性が1人で出張に行って何か危ない目に遭ってはいけないから」という理由であった。それだけ，バングラデシュでは，女性がビジネスの第一線で活躍す

ることが少ないということであろう。

④社員教育

　先述したように，バングラデシュからのアパレル製品の輸出は，欧米向けが多くを占めている。そのため，バングラデシュの物流会社では，対欧米のやり方がスタンダードになっていた。しかしそれは，我々から見ると杜撰であり，連絡方法1つをとっても雑であった。そこで，鴻池運輸では現地法人の社員に対して，荷物の取り扱い方法も含めて根気強く教育を施していった。

 バングラデシュの物流事情

### 1. 道路状況

　全土にわたり，高速道路など整備された道路はない。ダッカとチッタゴンを結ぶ日本でいう国道1号線のようなものでさえ，基本的には2車線である。そのため，渋滞はとてつもなく酷い。例えば，ダッカの中心部から空港まで10分で到着することもあれば，1時間かかることもある。また，交通ルールについては，殆ど守られていない，というよりも交通ルールが存在しないような感さえある。信号機も少ないので，交差点はいつも混みあっていて，先に入った者勝ちという状態である。都市部でも完全に舗装された道路は少なく，多くの道が煉瓦を砕いて作られたガタガタ道である。そして，雨が降れば状態はさらに悪くなる。私はダッカからチッタゴンまでの270kmの道を一度走ったことがあるが，ダッカを昼間の11時に出発して，チッタゴンに着いたのは18時であった。平均時速にすると40kmに満たないスピードである。

### 2. 港湾事情

　バングラデシュでは，コンテナ貨物の大半はチッタゴンで取り扱われる。2011年の年間の取扱コンテナ数は139万TEU（Twenty-foot Equivalent

Unit：20 フィートコンテナ換算個数）である。ちなみに同年の大阪の実績は 217 万 TEU であったが，大阪港がカバーする人口が 900 万人程度であることからすれば，バングラデシュ全体（1 億 5000 万人）のマーケットを支えているチッタゴンの取扱量は極めて小さいことが分かる。チッタゴン港の特徴としては，河川港のため水深が非常に浅く（9m），大型船が入港できないことが挙げられる。そのため，日本への直行船はなく，シンガポールなど近隣の大型港で積み替えなければならない。さらに，効率よくコンテナの上げ積みができる「ガントリークレーン」がチッタゴンには 4 基しかなく，大半は船に設置されているクレーンを人間が操作して荷役される。船のクレーンを使った場合，ガントリークレーンに比べて 5 倍くらいの時間を要する。荷役に時間がかかり，船の停泊時間も長くなるため，商品の納期に支障をきたすこともある。加えて，岸壁の不足という問題がある。従って，船が港に着いても前の船が出発するまで岸壁近くで待っているような状態になる。沖合で 1 週間くらい停泊することもある。

## 3. 輸出通関

バングラデシュでは，製品を工場からチッタゴンまでトラックで配送することが多い。海上コンテナを「コンテナドレージ」で運送すること（コンテナをトレーラーで輸送すること）は通常行われない。その理由として，非常に狭い国なので，トレーラーが走行できる所が限られているという点が挙げられる。また，工場でもコンテナを入れられるようなゲートを設置しているケースは非常に少ない。なお，ダッカ近郊―チッタゴン間の輸送は一晩かかる。

通関はチッタゴンから数 km のところにある ICD（Inland Container Depot）で行われる。ICD とは日本でいう港湾倉庫である。ICD は，各船会社と個別に契約しているため，船会社ごとに搬入倉庫が異なる。但し，ICD は民間企業による経営で，整然としており，セキュリティも完備されている。日本であれば，コンテナへの積み込みは工場でなされることが多いが，バングラデシュでは全てのものを ICD にトラックで持ってきてコンテナへ

積み込むという方法が一般的である。

### 4. 輸入通関

　大半のコンテナ貨物はチッタゴン港で陸揚げされる。輸入通関開始から搬出までチッタゴンのコンテナヤードに貨物を保管したまま行われるが，大体2日くらいで済み，少なくとも繊維関係については，中国などと比べると要する時間・手間暇・労力は非常に少ない。輸入通関から引き取りまでの作業に関しては，フォークリフトは殆どなく，人手で行われる。例えば100kgのものなら4人で，200kgのものなら8人で，といったスタイルである。しかも，横向きに置かなければならない荷物を縦にしたりするので，パンツなど箱の中の商品が皺になる恐れがある。こうしたやり方は日本では絶対に許されないが，前述したようにバングラデシュは欧米の物流文化に染まっているので，日本企業にとっては頭が痛いところである。その後については，輸出時と同様，トラックに積み替えて工場に配送されるケースが殆どである。なお，保税工場（全量輸出することが前提となっている工場）に関しては，輸入時の関税や消費税は徴収されない。

### 5. 海上輸送

　既述のとおり，チッタゴンから日本を含む東アジア向けの直行便はなく，シンガポールなどでの積み替えが前提となる。チッタゴン―シンガポール間はフィーダー船（枝葉の支線にあたるもの）という小型の船で運航し，メインの港の間は大型船で運送するという方法を取っている。しかし，現実にはチッタゴンの荷役遅延などでスケジュールどおりのオペレーションがなされていない。現在の船便は，大阪＝月曜日，香港＝水曜日，シンガポール＝木曜日という定曜日で動いているが，フィーダー船が遅れたためシンガポール発日本向けの本船への積み替えができず日本の納期に間に合わない可能性もある。そのため，我々が細かくケアするしかないというのが現状である。逆に言うと，チッタゴン―シンガポール間の運航を如何に管理するかが物流会社のノウハウである。

第 10 章　バングラデシュの経営環境と物流事情　221

## 6．航空輸送

　航空輸送も海上輸送と同様で日本向けの直行便はなく，香港・バンコク・シンガポール・クアラルンプールでの積み替えとなる。出張時もバンコク経由のタイ航空か，香港経由のキャセイパシフィック航空で行くのが通常である。また，航空輸送の場合，スペース不足の問題がある。一般に，我々が利用する飛行機は人も荷物も積んでいるため，大口の貨物は空輸が困難になる。「フレーター」と呼ばれる貨物専用機もあるが，バングラデシュから日本への便は香港経由の一部に取り扱いがある程度で，スペースを取りづらい。中国からの輸送に関しては，最終手段としてフレーターを使うこともあるが，バングラデシュの場合，最終手段としてもスペース不足で使えないことがあるので要注意である。しかも，ダッカ空港の倉庫は手狭で，先の海上貨物の場合と同様，荷物の取り扱いが荒っぽい。倉庫に入りきらない貨物が屋外に置かれることもある。また，荷物を高く積む，天地無用を逆さまにする，荷物を放り投げるといった作業者もいる。従って，お客様自身が丈夫な梱包材を利用したり，我々が教育した立会人をアテンドさせるなどの対策が必要となる。私自身も現場へ出向いて，当社の合弁会社のスタッフに分かるまで何度も注意してきた。

## ❺ 点から面への戦略─「メコン・ベンガル地域」での業容拡大─

　最後に，「チャイナ・プラス・ワン」という言葉について考えたい。「プラス・ワン」とは一体どこを指すのであろうか。それはミャンマーだと言う人もいれば，ベトナムやカンボジア，さらにはバングラデシュを推す声もある。しかし，我々は，人口約13億人の大国（中国）が経済面で担ってきた役割をどこか1つの国が代替することはありえないと考えている（ASEAN諸国の人口を全部合わせても6億人程度に留まる）。従って，鴻池運輸としては，当社のお客様がどの国を選ばれても，我々の物流サービスをご利用頂けるよう，「メコン・ベンガル地域」のネットワークの整備に注力している。

メコン・ベンガル地域というのは，当社の社内用語で，メコン川沿いのベトナム，カンボジア，タイ，ラオス，ベンガル湾沿いのミャンマー，バングラデシュ，さらには東部インドを含む国や地域の総称である。このうち，カンボジア，ラオス，ミャンマー，バングラデシュといった国々については，未だ情報が不足しているので，鴻池運輸は特に力を入れて投資を行っている。

メコン・ベンガル地域は，約3億8000万人の人口を有し，生産拠点としても消費市場としても有望である。他方，国ごとに異なる市場特性があり，物流面でも通関に関わる制度やインフラを巡る状況は様々である。こうした中，鴻池運輸では，国が違っても同じレベルのサービスを提供できるような体制作りを急いでいるところである。そして，我々は，メコン・ベンガル地域を点ではなく面で捉えようとしている。即ち，この地域では，日本との経済連携協定によって輸入関税の減税が受けやすいというメリットがある。しかも，ASEAN域内や韓国・中国との自由貿易協定も整備されつつある。かような状況下，今後は企業が国境を越えて製品や部材を調達する動きが活発になると考えられる。例えば，アパレルでは「タイで作った生地をミャンマーで縫製して日本で売る」あるいは「中国製の生地をカンボジアで縫製してタイで売る」といった新しい動きが広がってくるであろう。一方，メコン・ベンガル地域では消費も旺盛であるが，各国とも自国で生産できる品目に限りがあるため，中間層向けの嗜好品などでは輸出入が増加すると思われる。そして，こうした国際分業が進むと，当然物流の数も増えるので，その効率化が企業経営上の課題になってくると同時に，それを手助けする物流サービスの重要性が高まると考えている。

【質疑応答】
Q1：バングラデシュにおいて，繊維の次に将来有望な産業は何か。
A1：やはり労働集約型で，海外から部品を持ち込み，加工・組立を行うような産業であろう。バングラデシュでは，前述のとおり，電力の供給が十分でないため，装置産業の進出には未だ時間を要する。また，電機などの日系企業も数えるほどしかない。バングラデシュには初の総合電機メーカーとされるウォルトン（WALTON）という地場企業があるが（同社はオートバイも製造），私の知

る限りでは部品を輸入して単純な組立をしているだけのように思われ，開発能力といった点での実力には疑問符がつく。一方，市場としてのバングラデシュという側面に関しては，ワーカーレベルでは白物家電の普及率は未だ低いと思われる。経営者が搾取的であることに加え，富裕層は海外に資産を移転するなどしており，富が国の中で回らない点が問題である。それでも，日本企業関連では味の素がインドネシアで作った調味料を販売しているほか，ロート製薬の目薬も売られている。

Q2: 欧米企業はバングラデシュでどのようにビジネスを展開しているのか。
A2: 欧米企業にとって中国は非常に遠い国であるため，バングラデシュへの選好が高まる。しかし，欧米企業による直接投資はあまり多くなく，バングラデシュをEMS（Electronics Manufacturing Service：電子機器の受託生産企業）のように下請的に活用している。即ち，サンプルを持ち込んで生産の委託先を探すという方式である。欧米企業の多くは，製品のクオリティは80％でも良いという考えでビジネスをしているので，自社工場は必要でない。それに対して，日本企業はどうしても100％の品質を追求しようとするので，自前主義にならざるを得ないという違いがある。

Q3: 中国企業や韓国企業の動向はどうか。
A3: ユニクロの下請け工場であった中国企業がバングラデシュに製造拠点を移転させたりしている。また，韓国企業もエネルギッシュに事業を展開しており，特に韓国系の縫製工場は数も多く，パワーを感じる。

Q4: 対役所関係の留意点は何か。
A4: 朝令暮改と人治が多いため，企業側としてはその場その場での対応力が求められる。当社の現地法人では，ある現地人スタッフに各省庁への根回しを担当してもらっていたが，彼が定年退職をした途端に，役所との関係がスムーズに行かなくなったということもあった。

# 第 11 章　ブラジルにおける人事労務管理のポイント

―Panasonic do Brasil での経営経験から―

Panasonic do Brasil
元社長　松田　雅信

## 1 私とブラジル

　私は1983年に松下電器産業（現パナソニック）に入社した。当時の松下電器には1960年代半ばに始まった「海外トレーニー制度」があり，私も1984年から2年間ブラジルにトレーニーとして派遣された。私自身はそれまでポルトガル語を勉強したことはなかったが，「どこでもいいから海外に行かせてほしい」と申請したら，行き先がブラジルになった訳である。最初の1年間はサンパウロ市近郊のサンジョゼ・ドス・カンポス（以下，サンジョゼ）にある当社工場近くの大学でのポルトガル語のレッスンが主であった。2年目はサンパウロから約400km離れたブラジル南部のクリチバに所在した当社支店で実務研修を行った。同支店は従業員約20名で，日本人は私1人という研修には最高の環境であった。従って，私の第一外国語はポルトガル語であり，日本に帰任してから輸出関係の仕事をする中で英語を使うようになった。その後は大阪の事業部で仕事をしながら一部ブラジル関連の業務にも携わっていたが，2005年からブラジルに赴任することとなった。同国での生活は2回目でポルトガル語についても問題なかったので，ブラジル社会にスムーズに入っていくことができた。仕事面では厳しい局面が多々あったが，日系人を含めた現地社員や政府関係者などとも親しくお付き合いをさせていただいた。

　私がブラジルに関して思うのは，非常にオープンな国であるということだ。1908年に始まった日本からの移民は当初非常に苦労したが，やがて日

系人はブラジルで社会的上昇を遂げていった。それは即ち，ブラジルが移民に対して寛容な社会であったことを意味する。私も最初は全くポルトガル語を話せなかったが，ブラジルの人々は私の学習意欲を感じ取り，私が聞き取れない時は何度も繰り返してくれるなど非常にサポーティブであった。

## ❷ ブラジルの経済・経営事情

　ブラジルの面積は日本の約23倍，人口は約2億人で，GDPは2011年に英国を抜いて世界第6位となった。1人当たりのGDPは2010年に1万ドルを突破している。同国のGDP総額はインドやロシアのそれを上回り，1人当たりGDPは中国の2.5倍，インドの9倍に達する（2010年データ）。また，1980年代，1990年代のブラジルは対外債務に苦しんだが，現在（2011年末データ）では3520億ドルの外貨準備を誇る。失業率も2011年11月時点で5.2％まで下がっている。最近のブラジルでは旺盛な国内消費が失業率の低下と所得の拡大という好循環を生み出している。かつてのブラジルを知る私にとっては，まさに隔世の感がある。

　BRICsの他の3ヶ国と比較した場合，ブラジルは政治的に安定している点が魅力である。民主主義が定着し，国内テロは皆無で国際テロの影響も全く受けない。近隣諸国との多少の摩擦はあるが，戦争に至るようなものはない。他方，経済面の強みは，鉄鉱石や原油（海底油田），さらにはサトウキビから作るバイオエタノールやコーヒー，砂糖，大豆といった資源・農産物が豊富なことである。原油生産量は2010年の日産200万バレルが2020年には292万バレルまで増加すると言われている。また，耕作可能面積は日本の国土面積の約10倍に達するが，うち約90万km²（日本の国土の2倍以上）が未耕作であるため，エタノールや農産物の増産余力は非常に大きい（エタノール生産量は，2010年の275億リットルから2019年には640億リットルに急伸すると予測）。加えて，ブラジルには世界に誇れる技術がある。例えば，エンブラエルという小型・中型ジェット機メーカーがあり，今日ではボーイングとエアバスに次ぐ世界第3位の地位を占めている（JALは既に

同社から10機以上を購入している)。エタノールの生産技術も優れており，国産自動車のほぼ全てがガソリンとエタノールの混合で走行するFFV (Flex Fuel Vehicle) である (どのような混合比率でも走行可)。

　一方で留意点もある。その1つはかつて数千％に及んだハイパーインフレのトラウマである。そのため，ブラジルの経済政策の基軸は金利を高く設定し，インフレを管理することにある。私が赴任した2005年の公定金利は18％に達していた。最近では金融緩和が進み，2011年時点で11％となっているが，それでもインフレ率 (6.5％) を4.5％も上回っている。ブラジルの経済成長率が中国やインドのような高水準に達しないのは，こうした高金利政策が一因であると考えられる。また，貿易収支は2007年までは400億ドル以上の黒字を計上していたが，その後は200億ドル台となっている。その原因は製造業の輸出競争力の低下にあり，背景にはレアル高がある。但し，鉄鉱石や原油，食糧品については，価格の高騰がレアル高を相殺するような勢いで輸出額が伸びている。他方，経常収支は2008年以降赤字が続いており，これは外資系企業の本国送金やレアル高に伴うブラジル国民の海外旅行の増加が影響している。

　また，ブラジルは世界で最も親日的な国であるが，日伯の経済面での交流が必ずしも活発でないことは残念である。ブラジルの貿易相手は輸出入ともに他の南米諸国やEU，中国，米国が中心で，日本は上位に入ってこない。とりわけ，ポルトガルの植民地であったという歴史的・文化的要因や地理的近接性により，ヨーロッパとは経済的な結びつきが強い。日本からブラジルへの距離は，最初の移民船であった笠戸丸が神戸港からサントス港に到着するまでに約50日を費やしたように，今日でも日本からの部品のリードタイムは通関を含め43日も要する。こうした物理的な距離こそが，日本企業のブラジル事業がこれまでなかなか実を結ばなかった大きな原因であると考えられる。

## ③ Panasonic do Brasil Limitada（PANABRAS）の経営戦略

### 1. 会社概要と沿革

　Panasonic do Brasil Limitada（以下，PANABRAS）は，1967年に設立されたパナソニックの100％出資子会社で，ペルーで製造した乾電池のブラジル国内販売からスタートした（当初の社名はブラジルナショナル）。現在のPANABRASは，サンジョゼとアマゾナス州のマナウスに工場，サンパウロに営業本部，アルゼンチンに営業オフィスを有し，間もなくミナス・ジェライス州のエストレマ（サンパウロから110km）に新工場がオープンする。

　工場の中では，サンジョゼ工場が最も古く，1970年に乾電池の製造を開始し，ほどなくしてテレビや音響などの品目を追加するとともに，金型・成型・プレス部門のほか，技術部門を設立，1980年代には独自のステレオモデルを開発・生産するようになった。その後，1981年に税制恩典のあるマナウスのフリーゾーンに工場を開設し（当初は合弁企業），人件費が高く税制恩典のないサンジョゼでは採算が取れないテレビと音響の生産を移管した。また，1984年にエアコンをサンジョゼで，翌1985年には電子レンジの生産をマナウスで各々スタートさせた。さらに，冷蔵庫と洗濯機の投入も意思決定し，日本人駐在員の人選まで終えていたが，ブラジルがハイパーインフレに見舞われたため中止となった。今にして思えば，ここで我慢していたならば，パナソニックは20～30％のシェアを獲得できたであろう。1990年代は1992年にエアコンの生産から撤退するなど，ブラジル経済が混迷を極める中で現法存続の危機が続いた。まさに「失われた時代」で何もできなかった。2000年代に入ってようやく経営が安定し，2006年に累損を解消でき，薄型テレビ（VIERA），デジタルカメラ（LUMIX），DVDレコーダー（DIGA）の生産を開始した。そして，2010年には生活研究活動を開始し，エストレマの白物工場建設（13万㎡）が本社で承認された。以上のように，当社のブラジル事業展開の歴史は苦難の連続であったが，ブラジルの経済不

況の時代も含めて技術的な土台の構築に努めたことが今回の白物分野への進出につながったと考える。加えて，経営理念を徹底的に現地に移植してきたという自負がある。PANABRASでは1980年代初期に研修センターを設立し，創業者（松下幸之助氏）の理念をポルトガル語に翻訳するなどして教育に注力してきた。ブラジル人社員は素直に経営理念を受け入れてくれており，現在でも朝会時に「7精神」の唱和をしている。なお，これまでブラジルへは数多くの日系電機メーカーが進出したが，経済危機が長く続いた中で今日まで生き残ったのは当社とソニー，東芝（合弁）のみである。対照的に，韓国勢はブラジルの経済危機後に進出し，負の遺産がなかったために市場を席巻することができたように思える。

現在，サンジョゼ工場（敷地面積＝24.8万㎡）は乾電池や懐中電灯の製造及び電子レンジの源泉加工を担当しており，従業員数は約600名（サンパウロ営業本部所属を含む：2010年データ）である。マナウス工場（同12.2万㎡）はテレビ，デジカメ，DVDレコーダー，電子レンジ，音響機器を生産し，約700名の従業員を抱える（2010年データ）。また，アルゼンチンオフィスの人員は36名である（同上）。なお，新設のエストレマ工場は，パナソニックにとってアジア域外では初の冷蔵庫・洗濯機工場で，4～5年もの歳月をかけて準備を行ってきた。

## 2. ブラジル市場攻略に向けて

私がトレーニーとして初めてブラジルを訪れた1980年代半ばのブラジルは，低所得者層・貧困層が人口の50％以上に達していて，市場としての魅力は大きくなかった。しかし，今日では当社がターゲットとする「ネクストリッチ層」や「ネクストビリオン層」と呼ばれるセグメントが各々市場の42.4％・30.1％を占めるに至っている（低所得者・貧困層は6.2％に下落）。

現与党の労働党（PT）は，ルーラ前大統領時代から貧困者対策として「ボルサ・ファミリアル」という政策を実施している。これは貧困者に現金を給付する生活保護的な施策で，勤労意欲の減退を招いたという側面もあろうが，貧しい東北部の経済がテイクオフしたことも事実である。今日，ブラジ

ルの薄型テレビの需要は世界第 5 位，携帯電話は第 4 位，自動車も第 4 位となっている。また，洗濯機は第 3 位で，第 4 位の冷蔵庫は 600 万台以上の需要がある。こうした中，2005 年頃からパナソニックの社内でもブラジルに対する見方が変わってきた。従来は中南米市場に対して「リスクが大きく，何が起きるか分からないからビジネスはほどほどでよい」というスタンスが支配的であった。しかし，最近ではブラジルのビジネス拠点としての魅力を経営トップに理解してもらえるようになってきた。具体的には，ブラジル政府が 2011 年から「第 2 次経済成長加速プログラム」（PAC2）として多額のインフラ投資予算を計上するとともに，今後も 2014 年のサッカーのワールドカップ大会や 2016 年のリオデジャネイロ五輪の開催に加え，サンパウロが 2020 年の万国博覧会の有力候補になっていること，2022 年には独立（建国）200 周年を迎えることなどビッグ・イベントが目白押しである。人口増も 2040 年まで続くと見られ，その頃には 2 億 2000 万人に達すると予想されている。即ち，ブラジルの消費市場は今後新中間層が大規模に出現するため成長確実と言える。従って，パナソニックとしては今が打って出る最大・最適のチャンスと捉えており，市場が伸びている間に投資して 2020 年頃までに回収したいと思っている。さらに言えば，ブラジルで成功できるか否かがパナソニックの未来に大きな影響を及ぼすと考えている。

　但し，ブラジルは国内産業保護の志向が強い高関税の国であるので，内需を求めて商売しようとすれば現地生産せざるを得ない。PANABRAS では一部輸入商品の販売も手掛けているが，ブラジルで現地生産を行わないということは市場競争に参加できないことに等しい。かつて PANABRAS は中南米の周辺国へ輸出をしていたが，レアル高の影響もあり，私の社長在任中にブラジル国内市場志向へと戦略転換した。しかし，グローバルモデルから機能を削ぎ落とすだけでは新興国の需要を満たすことはできない。そのため，現在はブラジルでの徹底した生活研究をベースにしながら，市場にあった独自商品の企画・設計を行う「現地適応型」の商品企画を推進している。パナソニックでは，赤道上に位置している新興国での商品企画を強化していこうという「赤道プロジェクト」に取り組んでおり，ブラジルやインド，インド

ネシア，ベトナムなどがその中に含まれている。特に，ブラジルでは「グローバルものづくり連携」として，日本及び台湾との連携による新工場での冷蔵庫のものづくりの立ち上げに注力しているところである。これまで，パナソニックにおいては，本社による現地法人の統制，別言すれば現地法人の本社への依存度が非常に強く，現地法人間の横の連携はあまり見られなかった。この点は欧米企業や韓国企業に劣っている部分であるため，当社も行動を開始したところである。しかし，これらを本格的に意識し始めたのは2005年以降のことで，それが韓国勢との現在の差になって現れていると認識している。

### 3. ブラジルビジネスのリスク

　もちろん，ブラジルでのビジネスには，依然としてリスクもある。いわゆる「ブラジル・コスト」と呼ばれるもので，まず複雑かつ高い税金が挙げられる。また，エネルギー関連では電力危機が忍び寄っている。ブラジル政府は水力発電所の建設を推進しているが，今後4～5％の経済成長が続くならば，危機的な状況に陥る可能性もあろう。この他，硬直的な労働法制，為替リスク（レアル高），物流インフラ問題もある。そして，通関や駐在員のビザ発給などの行政手続きも頭痛の種である。さらに，治安面での懸念も大きい。私の社長在任中も社員が強盗事件等に巻き込まれるといったことが年間10件程度あった。商品搬送中のハイジャックも頻繁に発生している。しかし，こうしたリスクはPANABRASだけが直面しているものではないので，如何にして他社よりも効果的にリスクマネジメントを行っていくかがポイントである。

## ❹ PANABRASにおける人事労務管理

### 1. 等級制度

　等級制度は，部下を伴う格付けと部下のいない専門職の複線型になっている。前者については，営業部門の場合，一般社員から主事に上がり，課長／

次長，部長，取締役，常務，副社長，社長と昇進していく。なお，製造部門には，主事の下に主任と班長を設けている。一方，専門職に関しては，班長・主任・主事に相当する資格として「ジュニアスペシャリスト・スペシャリスト・シニアスペシャリスト」，課長レベルでは「コンサルタント」という呼称を与えている。

## 2. 労働時間

労働時間は法定週44時間であるが，PANABRASでは42.5時間（月曜日～金曜日，7:30～17:00）にしている（但し，実際は追加休日等を確保するための振り替えとして，毎日の終業時刻を従業員との合意の上で17:13に設定）。平日残業は50％割増，日曜・休日の出勤は20時までが100％，20時以降は150％の割増である。夜間シフト（22:00～5:00）のプレミアムは，法定では20％であるが，当社は50％となっている。有給休暇については，勤続1年で30日が付与されるが，うち1/3は会社が買い取り可能である。事実，一般の従業員は30日間も休むより会社の買い取りを望む傾向がある。

## 3. 賃金と福利厚生

最低賃金には国家の最低賃金（2012年は622.73レアルで前年比14％アップ）と地区の業界の最低賃金（例えばサンジョゼの場合，2012年は1074レアル）の2種類があり，PANABRASの賃金は基本的に後者に準じている（1レアル＝約31.3円。2015年10月時点）。一般的に，賃金水準はサンパウロに近い地域ほど高い。最低賃金は物価上昇率を上回るアップ率で毎年改訂され，その上昇率をベースに組合との協議がなされ，各年の賃上げが決まっていく。組合と妥結した賃上げ率は全従業員に（怠けている者にも）一律に適用されることが労働法で規定されているので，経営側にとっては非常に厳しいと言える（但し，一定の給与レベル以上の者については，経営側の意向を反映した賃上げ率が適用される。労働組合もそれを容認しており，組合との交渉の際にそのボーダーラインをいくらにするかを話し合う）。さらに，上述した一律の賃上げを超える部分で個人別昇給を行う。そうすることで，

頑張っている人に報いていく。また，そのようにしないとモラルハザードを引き起こしかねない。

　賃金以外には法定福利チャージ（Legal Social Charges）と呼ばれるものがあり，総額は賃金の63.04％に達する。その中には退職金積立，有給休暇，13ヶ月目の給与などが含まれる。「13ヶ月目の給与」は毎年11月と12月に50％ずつ分割して支払われる。この他，通勤バスや食堂，医療補助，生命保険，ユニフォーム，クリスマスプレゼント等に関わる費用を含めると，PANABRASの福利厚生費用は賃金の75.32％となる。ちなみに，マナウスでは，家で食事をする習慣がない人もいるので，朝食，昼食のほか3時のおやつも出している。このように，ブラジルでは福利厚生に多大なコストがかかる。

### 4. 昇給・昇格・ボーナス等

　昇給は年1回行うが，職種によって所属する労働組合が異なるので，時期は7～9月に分散している。賃上げ率は，各々の組合と協議して決定する。個人別昇給は5月に実施する。一方，昇格は4月と10月であるが，主事・主任・班長は通年としている。それはPANABRASに必要な人材がヘッドハントされそうになれば，阻止していこうという意思の表れである。ボーナスは，課長以上には12月，一般社員にも「利益参加」という形で7月と1月に支払われる。

### 5. 労働組合

　先述のとおり，従業員が所属する労働組合は職種により異なり，例えば，サンジョゼ工場では金属労協と相対することになる。同工場は1984年にストライキに見舞われたが，その後はPANABRASで大きな労使問題は発生していない。PANABRASにおける組合組織率は，サンジョゼ工場で6％，マナウス工場は4％，サンパウロでは0％であり，他社（GM＝80％，日立＝75％，Heatcraft＝48％，LG＝40％）に比べると低い。もちろん，組織率が低くても組合との交渉結果がPANABRASの全社員の賃金のベースに

なるので，労働組合とは真剣に議論している。但し，交渉相手は当社の組合員ではなく，上部団体の人達である。なお，エストレマ工場建設の際も進出を決めた時点で労働組合にその旨を通知するなどコミュニケーションを大切にしてきた。

## 6. 日系人の活躍と社内言語

　ブラジルは世界最多（推定150万人）の日系人を擁する国である。そして，「ジャポネース・ガランチード」（日本人は信頼できる）という言葉に代表されるように，日系人がブラジル社会で100年以上の時間をかけて築き上げた信用のおかげで，当社もブラジルでビジネスを展開できていると考える。オペレーションの面では，ブラジルの公用語はポルトガル語という特殊な言語であるので，バイリンガルの日系人社員による助力が非常に大きい。PANABRASの全社員に占める日系人比率は8％で，中でも製造部門の幹部と管理部門で高い（管理部門では20％強）。特に，1980年代に一緒に仕事をした日系人社員の多くが経済危機以降も会社に留まってくれたことは嬉しい限りである。

　他方，社内言語をどうしていくかはブラジル現地経営上の重要なポイントである。PANABRASでは，創業当初は日本語中心であったが，現在はポルトガル語中心に変えている。しかし言葉の壁は大きく，経営会議の言語はポルトガル語と日本語のバイリンガルにしている。英語は一部営業職しか話せないので（年齢で言えば，40歳以上のローカル社員には英語が話せない者が多い），製造部門では英語を公用語にできない。従って，何度か英語化に挑戦したが，英語で会議をすると議論が盛り上がらないので，全社レベルの会議はバイリンガルで行っている。但し，一方では，日系人の日本語に頼りすぎて，日本語だけのコミュニケーションにならないよう，人種のバランスを意識すべきである。日系人を過度に重用すると，非日系人のモラルが下がってしまう。また，日系人に対しても，心はブラジル人であることを理解して接しなければならないし，日本語力だけで能力を判断してはならない。加えて，ブラジルで日本語を話せる日系人の数は減少しており，サンパウロ

大学の日本語学科を卒業した日系人でさえ，彼（彼女）らにとって日本語は外国語であるので，全てを理解できているわけではないことを肝に銘じておくべきである。

## ❺ ブラジルでの人事労務管理上の留意点

### 1. 徹底した対話の重要性

　従業員との対話に努めることがローカル社員のモチベーションアップに結びつく。私自身は，毎月1回，3拠点で全社員を対象とした総合朝会を6年間続けた。また，各部門とは決算検討会という公式対話の場を設置することでコミュニケーションを図った。さらに，社内を巡回して社員との非公式な対話に努めるとともに，社内行事には必ず出席すること，社員の誕生日を忘れないことを心掛けた。アフター5や社内行事も重要で，家族を含めた関係を構築しておくことが日常業務に大きく影響する。加えて，悩み事がありそうな者については，社長室に呼んで話を聞くようにした。こうした取り組みを通して，対話を重視したいという当方のスタンスが伝わると，社員側の態度や行動も変わってくる。逆に，ストライキが発生している同業他社を見ると，トップとラインのコミュニケーションに問題がある場合が多い。一方で，対話経営を確立するには，コンサルティングのできる，即ち社員が何でも話せるようなローカルの人事担当幹部を常に確保しておくことが重要である。このように，PANABRASでは社員との対話を重視し，問題の芽を事前に摘み取るという姿勢で経営をしてきた。それが，前述したように，1984年以降，ストライキが発生していないことにつながっていると思う。

### 2. ヘッドハンティングの活用

　有能人材の確保に関しては，ヘッドハンティングが重要である。新興国では人材の奪い合いになり，賃金も高騰して大変であるが，それでもヘッドハンティングには注力すべきである。なぜならば，ヘッドハントされるような人材は，賃金以上の働きをしようとするガッツがあると同時に，その者が自

らの人脈を活用して優秀な人材を社外から集めてきて組織をさらに強くしてくれるという好循環が期待できるからである。

　私自身も自ら積極的に社外へ出て，同業他社との関わりを大切にした。それにより優秀な人材が見えるようになってくるとともに，そうした有能人材とのつながりが将来活きてくる。実際，今回の白物工場建設時も良い人材を引き抜くことができ，韓国勢・中国勢に先んじて冷蔵庫・洗濯機工場を立ち上げるに至った。但し，同業他社（特に日系）からの引き抜き時は仁義を切るようにした。また，自分が引き抜いた人物については，その者が当社に定着するまで責任を持ってフォローするよう努めた。白物工場新設に際しては，私自身が積極的に動いたが，通常はコンサル会社に求める人材のスペックを提示すると，候補者名簿が送られてくるので，その中から給与面・スキル面で合致しそうな人を選び出して面談するという形で進めていく（なお，今回も最終局面においては，コンサル会社に間に入ってもらった）。

　他方，他社からのヘッドハントに対しては，継続した経営情報・方針の発信と前述した対話を行っていれば，95％は防げると思う。従って，日本人駐在員が現地のミドルマネジメントと日々コミュニケーションをしているか否かがポイントとなる。それを怠っている駐在員がいる部門の人材はすぐに引き抜かれてしまう恐れがある。

## 3. 労働問題を防ぐには

　まず，ブラジルは訴訟社会であることを忘れてはならない。ブラジルで年間に提起される労働訴訟は約150万件と言われ，各企業とも40～50件の訴訟を抱えているのが通常である。こうした中，私は社員に対して，自分自身が訴えられる側にならないよう注意喚起してきた。

　先述したように，ブラジルでは組合と妥結した賃上げ率が一律適用され，法的に賃下げは不可であるので，時間軸の中で賃金とスキルのミスマッチが必ず生じてくる。従って，数年に一度はこうしたミスマッチ人材を整理しなければ固定費の構造が確実に悪化する。故に，時には割り切って冷徹になることが求められる。その点，有能な管理職はトップが指示せずとも自ら問題

社員の「整理」を日々行い，代わりに有能人材をヘッドハントしてくる。なお，幹部人材を整理する必要に迫られた場合は，必ずトップ自ら，相手が納得するまで話をしなければならない。退職後のケアも含めてコミュニケーションを継続すれば訴訟になる確率はゼロとなろう。私の場合，主任以上の評価はローカルの人事部門任せにせず，他の駐在員の意見を踏まえて私自身が最終判断した。そして，気になる人材に対しては直接面談もした。さらに，全社レベルでの構造改革を余儀なくされた時には，経営状況と将来に向けた方向性を明確に説明すると同時に，残った者に対する活性化策を提示することが重要である。なお，そうした重大決断に際しては，社長は自分の首をかける覚悟で推進しなければ，従業員に想いが伝わらない。また，トップは常にアンテナを広げて「危ない兆候」を察知することが大切である。そのためには，駐在員の情報だけでなく，ローカル社員の意見も多方面から収集すべきである。特に，周りが見えず，公衆の面前でキレてしまう「危ない管理職」には辞めてもらう必要がある。いずれにせよ，問題を引きずると傷が深くなるので，辞めさせるべきか否かも含めて，スピード感のある厳正処罰を行うことが肝要である。繰り返しになるが，「対話を忘れぬ経営」をしておれば，労働問題はまず発生しない。事実，私自身は労働訴訟に巻き込まれたことはない。

## 4. ブラジル人のメンタリティ

　ブラジル人のメンタリティに関しては，サンバに代表される明るい国民性の裏側に隠された一人ひとりの脆さ，プライドの高さを見逃してはならない。これは西洋人一般に該当することかもしれないが，人前で叱ると萎えてしまい，パワハラになることがあるので要注意である。それ故，必ず部屋に呼んで注意しなければならない。なお，人前で叱られた経験のある従業員ほど失敗を隠したがる傾向があった。

## 5. 部門間格差と地域間格差

　営業と技術部門の人材流動性は非常に高く，他社に引き抜かれやすい。ま

た，人事・経理・資材や工場の特殊技術者等の有能人材獲得には時間を要する。従って，現業部門に対する人事労務管理と上記の諸部門に対するそれを同じスピード感覚で行っていたのでは駄目だ。

地域間の格差に関しては，南部のサンパウロやサンジョゼと北部のマナウスでの人事労務管理を同一には語れない。一般的に，人材はサンパウロに集中する傾向があり，サンパウロの人々は地方へ行きたがらない。マナウスはサンパウロの人間にとっては「外国」であり，転勤を命じても行きたくないという反応が返ってくることがある。また，マナウスは日系人人口が少ないことに加え，非日系についても有能人材の層が薄い。一方，言葉の面では，各地方の方言がある。また地域により民族も異なる。例えば，南部にはドイツ系やイタリア系が多く，北部は黒人やインディオとの混血が目立つ。さらに，食事や風習も違ってくる。PANABRASの場合，サンパウロとサンジョゼは日系人や欧州系の社員が中心であるが，マナウスのオペレータには黒人やインディオとの混血が多く，考え方も異なる。具体的には，マナウスは熱帯で食材も豊富なので，凍死や餓死の心配がないゆえであろうか，サンパウロやサンジョゼに比べると勤労意欲は高くない。但し，不真面目ということではなく，マナウスの女性オペレータは，手先の器用さや作業スピードという点でアジア人女性に少し劣る程度で問題はない。つまり，きちんと指導し，ある程度のステージに乗せるまでは文化的な違いがあるので，留意すべきということである。

## 6. 日本人駐在員に関して

駐在員は数年で帰任するが，ローカル社員の中には当社のブラジル現地法人に骨を埋める覚悟で働いている人がいることを忘れてはならない。そして，ローカル社員のレベルは年々上がっているので，駐在員は「経営者」にならなければ馬鹿にされるであろう。どこで誰が見ているか分からないし，当社社員として恥ずかしくない行動をさせる，問題が発覚した場合は厳正に対処する，ひどい場合は帰任させるといった駐在員管理が求められる。PANABRASでは，駐在員には部下育成を重要任務とし，社内行事には必ず

参加させるとともに，ポルトガル語を勉強させることを徹底した。

　私自身はポルトガル語を使えることが非常に武器になった。ローカル人材との対話，会社内での情報収集，対外事業・渉外活動におけるコミュニケーション等が非常に円滑に行えたと思う。日本人駐在員は，難しくてもポルトガル語に対する学習意欲を持ち続けることが必要である。ブラジルは移民の国なので下手でも一生懸命に話そうとしている駐在員に対する好感度は極めて高い。日本人がポルトガル語で発信をしようという意欲を見せれば，ローカル人材は必ず心を開き始める。よって，駐在員に対してポルトガル語の学習を諦めさせないことが重要であり，かつ会社としてもポルトガル語人材創出の努力をしなければならない。パナソニックも研修等を通してそれに取り組んでいる。

【質疑応答】
Q1: 1980年代・90年代の苦しい時代に，なぜ貴社は持ちこたえることができたのか。
A1: 1つには，先述したように，日系人社員の存在が大きい。日系人が社内・社外の双方において，日本人駐在員とブラジル人社員及びブラジル社会（政府機関を含む）とのパイプ役として活躍してくれた。なお，PANABRASには現在でも創業当初に入社した日系人が顧問として在籍している。もう1つは，乾電池というコンスタントに利益を稼げる商品を1970年代から現地生産していたことが挙げられよう。

Q2: 海外トレーニー制度についてお教えいただきたい。
A2: いわゆる海外トレーニーという制度自体は既に終了している。かつては入社2年目の人材をラインから外して，海外に2年間送って言葉と文化を教え込んだ。しかし，海外トレーニーの研修後の定着率や成長度合いなどが問題となったため，現在は「職能トレーニー」という名称で入社4~8年目の社員を対象としたプログラムへと改編されている。これは，関連の実務を担当している者を公募し，海外へ仕事も兼ねて派遣するというものである。現在は，特に新興国に対して重点的に実施しており，ブラジルもそのうちの1つで常時2~3名が派遣されている。期間は2年間で，基本的には駐在員と同じ待遇にしている。かつての海外トレーニーが外国語の習得が中心であったのに対し，職能トレーニーは語学力と仕事の両立を目指している。但し，実習先には日本人駐在員もいるので，日本語での会話が増えてしまうという恐れもあり注意しなければならない。

**Q3:** ブラジルで成功する駐在員，失敗する駐在員のタイプをお教えいただきたい。
**A3:** 往々にして失敗するのは，視野が狭く，日々の仕事の中で周囲に対する配慮ができない人である。真面目に仕事をするが，自分の世界に籠ってしまって，周りのブラジル人が何を考えているのか，分かっていないタイプの人で，数としては結構多い。これはブラジルに限らず，海外勤務全般に通じるものである。こういう人々は日本で専門的な仕事に従事している限りにおいては問題ないが，海外ではトラブルを起こす危険性がある。但し，帰任させる場合は傷つけないように返してあげなければならない。一方，ブラジル好きで，いわゆる「ブラキチ」と呼ばれるような人達は，必ずしもポルトガル語を話せる訳ではないが，元来オープンマインドで他人への配慮も自然にできるのでブラジルで概して上手くやっていける。

**Q4:** 中国と比較して，ブラジル人社員の意識・勤労意欲や能力はどうか。
**A4:** 当社のオーディオ関係の拠点がある厦門と比較すると，工場運営という意味ではブラジルの方がやりやすい。その1つの理由は，ブラジルでは人材の流動性が中国ほど高くないからだ。会社に対する忠誠心や真面目さでは，ブラジル人の方が線路の上に乗せたら上である。言われたことを忠実にやろうとする点はアジア人と遜色ないと思う。従って，品質も「そこそこ」のレベルまでは簡単に持っていくことができる。但し，そこから自分達で問題解決するレベルまで行こうとすれば，中間管理職の教育がポイントとなる。そのような中間管理層を確保できれば，品質を保ち続けることができよう。しかし，そうしたブラジル人の職長・係長・課長を育成するのは大変である。特に，マナウスでは，候補者を見つけること自体が難しい。PANABRASのマナウスの製造ラインには優秀な者が4～5名いるが，それ以上に広がらないのがネックである。これらの人材がやがて製造現場の責任者になっていくと思われるが，それでも数が足りないという状況である。

　日本では今後10～20年の間に加速度的に空洞化が進むと予想され，海外工場を指導できる人材が，絶対的に不足する時代がやってくるだろう。そこで，アジアの工場のレベルアップを図り，新興国の指導役として頑張ってもらう必要がある。もう1つは，ブラジル工場の有能人材を日本へ逆出向させたり，アジアの工場へ異動させて技術を習得してもらうという方法である。実際，PANABRASでは金型技術や成形技術を有する台湾系の移民二世をヘッドハントし，1年間日本に逆出向させた。日本では3ヶ月間の日本語研修もあり，日本語・台湾語・ポルトガル語に堪能な人材を短期間に確保することができた。要するに，今後は日本人のものづくり人材が不足してくるので，ローカル人材を発掘・育成する必要があるということである。

Q5: マナウスの生活インフラはどうか。社員を異動させる際にインセンティブは必要か。
A5: 生活インフラは，1980年代に比べればかなり良くなり，大きな問題はないと言えよう。医療水準も日本の県庁所在地くらいのレベルになった。しかし，ローカルの人の立場で考えると，サンパウロの生活をマナウスで100％再現できるかというとそうではない。物価も高い。物価が高い理由は，いわゆる生鮮食料品が熱帯にはなく，サンパウロから空輸しなければならないといった生活基本物資の「国内輸入」が多いからである。我々がサンジョゼの日系人マネジャーをマナウスに異動させた際には，賃金に約25％の割増をつけたほか，年2回社費でサンパウロに戻れるようにした。サンパウロの社員をリオデジャネイロに異動させる場合も少なくとも10％の割増が必要とされるであろう。こうした割増率の設定に際しては社外から情報収集し，世間相場を意識しながら進めるべきである。なお，ブラジル国内への異動については単身赴任も多い。

Q6: 広大なブラジルにおける移動コスト・物流コストについてお教えいただきたい。
A6: 日本とは距離感が全く違う。日本の東京―大阪間が約500kmであるのに対し，サンパウロ―マナウス間は直線で約3000km，フライトでも片道4時間を要するので日帰りはできない。物流に関しては，アマゾンの中の道路は雨期になると水浸しになるので，マナウスで作ったものを河口のベレンまで1500kmかけて船で流して，そこから陸路でサンパウロへ輸送する。前述したように，マナウスの物価が非常に高いのは，こうした物流コストのせいである。

また，アマゾナス州はコロンビアと国境を接していてテロや侵略に遭う危険性があり，マナウスにブラジル軍の駐屯地を置いて，国境警備をしている。そうした地域であるからこそ，フリーゾーンを設けて企業の誘致を図っているのである。フリーゾーンは2023年までの時限立法であるが，延長されることになった。最近では中国勢の進出が盛んである。

Q7: 新たな冷蔵庫工場について，製品の開発業務もブラジルが行うのか。
A7: 冷蔵庫については，ブラジル工場には開発機能が未だないので，日本と台湾に担当してもらうが，ブラジルからも人を送り込んで開発に参加させる。PANABRASとしては，将来的には「展開設計」をブラジルで行いたい旨を意思表示している。展開設計とはパナソニックの社内用語で，他の拠点で開発された基本設計をベースとして個別製品の開発に取り組むことを指す。具体的には，日本や台湾で開発されたシャーシを活用してブラジル市場に合った冷蔵庫を開発していきたいと考えている。

Q8: ブラジルの白物家電市場におけるライバル企業はどこか。
A8: 現在の白物家電市場は，米国系のワールプールとスウェーデン系のエレクトロラックスによる寡占状態である。しかし，私個人としては両社に対する恐怖心はそれほどない。むしろ，虎視眈々と工場進出の機会を窺っているLGとサムスンの韓国勢の方が要注意である（既に両社とも進出を表明している）。さらに，やがて中国企業も必ず出てくるであろう。しかし，テレビなどと違って，白物家電のものづくりには当社が得意とするアナログ的なところが未だ残っているので，何とか勝てるのではないかと考えている。また，PANABRASのローカル社員の中にも金型や成型に関する優れた技術を有した者が多いので，心配していない。私自身は，いざとなれば，ヒューマンネットワークを活かして他社の冷蔵庫工場の技術者を引き抜けばよいと考えていた。進出決定までに時間を要したのは，日本本社の承認を得るのが大変であったからである。

Q9: 家電と同様，ブラジルでは自動車においても，フィアット，フォルクスワーゲン，GM，フォードといった欧米勢が市場の7割を席巻し，日系は4社合わせても9％くらいのシェアしかない。日系企業はものづくりの面では強いと思うのだが，何故このように苦戦しているのか。先行する欧米系企業との差はどこにあるのか。
A9: 1つには進出時期の差が大きい。また，日系は古くからブラジルに進出している企業でも，最近まで本格的な事業展開を躊躇していたように思われる。その点，欧米系はブラジル市場に根を張り，信頼を蓄積してきたことが今日の差になって現れていると思う。

Q10: 自動車や家電の現地生産に際し，ローカルコンテントに関する心配はないのか。
A10: 自動車はブラジル政府によるローカルコンテント規制があり，現在は65％以上の現地調達率が義務付けられているが，日系・欧米系ともに現地で部品の製造も手掛けておられるので問題ないと思われる。その点，今後進出が予想される中国企業にとってはローカルコンテント規制が参入障壁となっている。

一方，AV系の商品については，ブラジルには国の政策として部品製造を半ばあきらめ，輸入に代えてしまったという歴史があるため，PANABRASのテレビやデジカメの輸入部品比率は95％以上にもなっている。つまり，紙や箱，一部の成形材料くらいしかブラジルでは調達していない。この点は，ブラジル政府も反省しているようである。また，白物については，全てが軌道に乗った段階では現調率が85％に達すると見込んでいる。一部の電子部品はアジアから調達する必要があるものの，それ以外の構造物に関しては全て現地調達できそう

である。これらは重量が大きいので，輸入していたら割に合わないものであるが，逆に言うと，先行するワールプールやエレクトロラックスが数十年かけてブラジル国内の裾野産業を整備されてきたおかげでもある。なお，電子部品に関しては，当社がサンジョゼに AV の工場を建設した際，それに合わせてパナソニック・エレクトロニック・デバイス社が進出したが，その後撤退している。

Q11: PANABRAS では労働組合の組織率が他社に比べて低いが，その理由は何か。
A11: それは労使の信頼関係が関係していると思う。PANABRAS には何十年にもわたり，経営が苦しい時でも日系他社に見劣りしない処遇をし，労組に対しても誠意ある回答をしてきたという伝統がある。それ故，多くの従業員からすれば組合に入る必然性がないのかもしれない。事実，組合と交渉して妥結した賃上げ率等に対して，組合に加入していない従業員からクレイムがつくようなこともなかった。また，PANABRAS の工場が所在するサンジョゼ地区の自動車関連の金属労協は非常に過激であるため，それに嫌悪感を持った従業員がいたということもあろう。一般的に，金属労協は，他の労組よりも過激と言われ，特に自動車関連の工場は荒れているので，進出に際しては自動車工場が立地する地域を避ける方が無難と思われる。

Q12: ブラジルでは賃下げよりも解雇の方が容易と理解してよいか。
A12: かつてブラジルの人事コンサルタントから「日本と同じような気持ちで人事労務管理をしていたのでは，会社も従業員もお互い不幸になる」と言われたことがある。同氏曰く，スキルが給与に見合っていなければ，やがてそれは本人にも重荷になるので，そういう従業員は遠慮なく解雇すべきとのことであった。実際，そうした労働者は，解雇されても別の会社で自分のスキルレベルに合った給与の仕事に就くことができる。日本人の感覚からするとカルチャーショックであるが，ブラジルではそれが当然である。

Q13: 日系企業間でもヘッドハンティングはあるのか。
A13: ある。但し，日系企業間では非常に気を遣う。従って，できるだけしないようにしていたが，人材を公募した時に，他の日系企業の従業員が応募してくるようなことがある。そうした場合は，先方の企業に必ず仁義を切り，問題がないか否かを確認してから進めるようにした。

# 第12章　大国ブラジル，動き出したトヨタ

―ブラジル駐在経験（2006-2010）を踏まえて―

ブラジルトヨタ
元社長　長谷部　省三

## 1　私の海外勤務歴

　私は，1976年にトヨタ自動車に入社した。入社直後の7年間国内営業を経験した後，約30年間はずっと海外営業を担当してきた。いわゆる海外の花形と言われる欧米には全く縁がなく，新興国である中近東，アジア，中南米のエキスパートとして働いてきた。こういう地域を担当していると大きな歴史的な出来事に出くわすことも度々あった。その中でも，最も大きな出来事は1990年8月2日に勃発した湾岸戦争である。私は，イラク軍がクウェートに侵攻する3日前までクウェートに滞在していた。その日は代理店の社長の家での夕食に招かれたのだが，食卓の話題は，ビジネスの話は殆どなく，国境付近に集結しているイラク軍の話ばかりだったことを覚えている。翌日，私は日本からの出張者と合流のためドバイに移動し危うく難を逃れることができたが，食事に招待してくれた社長はイラク軍の捕虜となり，バグダッドに移送されてしまった。一時音信不通となったが，数ヶ月後に無事解放され，1年後日本に挨拶に来られ再会することができた。かなり痩せてはいたが，健康に問題はないとのことであった。

　翌1991年，クウェートのビジネス再開のために戦争後初めて同国を訪れた時も，まだ油田からモクモクと黒煙が立ち上っていた。舗装路以外を走る時は，地雷を避けるために轍の上しか走らなかったし，車を降りても危険を避けるために，轍の上を歩くよう注意を受けるほどであった。そのクウェートの戦後復興は順調に進み代理店の販売規模も1年後に戦争前の8割くらい

に達したと記憶している。この復興の時期にクウェートの仕事に携われたことは，車に関するビジネスだけでなく，クウェートの国の再建に立ち合えたという別のやりがいを感じる経験であった。

　その後，1997年から3年間タイに駐在した。1997年はアジア通貨危機の年である。7月2日の確か月曜日だったと思うが，何事もないいつもの週の始まりが，とんでもない日になった。その当時タイは世界の成長センターと呼ばれ，タイの通貨バーツは経済の発展とともに国際通貨に対し強い通貨と言われていた。しかし，この日タイ政府から「ドルのペッグ方式が維持できなくなり，タイバーツを変動相場制にする」という発表がなされた。市場は大混乱である。1バーツ＝5円から2.5円へとバーツ安が進んだ。この日を境に自動車市場は急速に縮小し，その結果，1996年に60万台だった市場は2年後の1998年には15万〜16万台に落ち込むことになった。最終的に，海外子会社の中で優良子会社であったタイトヨタも債務超過に陥り，会社の再建までにはかなりの年数を要することになった。この国家的な危機は，タイトヨタだけでなく全業界に等しく大打撃を与えた。

　このような経験を持つ私を知る上司が，ブラジルトヨタの社長就任式の挨拶の中で「中近東では戦火をくぐり抜け，アジアでは通貨危機を乗り越えてきたタフな人物」と表現し，出席者の笑いを誘ったが，ある意味真実である。

## ❷ ブラジルの概要と自動車市場

　2006〜2010年の5年の在任期間，ブラジルへ導入を企画した小型乗用車を中心に話を進めることとする。私の会社生活を象徴するかのように，色々なことが次から次へと起こり，大変苦労をしたプロジェクトとなった。

　ブラジルは，国土面積が約851万km$^2$（日本の約23倍）で世界第5位，人口は約2億人で世界第6位と大変大きな国である。加えて，中位数年齢（人口の真ん中の人の歳）は28.9歳で，日本・ドイツ・イタリアの44歳，アメリカ・中国の35歳と比較すると，非常に若い国であると言える。ま

た，中南米ではアフリカ出身の黒人が住む唯一の国である。古くから綿花やコーヒーなどの大規模農業が栄えたブラジルでは労働力不足をアフリカからの黒人奴隷でまかなったそうだ。

　通常ブラジルを語る際には，サンバとサッカーとコーヒーが主な話題となるが，ブラジルの本当の強みの第1点目は，国の発展に必要な資源，エネルギーが豊富なことである。世界の鉄の需要の500年分の埋蔵量を誇るカラジャス鉱山のほか，過去には輸入に頼っていた石油も近年大西洋で海底油田が発見されて以来開発が進み，今では輸出国となった。エタノールをはじめとするバイオエネルギーでは，アメリカと並び圧倒的な生産量を誇っている。ブラジルの水力発電は全発電量の80％を占めると言われている。世界3大瀑布の1つであるイグアスの滝の近くにあるイタイプ水力発電所は，世界一の発電量を誇っており，ここで発電された電力は約900km離れたサンパウロに送電されている。また，資源とは言えないかもしれないが，地球の酸素供給量の1/3はアマゾン流域の熱帯雨林から供給されているとも言われている。

　第2の強みは，若くて今後も増加する労働力人口である。日本をはじめ多くの先進国が少子高齢化を迎える中，引き続き労働人口が増加することはブラジルの大きな強みである。一方，2008年のデータによるとブラジルの出生率は1.8人となり黄色信号が灯ったとの見方もある。

　3番目の強みとしては，海外からの堅調な投資が期待されることである。従来は，ハイパーインフレなど経済的に苦しんだブラジルであるが，2008年にS＆PとFitchが，2009年にはMoody'sが投資適格国に格上げし，近年では投資が増加してきている。本当にブラジル経済は着実に成長していると感じる。2008〜2009年のサブプライムローン問題やリーマンショックはブラジルの経済には殆ど影響を与えていない。この好調な経済を背景に，ブラジルの自動車市場は2003年に底を打って以来成長を続け，2011年は363万台と過去最高の台数となった。私が着任前の2005年が176万台の市場だったことに比べると，ここ6年で市場は，ほぼ倍増したことになる。その結果，ヨーロッパ最大市場のドイツを抜き，中国，アメリカ，日本に次ぐ世

界第4位の市場となった。今後も人口の増加や強い経済の成長に支えられブラジル市場は着実に成長し，2015～2020年にかけて日本を追い抜くと見られている。

## ❸ ブラジルでのトヨタの取り組み

### 1. ブラジルトヨタの歴史

　1958年にトヨタ初の海外生産事業を目指しブラジルに進出して以来54年が経過した。1962年にはサンパウロ市サンベルナルドに工場を建設し，ランドクルーザーの組み立て生産を開始した。車名をランドクルーザーからポルトガル語で開拓者を意味する「バンデランテ」に変えての生産である。この生産事業は，乱高下する経済状況の下，40年間で10万台の販売に留まり，大変苦しい事業であった。その後，国産化政策の変更をはじめ自動車産業の自由化が進み，ブラジルへの進出から40年が経過した1988年にサンパウロ州インダイアツーバ市に第二工場を建設し，カローラの生産を開始した。日本ではカローラは大衆車であるが，ブラジルでは300万円以上もする高級車である。当初の生産は1万台からのスタートであった。

　政治，経済の安定と所得の上昇を背景に，トヨタのブランド力と欧米各社との直接競合を避けた戦略が功を奏し，2011年にはブラジル国内販売分の約5万台にアルゼンチンへの輸出分約2万台を加え合計7万台の生産台数に達した。

　続いて販売関係での取り組みに関し説明する。ブラジル市場では，カローラに加えハイラックスとSW4というハイラックスをベースにしたSUV（スポーツ・ユーティリティ・ビークル）をメルコスール協定（ブラジル・アルゼンチン・ウルグアイ・パラグアイの4ヶ国による非関税協定）を結んでいるアルゼンチンから輸入し販売していた。2011年は日本からの輸入車を加えたトヨタ車合計で10万台弱の販売実績であった。

　トヨタは世界20ヶ国以上の国々で生産事業を展開している。Made in Japanが高品質の代名詞のように言われている今日であるが，トヨタでは世

第 12 章　大国ブラジル，動き出したトヨタ　249

界中どこの工場でも製造品質を向上させる活動がたゆまなく行われている。Made in Japan ではなく世界のどこのトヨタ工場で生産しても Made by Toyota として同じレベルの高い品質が達成できるように教育訓練が展開されているのである。

　ブラジルトヨタのインダイアツーバ工場も例外ではなく，日本からの指導を受け，TQC（Toyota Quality Control）活動をはじめ自主的な改善活動によって生産工場に限らず会社全体で品質に関する意識を高く維持できた。その努力の甲斐があって，カローラは発売当初より有力雑誌が主催する品質表彰を何度も受賞している。アルゼンチンから輸入しているハイラックスやSW4 についても，同様のアウォードを受賞している。

## 2.　ブラジルトヨタの販売戦略

　商品だけでなく，優れたサービスを提供する販売店ネットワークも大変重要である。1990 年当時は約 30 店舗しかなかった販売店は販売台数の拡大に伴い急速に増加し，2011 年時点ではブラジル全土に 133 店舗を持つに至った。ブラジル自動車工業会が実施したお客様の販売店に対する満足度調査ではトヨタは常に上位にランクされ，2008 年から 3 年間連続して顧客満足度第 1 位に選ばれている。

　高い顧客満足度を支えているのが総勢 4500 名のセールスマン，サービスメカニックである。特にサービスに関しては，メカニックやサービスアドバイザーの教育プログラムを展開しているだけでなく，毎年スキルコンテストを実施し，チャンピオンは日本で行われる世界チャンピオン大会（表彰式）に参加できるという制度がインセンティブとなり，サービス品質の向上につながっている。但し，ご多分に漏れず，優秀なメカニックは他社の引き抜きにより定着率が極めて低かった。

　まとめると，過去 50 数年間のトヨタのブラジル戦略は「台数を追わず，高品質・高価格車を CS 活動によって販売してきた」というものであった。

## 3. ブラジルトヨタの社会貢献

　愛知県清須市にあるトヨタ自動車中部整備大学校には，在日ブラジル人の子弟を対象とした自動車整備コースがある。2011年までに12期221名が卒業し，多くの方はブラジルに戻ってトヨタだけでなく，ブラジルの自動車業界で広く活躍している。このコースはポルトガル語で行われるためブラジルトヨタは毎年講師を派遣していた。

　続いて，ブラジルにおけるトヨタの社会貢献について紹介する。ブラジルトヨタは，創立50周年記念事業として2009年にトヨタ基金を設立し，従来にも増して社会貢献活動を積極的に展開することとした。その最初の活動は自然保護活動であった。コスタ・ドス・コライスはブラジル北東部に広がる海岸地域である。ブラジルでもっとも美しいと言われるサンゴ礁，マングローブ林，絶滅の危機にあるマナティといった生態系の保護保全や，地域住民への啓蒙の活動に対し支援を開始した。2つ目は森づくり，植林の活動である。トヨタは$CO_2$を排出する車の生産会社である。トヨタの工場があるサンパウロ州を中心にブラジル全土で積極的に植林活動や地域の子供たちへの啓蒙活動を実施している。3つ目はアララ・アズールプロジェクトである。乱獲のため絶滅の危機に瀕していたアララ・アズール（青いインコ）の保護活動支援である。トヨタは，アララ・アズールの保護活動団体に対し，車両の提供や個体数増加のための活動を継続支援している。

# ❹ ブラジルトヨタの未来に向けての戦略

## 1. "Mercosur Roadmap 2020" の作成

　ブラジルの自動車市場は2011年には363万台と世界第4位の地位にあり，今後も成長が続くと予想している。従来トヨタはカローラやハイラックス，SW4を販売し，各々のカテゴリー内では第1位のシェアを確保してきた。しかしながら，市場の6割を占めるスモールロー（日本の軽自動車と同様に排気量1000cc未満のエタノール車は優遇税制を受けられる）に参入していないため市場全体のシェアは3％を下回っていた。欧米メーカーのフィ

第 12 章　大国ブラジル，動き出したトヨタ　251

アット，フォルクスワーゲン，GM，フォードは各々スモールローから高級車までフルラインアップを持っており，20％前後のマーケットシェアで首位を争っていた。余談であるが，ブラジル自動車工業会の歴代の会長は，ブラジルビッグ4であるフィアット，フォルクスワーゲン，GM，フォードとベンツの社長の輪番制であった。自動車工業会の会議の席順もまさにマーケットシェア順であり，コの字型議場の開いた方の末席がトヨタの席であった。

　2005年6月にブラジルトヨタの社長の辞令を受け取った時から決めていたことがあった。それは，現地発信の事業計画を提案することである。既にBRICsという単語が一般に使われるようになった2000年前後でも，トヨタの社内では，中南米の中のブラジルはまだそれほど注目を集める段階ではなかった。アメリカに近いメキシコは自国の自動車市場に加え，アメリカ合衆国への供給を考える上でもよく話題に上り，羨ましく思ったこともたびたびある。2006年1月にブラジルトヨタに着任してすぐに，Mercosurトヨタ（ブラジルトヨタとアルゼンチントヨタのバーチャル統括会社）のプロジェクトとして，"MR20 = Mercosur Roadmap 2020"の作成に着手した。

　実は私は，ブラジル赴任の直前まで中近東営業部長としてインドの小型乗用車の導入の検討に取り掛かっていた。インドも当時のマーケットシェアは3％前後で推移しており，今後のモータリゼーションの進展を考えた場合，トヨタの生きる道は小型乗用車の導入であるとの結論を導き出したところであった。そのインドグループと連携を取りながら共同で小型車プロジェクトを推進することになった。そして，ロードマップの作成に当たっては，ブラジルのスタッフと将来ブラジルトヨタはどういう会社でありたいかを真剣に議論しビジョンを策定した。それが以下の3項目である。

①ブラジルトヨタはお客様満足度No.1会社
②ブラジルトヨタは社会から尊敬される会社
③ブラジルトヨタは4強に対抗できるメインプレーヤー

## 2. 新しい車種の追加

　ここで，ブラジル市場におけるトヨタの現在の強みと弱み，将来の機会と脅威について簡単な分析（SWOT 分析）をしてみる。トヨタの強みは，業界トップの顧客満足度や高い顧客ロイヤルティ等，これまでのビジネスで築き上げたブランド力である。一方，弱みとしては，ボリュームのあるセグメントに商品が導入されておらず，マーケットシェアが3％に留まっていることがある。ビッグ4に比べると販売拠点が少ない。特に最大市場であるスモールロー市場に未参入である。それに伴う若年層での認知度の低さなどが考えられる。

　将来の機会としては，ブラジルの自動車市場は今後とも伸びて行くと予想されている。加えてトヨタはスモールローを中心とする未参入市場が多い。一方，韓国・中国勢も含め多くのメーカーが，今後ブラジルへ参入することによる競争激化は大きな脅威となる。

　車両価格帯別の分析をしてみると，トヨタはカローラ，ハイラックス，SW4を中心とする高所得帯の非常に限られたユーザー層のみを対象にしてきた。フィアット，フォルクスワーゲン，GM，フォードは運転免許を取って初めて車に乗る富裕層の若者や給料が上がりオートバイや中古車ではなく新車に手が届くようになった中間層が対象の価格帯（約150〜200万円）のFFV（Flex Fuel Vehicle：後述）から始まり，さらに上のライフステージの全てをカバーできるラインアップを持っていた。

　ブラジル自動車市場は，2005年以降経済成長とともに中間所得層が急速に拡大し，新たな新車購入母体が形成される過渡期に差しかかっていた。トヨタがブラジルで戦うためには，この中間層のお客様のニーズに応える小型車の導入が不可欠であることは明白であった。しかし，品質を最も大切にしてきたトヨタにとって，ブラジルの新市場で価格競争力とトヨタ品質を両立させることは想像を越える本当に厳しいハードルであった。小型車導入にあたっては，いくつもの課題や可能性を検討した。例えば次のようなものである。

・競争力を維持するためには，ある程度の品質の妥協が必要か。
・トヨタの品質水準が守れない車はトヨタのブランドは使えないのか。
・トヨタ以外のブランドで本当に売れるか。
・新ブランドという限りは複数のラインアップは考えられるか。

　ブラジルからは本社へ何度となく説明のための出張を繰り返した。その結果，必要な基本的な性能及び安全品質は維持しつつ，それ以外は割り切り，計器関係を極力シンプルにし，材料は現地調達を原則とするなど徹底的にコストダウンを図り，何とか企画がまとまったのが2008年の7月である。

## 3．新工場の建設

　2007年から並行して工場建設候補地選びにも着手した。100ヶ所を超えるブラジル全土の候補地から，サンパウロ州のソロカバ市を選択した。如何なる産業でも同様の条件が要求されると思うが，ここに挙げる必要な条件の多くを満たしたのがサンパウロ市から東へ1時間の所にあるソロカバであった。工場用地選択条件は次の通りである。

　①市場に近い
　②サプライヤーに近い
　③港に近い
　④親工場（インダイアツーバ）と近い
　⑤優秀な労働力が確保できる
　⑥工場のインフラが確保されている
　⑦賃金が安い
　⑧労働組合活動が活発でない
　⑨土地の価格が安い
　⑩国，州，市から歓迎され優遇政策が用意されている

　もう1つ加えるとすれば，平らで地盤がしっかりしている土地であること

が挙げられる。そうした平らな土地は，山に囲まれたサンパウロ周辺ではまず見つからない。2008年7月16日のプレスリリースにはこう書かれている。

「今回，ソロカバ市で取得する用地は約370万m²の大きさで，トヨタはこの用地に，2011年以降の段階で，約15万台の年間生産能力にて，新開発小型車の生産を行う新工場の建設を前提に，具体案の検討を進めていく」。

何も起こらなければ，2010年10月にブラジルで新小型車が発売される予定であった。しかし，2008年のリーマンショック，次いで発生したアメリカでのトヨタ車の品質問題は，ブラジルの小型車プロジェクト継続に最大の危機をもたらした。そして，世界的な販売台数の減少によりトヨタ本社の収益が悪化し，全プロジェクトの見直しが実施されたが，ブラジルのプロジェクトも例外ではなかった。

2008～2010年の2年間にわたり，必死でプロジェクト存続の妥協点を見つけるために，サンパウロ州知事，サンパウロ州開発局局長とも何度も打ち合わせを重ね，サプライヤー各社，建築土木会社，建設業者の協力を仰ぎ，工場設備や設計図面の変更を繰り返し，投資金額を極限まで切り詰めて，サンパウロ州とトヨタ本社の両者の了解を取り付け実際に整地に取り掛かったのが2010年であった。2012年9月に，従来の計画から2年遅れで，自動車市場の60％を超えるスモールロー市場にエティオスをもって参入することができた。

## ❺ ブラジル自動車産業の課題

次にブラジルの抱える課題について示しておく。ブラジルの自動車産業の課題を例にとって話を進めて行くが，他の産業に関しても同様の問題を抱える可能性は高いと思われる。大きな可能性を秘めたブラジルの基幹産業がさらに拡大していくには，解決すべき問題が3点あると考える。

1つ目は，生産性の向上である。ブラジル経済は目覚ましい発展をしてい

る。この急成長にあった道路，港湾といったインフラ整備が必要である。加えて，あらゆる単位でストライキが起こる。トラック運転手のスト，港湾労働者のスト等が発生し長期化した場合，生産事業者にとっては死活問題に発展する可能性もある。また，自動車産業は約50年の歴史を持っているが，それでも世界と競争できる技術を持ったエンジニアや熟練技術者といった人材が不足している。企業単位で育成は図られているが，国を挙げた育成政策が必要だと考える。

　2つ目の課題は，ブラジルの自動車関連の税制が複雑なことである。ブラジルで生産した車両には多額で複雑な税金がかかっている。グローバル競争を勝ち抜くためにはコスト競争力が不可欠である。私は，政府との会議で発言の機会があった時には常に「生産車両の輸出を考えると，各種税金が車の国際競争力を大きく阻害している。輸出分に対し免税措置は取れないものか。少なくとも増税を適用しないよう配慮を求めたい」と繰り返し発言してきた。

　3つ目の課題として，ブラジルは他の国にはない独自の規制がある。そのために，ブラジルに参入するには，独自の投資が発生したり，コストが大変高くなったり，最新技術の導入に時間を要したりするケースが多々ある。先進技術を導入するためには，グローバル法規との同基準化や技術の普及を促す制度整備が必要である。1つの事例としては，前出のFFVがある。FFVは化石燃料に代わる大変優れた代替燃料車である。FFVはエタノールをガソリンの代わりに100％使うケースから0％まで，全ての場合に対応したエンジンである。考えてみれば100％エタノールを使えるまでの生産量を誇る国はブラジルしかない。アメリカのほんの一部の州では無理をすればできるかもしれないという程度である。エタノールを燃やすと主に水（$H_2O$）が発生し，ガソリンの場合は二酸化炭素（$CO_2$）が発生する。また，外気温が20度を切ったらエタノールは発火しにくくエンジンがかかりにくい。そのために発火補助のガソリン用のサブタンクが必要になるなど特別の機能や装備のためのコストがかかる。お客様はそのために多く払わなければならない。その一方で，お客様が燃料を選ぶ時は価格が安い方を選ぶ。石油が1バレル

=100ドル前後であればエタノールの方が安い。しかし，いつ逆転が起こるかもしれない。そのようなケースを避けるためにガソリン：エタノールが90：10のような国際基準を作り，コストをかけないエンジンを使用した方が車両を生産する側にとってもユーザーにとってもメリットが大きいと考えられる。せっかくコストをかけて開発したFFVであるが，世界的な汎用性は小さいと言わざるを得ない。

## ❻ むすび

最後に2012年8月9日にソロカバ工場の開所式に出席した豊田章男社長のスピーチの一部を紹介してむすびとする。

「ソロカバ工場を建設しましたのも，エティオスの1台，1台に1500名の従業員が，品質にこだわり，トヨタの50年の魂を込めて，このエティオスをつくっていくためであります。また，年産20万台規模のエンジン工場をつくることも決めました。今後，トヨタグループを挙げて，ブラジルでのモノづくり基盤の強化や人材育成をお手伝いしていく所存です。こうした活動により，ほとんどの部品をブラジルで調達することができ，エティオスをブラジル人によるブラジルのための車，真のブラジルの国民車として育ててまいります。トヨタはブラジルと共に成長していきたいと心から思っています」。

【質疑応答】
Q1: 労働組合との交渉は地域，会社，業界など，どのレベルで行われるのか。
A1: ブラジルトヨタは2工場を持っていたが，工場単位で地域労働組合組織に加入しており，同じトヨタでありながら別々に賃金交渉を行っていた。業界単位での賃金交渉はないが，当然のことながら他社の妥結額の影響は大きい。

Q2: 組合は地域ごとに別々なのか。
A2: 別々である。本当にブラジルトヨタで起こったことだが，2010年の交渉の結果，50年の歴史がある第1工場より，10年目の新工場の給与妥結額が上回って

第12章　大国ブラジル，動き出したトヨタ　257

しまった。新工場地域にある地域労働組合組織のバックアップが強く，こういう結果に至った。

Q3: ブラジルでは，ストライキは1日前に申告すれば政府承認になると聞いているが，突然1日前にストをするということはあるのか。
A3: ある。現実にストライキの事前通告を受け，スト回避のための妥協を余儀なくされた経験がある。

Q4: ブラジル人の仕事観，働きぶりについて，どのように感じられたか。
A4: ブラジルトヨタで働く人に限ると，非常に勤勉で生産技術の習得は速く，適応力は高いと思う。インダイアツーバ工場のカローラの製造品質は世界のトヨタ工場の中でもトップクラスであった。なお，トヨタには日系ブラジル人が多く就職する。フィアットにはイタリア系，フォルクスワーゲンにはドイツ系が多い。それぞれの母国語が話せることと，何世になっても母国企業で働きたいと思う気持ちはどの国も一緒のようだ。

Q5: ブラジルトヨタの経営陣についてお教えいただきたい。
A5: 社長は私で日本人である。販売・渉外担当副社長はブラジル人で，もう1人の副社長は生産担当の日本人であった。役員は7人で，副社長を含め3人がブラジル人だった。日系人の役員もいたようだが，私が赴任する数年前に退職したと聞いている。

Q6: スモールロー市場でのマーケティング戦略をどのように考えているのか。
A6: スモールローの導入を企画した2006年の自動車市場は約250万台であった。2011年には363万台に拡大した。2012年にエティオスが発売され，その後の市場はさらに伸び続けると予想している。伸びる市場に参入し，既存のビッグ4と戦う戦略は十分に練ってきた。但し，同時に市場に参入する韓国の現代自動車については，エティオスと同じコンセプトながら強い価格競争力と桁違いの宣伝費が予想される。現代はかなり難敵である。

Q7: 現代自動車の動向次第で状況が変るということか。
A7: そのとおりである。現代は2011年に車両組み立て工場を立ち上げた。殆どの部品を韓国から輸入していると聞くが，関税のハンディキャップを負いながらも彼らの車両の方が安い。こうした価格競争力を有した現代は脅威である。

Q8: ブラジルマーケットには，価格が低いものを買うという特性があるのか。

A8: 過去はそれでよかった時代もあったかもしれない。しかし，車を買う層は，平均よりもはるかに所得が高く，商品を見る目を持っている。「安かろう，悪かろう」では満足しない。商品に加え，全てのサービスを含めた品質を考慮した上で相対的に安いものは売れる。

Q9: ブラジルは高金利国で，資金が回しにくいと聞くが，ブラジルトヨタで適用されている社内ルールはあるのか。
A9: 幸いにもブラジルトヨタはキャッシュリッチな会社で資金繰りに困ることはなかった。

Q10: ミックスチャネルではなく，専売チャネルなので価格が下がらないのか。
A10: インフラの変化やモデルチェンジ前などのタイミングでは旧モデルのインセンティブを増額したことはあるが，在任期間中にカローラの価格を値下げしたことは一度もない。幸いにも，需給のバランスがうまく取れていたため大きな価格の調整は必要なかった。

Q11: 駐在員はどんな形で現地に滞在しているのか。
A11: 駐在員は，私がブラジルに赴任した2006年には総勢30人であった。帰国時，アルゼンチンは13人，ブラジルはほぼ50人に増えた。新工場のためのサプライヤーの指導や工場建設のための増員が理由である。住居は会社が手配する。車両は1人に1台社用車を用意し，全員にドライバーをつけた。費用はかかるものの色々なリスクを考えると，ドライバーをつけることが最良の方法と判断した。具体的な理由の1つ目は，駐在員がポルトガル語の地図を見ながら運転していたことである。ポルトガル語のハンディと土地勘がないハンディを持っての運転は危険極まりない。2つ目は，単身赴任者の場合，終業後に外食をして帰る場合が多いと聞いていた。仕事の疲れを癒すためのチョット一杯もドライバーがいれば大丈夫である。3つ目が，家族帯同の駐在員を増やしたいと考えた時，旦那さんが車で会社に出かけると，家にいる奥さんが動けない。ポルトガル語ができないのでタクシーにも乗れない。ドライバーをつけ，旦那とは別に奥さんが行動できるようにした。しかし，やはり帯同は難しい。教育問題や治安の問題で駐在員の家族帯同率は50％以下であった。

Q12: FFVは日本でも販売されるのか。
A12: トヨタはFFVでは後発で2007年にカローラのガソリンエンジンを改良して導入した。先に述べたように，ガソリン100％からエタノール100％まで如何なる混合比の燃料でも性能が発揮できるシステムである。世界の国でエタノール

100％を供給できる国はブラジルしかない。従って，世界的にはあまり汎用性はない。全世界の車の燃料として使うガソリンとエタノールを混合した場合，3～10％程度になると聞いたことがある。世界では10～20％までのエタノール比燃料に耐えうるエンジンで十分である。日本ではエタノール比3％混合の議論があったが，今はどうなったか知らない。

Q13: エティオスはブラジル以外の国を含めた共通モデルだと思うが，開発はどこか。
A13: エティオスの設計は日本で，開発主査もトヨタ本社のエンジニアである。ブラジルとインドが対象国である。インドからはアフリカに輸出する予定である。ブラジルは輸出拠点としてはコストが高い。なお，ブラジルとインドではターゲット層や法律・法規が違うためエティオスの仕様も少し違っている。

Q14: ブラジルは輸出戦略やグローバル戦略の拠点となるには労務費が高すぎるのか。
A14: 労務費は欧米と同等のレベルである。高卒の初任給は非常に高い。ブラジルが戦略拠点になれない理由は労務費のほか，輸送コスト，税金や港湾等のインフラもマイナス要素である。

Q15: 販売店の地域分布についてお教えいただきたい。また，内陸に物を運ぶのは難しいのか。
A15: 日本では太平洋ベルト地帯にマーケットが集中しているが，ブラジルも同様で，リオデジャネイロに代表されるように大西洋の海岸線にマーケットが集中しており国内市場のほぼ6割を占める。他方，鉄道があまり発達していない代わりに大都市を結ぶ道路網は整備されている。この道路網を利用すれば主要な市場への輸送は大きな問題はない。但し，アマゾン川の流域のような過疎地への車両の輸送は特別の方法をとっていた。まず流域地域への配送車両をアマゾンの上流に運び，そこからボートに乗せ下流の販売店がある街に下していくという方法だった。

# あとがき
―― 盟友・前川朋久を追悼する ――

公益社団法人　国際経済労働研究所
会長　板東　慧

　編者・執筆者を始め関係者のご努力と白桃書房のご厚意を経て、本書を刊行することができた。監修者（公益社団法人　国際経済労働研究所）を代表して心より御礼を申し上げる次第である。本書は、当研究所の前理事長であった故・前川朋久が主査を務めた「新興国経営研究会」の成果を取りまとめたものである。
　私が前川と初めて会ったのは1964年、松下電器産業労働組合中央執行委員に初めて就任したころで、爾来50年を経る。通常の人生50年と合致する程つきあいは長い。私は現在の仕事の前身―関西労働調査会議の研究員としての付き合いの中で松下労組が一時ごく短期間中央指導部が高野実風の職場闘争主義のリーダーに握られて後、組合主義主導のためにわれわれも協力して高畑委員長による指導部奪還を果たした直後であった。当時、高成長期に入った日本経済の下で春闘という形態で本格賃金闘争の時代に突入した。松下労組も当時組合員1万人レベルから今日の8万人レベルに成長する過程であったが、この時期に対応して週休2日制の確立、そして松下幸之助社長提案による賃金倍増プランなど、労使関係近代化にかかわる政策を発展させた。前川は、この間、新進気鋭の賃金部長としてこの新たな政策に取り組んだが、とりわけ会社側が賃金政策として職務給導入を執拗に提案してきたことへの組合側の対抗政策が試金石となっていた。当時われわれは、この寡占化する資本の合理化政策への対抗として、年功制の克服による同一労働同一賃金原則による産業別横断賃率政策、合理化反対一般ではなく特に技術革新合理化への対応政策による雇用・時短政策、そして政党・資本から独立した

自立的労働組合主義の確立による労働戦線統一を基本とする労働組合運動の発展のための政策追究を、京大岸本英太郎教授を筆頭とする関西の労働関係学者6人の協力を得て、私を中心に内部を充実させる努力をしていて、松下労組のこれらの課題に対応するべく、全電通・新産別島津・味の素・石原産業・住友化学・毎日新聞・三菱金属鉱業など20数単産・単組と共同してこの種の新しい政策の共同研究を進めつつあった。

松下労組では、高畑委員長の下で前川部長のヘゲモニーでわれわれが協力して、会社側の職務給政策に対抗する全職場での労働分析を通じての仕事格付け委員会を設置してその作業に入り、最終的には25歳基準による「仕事別賃金」の確立を図って、労使交渉を成功させた。まさしく若武者前川のヘゲモニーの成果といえた。この松下労組の成功は電機労連のみならず、日本の労働界を揺さぶる成果を挙げ、仕事別賃金あるいは労働にもとづく賃金決定政策は波及的成果を生んだ。わが関西労調はこれらの成果と並行して、労働組合を基盤とする労働戦線統一を目指すシンクタンク「社団法人　労働調査研究所」を1961年に設立し、引き続きその成果を挙げた。前川は、これらの成果を基盤に綿密な政策と行動力によって書記長から中央執行委員長へと実績を積み上げ、さらに労働戦線統一にも指導力を発揮し、連合大阪会長を最後に現役から退いたが、その後2000年に労働調査研究所を改組して、私が会長を務める公益社団法人国際経済労働研究所理事長に就任してもらった。この間、私の口から言うのもおこがましいが、公私ともに「盟友」として付き合い願ったと思っている。最後に、心からのご冥福をお祈りするとともに、本書の刊行をともに喜びたい。

## 索　引

### 欧　文

Act East……………………………………68
AL ……………………………………… 94-95
BNP ……………………………………………95
BOP ………………… 6, 20, 21, 67, 70, 129-131
BRICs ………………………… 27, 90, 226, 251
EMS …………………………………… 223
FOB …………………………………… 211
ICD …………………………………… 219
Inclusive Business（包括的ビジネス）…… 129
IT 産業 ………………………………… 203
KHL（適正生活必要経費）………… 51, 62, 189
KSPI ……………………………… 55-56, 60-62
MM2100 ……………………………… 64, 181
M 型組織 …………………………………… 18
SGS 検査 ……………………………… 192
SMS（ショートメッセージサービス）
 ……………………………………… 140, 189
VGCL …………………………………… 30, 34
VSIP ………………………… 35, 143, 148-150, 154

### あ　行

アウトソーシング ………………………………50
アジア通貨危機 ……………………………… 246
アパレル（産業）………………………… 215
アパレル（製品）…………………… 213, 218
アワミ連盟（AL）………………………………95
安全配慮義務 ………………………… 136, 138
移行期のマーケティング ………………………11
イスラム教 ……………… 24, 70, 89, 187, 194
イスラム協会（JP）……………………………96
イスラム教徒 ………… 46, 54, 140, 203, 212
イスラム国（ISIL）…………………… 136, 140
5 つの"あ" …………………………………… 195
移転価格税制 ………………………………… 191
違法スト（ライキ）………… 32-33, 35, 39, 57, 58
印僑 ……………………………………… 70, 80
インド人気質 ………………………………… 68, 80
インドネシア金属労働組合連合（FSPMI）
 ……………………………………… 55, 186
インドネシア福祉労働組合総連合（KSBSI）
 ……………………………………………55
インドネシア労働組合総連合（KSPI）… 55, 186
ヴァルナ（Varna）………………………………83

ウォルトン …………………………… 222
エタノール……… 226-227, 247, 255-256, 258-259
　──車 ………………………………… 250
バイオ ……………………………… 105, 226
エンブラエル ………………………… 226
エンプロイメンタビリティ …………… 124
オカット（Aukat）………………………73
オフショア（生産）基地……………… 13-14, 17

### か　行

海外安全ホームページ…………… 136-137, 140
海外トレーニー制度…………………… 225, 239
海外邦人援護統計……………………… 136
買い出し休暇 ………………………… 207
海洋アジア ………………………………84
カースト ……… 69, 73, 75, 77-80, 82-85, 203
家族主義………………………… 181-182, 186, 196
価値連鎖 ……………………………… 131
冠婚葬祭 …………………… 34, 77, 155-156
危機管理・安全対策 ………… 136, 138-139
共産党 …………… 30, 38, 41, 78, 95, 162, 205
業績考課 ……………………… 182, 190
グラス・シーリング …………………… 115
グラミンユニクロ……………………… 213
グローカル ……………………… 199-200
グローバル戦略（Ver.1）…………… 6, 18, 20
グローバル戦略（Ver.2）……………… 20-21
グローバルなキャリア機会… 115, 117, 121, 124
グローバルなキャリア機会の欠如…… 111-112,
 120, 123
計画経済 ……………………… 29, 37, 40
経済ピラミッド……………………… 129
結社の自由及び団結権の保護に関する条約
 …………………………… 30, 49, 186
建国 5 原則 …………………………… 187
研修生……………………………………50
現地化 ……… 14-15, 115, 121, 144, 164, 169, 177
　──の遅れ ………… 111-112, 116, 120, 123
後発開発途上国……………………………90
高齢化社会 ……………………………… 9
高齢社会 …………………… 3-4, 9-10, 21
ゴートラ（Gotra）………………………83
コピーメーカー ……………………… 134
個別的労使関係……………… 28-29, 41, 97

263

264　索　引

個別的労働法…………………………77
米のインド……………………………84

## さ　行

サイード・イクバル………………… 62-63
最低賃金…… 29, 33, 41, 51, 58, 61, 97, 149, 156,
　　　　　　　　　170-172, 189, 193, 232
――法…………………………………77
在日日系人………… 113, 118, 120, 122-123
作業認定制度……………………………152
作業標準書………………………… 147, 152
サービス・ドリブン……………………19
サピンダ（Sapinda）……………………83
サブプライムローン問題……………247
産休期間………………………………149
シェアード・バリュー型……………… 7
識字率……………………………… 6, 27, 200
事業部制……………………………13, 18, 20
社員教育………………………………218
社会的埋め込み………………………130
ジャカルタ暴動………………… 183, 185
ジャーティ（Jati）……………… 83, 203
社内イベント…………………………150
社内行事………………………… 235, 238
ジャポネース・ガランチード… 107, 234
13ヶ月目の給与………………… 171, 233
集団的労使関係……… 28-29, 33, 35, 39-41, 96
集団的労働法……………………………77
衆知を集める経営……………………120
主従法……………………………………98
少子高齢化………………… 3-4, 9-10, 247
照葉樹林文化帯…………………………85
ジョコ・ウィドド……………… 48, 186
ジルバップ……………………………195
人口オーナス期………………………… 3
人口動態……………………… 3-5, 7, 11
人口動態の雁行形態………………10-11
人口の雁行形態………………………… 5
人口ボーナス（期）…………… 3, 9, 11
人生の四住期…………………………83
親日………………………………………80
　　――国…………………………… 47-48
　　――的……………………… 94, 214, 227
心理的契約……………………………123
新労働法…………………………… 49, 53
スウィーピング………… 55, 62, 189-190, 197
スカルノ………………………… 186-187
スト解決タスクフォース………………39
ストライキ…… 28, 30-32, 38-40, 48-49, 55-58, 65,

　　　　　　　　　78, 97, 169, 196, 215, 233, 235, 255, 257
　　――権………………………………31
スハルト………………………… 183, 185-186
スモールロー…………… 250-252, 254, 257
すり合わせ……………………………133
政権闘争…………………………………95
製品別事業部制…………………… 17-19
世界の人口グラデーション…………… 4
セクハラ………………………… 77, 136
全インドネシア労働組合（SPSI）……186
　　――総連合（KSPSI）………………196
善行誓約書………………………………79
全国労働者連盟…………………………95

## た　行

第3次投資ブーム……………………110
退職金…… 49, 53-54, 57, 64, 94, 183, 233
退職金法…………………………………77
第2のグラス・シーリング……………117
多能工（化）………………… 76, 100-101
多様の中の統一（Unity in Diversity）… 67, 83
単身赴任………………… 72, 156, 241, 258
男尊女卑………………………………217
チャイナ・プラス・ワン… 27, 89, 211, 213, 221
駐在員病………………………………169
中洋………………………………………84
朝令暮改………………………… 71, 194, 223
賃金問題…………………… 105, 112, 124
定住者…………………………………107
停電………………………… 72, 85, 94, 212
デカセギ帰国者……………… 108, 124
デカセギ現象…………… 107-108, 123, 125
適正生活必要経費（KHL）………… 51, 62
テト（旧正月）………… 38, 40, 156, 168, 171
ドイモイ………………………… 28-30, 39, 175
投資債券（スクーク）…………………70
特別経済区………………………………91
特別戦略的グローバル・パートナーシップ…67
トリックルダウン（戦略）………… 4, 11

## な　行

内部昇進………………………… 100-103
ナショナルセンター…… 30, 34, 55-56, 77, 95-96,
　　　　　　　　　　　　　　186
二者協議会……………………… 59-61, 64
日系コロニア……… 108-109, 114, 116-118, 122-125
日系人…… 106-109, 111-118, 120, 122-125, 225,
　　　　　　　　　234, 238, 241, 257
（日系人の）質的変容……………… 123, 125

索　引　265

日系人社員………………… 114-116, 239
日系人集住地…………………………… 114
日本語能力…… 105, 109, 112, 115-119, 122-125
日本人学校………………… 140, 156, 184
日本人駐在員の態度・言動………………… 113
日本文化…………………………… 105, 123
ネクスト 11 ……………………………… 27
能率給………………………………… 98-101
能力主義・成果主義人事………………… 29

### は　行

バイオエネルギー………………………… 247
ハイ・コンテクスト社会………………… 86
ハイ・コンテント社会…………………… 86
配置転換……………………… 74, 98-101
ハイパーインフレ……… 105, 107, 227-228, 247
バウンダリー・スパナー………… 123-124
バクシーシ……………………………… 214
バックヤード……………………………… 19
ハラール………………………………… 203
　──・ビジネス……………………………… 70
ハルタル………………………………… 95, 103
パワハラ………………………………… 136, 237
バングラデシュ使用者連盟（BEF）………… 96
バングラデシュ民族主義党（BNP）………… 95
バングラデシュ労働組合連盟（BTUK）…… 96
パンチャシラ…………………………… 187
東日本大震災…………………………… 108, 125
ビーズテスト…………………………… 146
貧困層…………… 20, 68-70, 77, 131, 137, 229
ヒンドゥー教… 24, 83-84, 90, 194, 200, 203, 212
5S（整理・整頓・清掃・清潔・躾）… 76, 148
不適正外国人…………………………… 190-191
不当労働行為…………………………… 30, 60
ブラジル・コスト……………………… 231
フリーゾーン…………………………… 228, 241
不良社員………………………………… 183, 190
フレーター……………………………… 221
プレート載せテスト…………………… 147
プロダクト・ドリブン…………………… 19
プロレタリアート独裁…………………… 30
フロント…………………………………… 19
ヘッドハンティング…………… 76, 235, 243
ヘッドハント……………… 233, 235-237, 240
ベトナム・シンガポール工業団地…… 35, 143
ベトナム労働総同盟（VGCL）………… 30, 34
ベンガル語……………………………… 212
ベンガル人……………………… 24, 89, 212
ホーチミン……………………………… 154, 162
ポスト BRICs …………………………… 27
ポスト社会主義の労使関係システム…… 29, 34, 37
保税工場（PDKB）……………………… 192, 220
ボルサ・ファミリアル………………… 229
ホルタル……………………………………… 95
ポルトガル語……… 84, 113, 225-226, 229, 234, 239-240, 248, 250, 258
ホワイトカラー・テクノクラート型の上昇
　……………………………………………… 106

### ま　行

マルチ・スズキ・インディア社……… 78, 200
マルチ・ドメスティック…………………… 6
民族主義労働者連合（BJSD）…………… 95
麦のインド……………………………… 84
メコン・ベンガル地域………………… 221-222
メルコスール協定……………………… 248
モジュラー型…………………………… 133
モデル・マイノリティ………………… 107
モラルハザード………………………… 233

### や　行

安かろう，悪かろう…………… 133, 215, 258
山猫スト……………………… 32, 35, 38-40
唯一代表性………………………………… 30
輸出加工区…………… 14-15, 18, 91-92, 94
ユニオンショップ制……………………… 30, 36
輸入代替工業化政策…………………… 14, 110

### ら　行

来料加工モデル…………………………… 17
ラナ・プラザ……………………………… 96
ラマダン………………… 51, 187, 195, 216
リーマンショック……… 108, 125, 247, 254
離職率………………… 76, 101, 103, 150
リバース・イノベーション…… 11, 132, 134
リピーター……………………………… 108
レアル高………………………… 227, 230-231
レアルプラン（カルドーゾプラン）…… 111
レクリエーション…… 37-38, 40, 121, 183, 197
レバラン手当……………………………… 51
ロイヤリティ…………………………… 191
労使関係裁判所………………………… 59-60
労働協約……………………… 34, 59-60, 188
労働契約……………………… 29, 50, 148, 170
労働集約（型）………………………… 222
労働集約（的）………………………… 215
労働組合規約……………………………… 30

労働組合法……………………… 30, 34, 55, 77
労働訴訟……………………………… 236-237
労働法…… 29-34, 38-39, 49, 54-55, 57, 63, 75, 77,
　　　　　　　　　　　　　96, 148, 196, 232
　──典………………………… 96-98, 103
ローカル・グロース・チーム……………… 133
ローカルコンテント……………………… 242

ロー・コンテクスト社会…………………… 86
ロックアウト………………… 31, 57, 78-79

## わ　行

棉のインド…………………………………84
湾岸戦争………………………………… 245

## 執筆者紹介 (執筆順)

**安室 憲一**（やすむろ けんいち）　大阪商業大学総合経営学部教授
　　　　　　　　　　　　　　　　　　　　　　　　編著者，序章

**古沢 昌之**（ふるさわ まさゆき）　大阪商業大学総合経営学部教授
　　　　　　　編著者，第1章，第5章，第6章，第8章，第9章，第10章，第11章

**山口 隆英**（やまぐち たかひで）　兵庫県立大学大学院経営研究科教授
　　　　　　　　　　　　　　　　　編著者，第2章，第7章，第12章

**鏑木 義博**（かぶらぎ よしひろ）　大阪商業大学総合経営学部非常勤講師
　　　　　　　　　　　　　　　　　　　　　　　　　　　　第3章

**山部 洋幸**（やまべ ひろゆき）　兵庫県立大学客員研究員
　　　　　　　　第4章，第8章，第10章，コラム①，コラム②

**古賀 賢次**（こが けんじ）　一般社団法人日本在外企業協会海外安全アドバイザー
　　　　　　　　　　　　　　　　　　　　　　　　　　　　コラム③

編著者・監修者紹介

<編著者>

### 古沢　昌之（ふるさわ　まさゆき）

1964年生まれ。関西学院大学大学院商学研究科博士課程後期課程単位取得満期退学。博士（経営学）。
公益財団法人関西生産性本部業務部課長，英国レディング大学客員研究員等を歴任。現在，大阪商業大学総合経営学部教授。
多国籍企業学会理事，異文化経営学会理事・関西部会長，国際ビジネス研究学会理事，英国レディング大学ジョン・H・ダニング国際経営研究所研究員。専門は国際人的資源管理論，国際経営論。
著書に『グローバル人的資源管理論—「規範的統合」と「制度的統合」による人材マネジメント—』（単著，白桃書房，2008年：多国籍企業学会賞，日本公認会計士協会学術賞-MCS賞受賞），『「日系人」活用戦略論—ブラジル事業展開における「バウンダリー・スパナー」としての可能性—』（単著，白桃書房，2013年：入江猪太郎賞，異文化経営学会賞受賞）などがある。

### 安室　憲一（やすむろ　けんいち）

1947年生まれ。神戸商科大学大学院経営学研究科博士後期課程単位取得満期退学。博士（経営学）。
神戸商科大学教授，英国レディング大学客員教授等を歴任。現在，大阪商業大学総合経営学部教授。
国際ビジネス研究学会理事（前会長），異文化経営学会理事，多国籍企業学会元会長，公益社団法人国際経済労働研究所理事。専門は国際経営論，多国籍企業論。
著書に『国際経営行動論』（単著，森山書店，1982年：経営科学文献賞受賞），『グローバル経営論』（単著，千倉書房，1992年：日本公認会計士協会学術賞受賞），『中国企業の競争力—「世界の工場」のビジネスモデル—』（単著，日本経済新聞社，2003年：日本公認会計士協会中山MCS基金賞受賞），『多国籍企業と地域経済』（単著，御茶の水書房，2012年）などがある。

### 山口　隆英（やまぐち　たかひで）

1967年生まれ。神戸商科大学大学院経営学研究科博士後期課程単位取得満期退学。博士（経営学）。
福島大学助教授，英国レディング大学客員研究員等を歴任。現在，兵庫県立大学大学院経営研究科教授。
国際ビジネス研究学会理事，多国籍企業学会理事。専門は国際経営論，経営組織論。
著書に『多国籍企業の組織能力—日本のマザー工場システム—』（単著，白桃書房，2006年：国際ビジネス研究学会賞，日本公認会計士協会学術賞受賞），『新グローバル経営論』（共著，白桃書房，2007年）などがある。

<監修者>
公益社団法人　国際経済労働研究所

1948年，前身となる関西労働調査会議を結成。1961年，社団法人労働調査研究所が発足し，1993年に国際経済労働研究所へと組織改変。2013年には，公益社団法人に移行した。
労働界・学会・産業界及び公共団体が共同で参加運営する調査研究機関であり，わが国における労働調査運動のセンターとして機能している。

---

## 新興国における人事労務管理と現地経営
――ベトナム・インドネシア・インド・バングラデシュ・ブラジルの
　労働事情と日本企業7社のケーススタディ――

〈検印省略〉

■発行日――2015年11月26日　初 版 発 行
　　　　　　2016年9月26日　第2刷発行

■監　修――公益社団法人　国際経済労働研究所
■編者者――古沢昌之・安室憲一・山口隆英
■発行者――大矢栄一郎
■発行所――株式会社 白桃書房
　　　　　〒101-0021　東京都千代田区外神田5-1-15
　　　　　☎03-3836-4781　📠03-3836-9370　振替00100-4-20192
　　　　　http://www.hakutou.co.jp/

■印刷／製本――藤原印刷

Ⓒ M. Furusawa, K. Yasumuro, & T. Yamaguchi 2015 Printed in Japan
ISBN978-4-561-25670-0 C3034

本書のコピー，スキャン，デジタル化等の無断複製は著作権法上での例外を除き禁じられています。本書を代行業者等の第三者に依頼してスキャンやデジタル化することは，たとえ個人や家庭内の利用であっても著作権法上認められておりません。

JCOPY 〈(社)出版者著作権管理機構 委託出版物〉
本書の無断複写は著作権法上での例外を除き禁じられています。複写される場合は，そのつど事前に，(社)出版者著作権管理機構（電話 03-3513-6969，FAX 03-3513-6979，e-mail：info@jcopy.or.jp）の許諾を得てください。

落丁本・乱丁本はおとりかえいたします。

# 好評書

## グローバル人的資源管理論
―「規範的統合」と「制度的統合」による人材マネジメント―
古沢昌之著

「グローバル・イノベーション」に結実する国際人的資源管理を「グローバル人的資源管理」として概念化し、これからの人材マネジメントのあり方を詳述。理論と実証の両側面から問題にアプローチした真摯な研究書。

本体価格3600円

## 「日系人」活用戦略論
―ブラジル事業展開における「バウンダリー・スパナー」としての可能性―
古沢昌之著

従来型の「日本人駐在員か，現地人か」という二分法的な発想を超克し，日本企業の国際人的資源管理における日系人の活用について，世界最多の日系人を擁すブラジルでの事業展開を念頭に理論的・実証的に探究。

本体価格3500円

## 新グローバル経営論
安室憲一編著

活動拠点が地球規模で分散配置され，相互に連携しあうグローバル経営。各国市場への適応，全世界でのオペレーション効率とイノベーションの追求，新しい知の創出。これらの経営課題にどのように対応すべきかを詳述。

本体価格3500円

## 多国籍企業の組織能力
―日本のマザー工場システム―
山口隆英著

日本の多国籍企業が生き残るために必要な優位性とは何か。本書は日本的生産システムの国際移転を，マザー工場システムという「多国籍企業の組織能力」の視点から考察。その本質とライフ・サイクルを明らかにする。

本体価格3400円

---

### 白桃書房

本広告の価格は税抜き価格です。別途消費税がかかります。